個資解碼

一本個資保護工作者必備的工具書

增訂 2 版

資訊工業策進會科技法律研究所　編輯

凡　例

一、全書分為「法規命令與意見參考」、「個人資料檔案安全維護計畫相關辦法及要點」及「其他資料」等三編，於各頁標示所屬類別，以利檢索，名為個資解碼。

二、本書依循下列方式編印

　㈠ 法規條文內容，悉以總統府公報為準。

　㈡ 法規名稱後詳列制定公布及歷次修正公布日期與條號。

　㈢ 「條文要旨」，附於各法規條號後，以（）表示。

　㈣ 法規制定或內容異動時，於「條文要旨」底下說明修正前條文及修正說明。

　㈤ 函令解釋、實務見解採節錄方式，擇取與個人資料保護與管理相關內容編入。

三、本書輕巧耐用，攜帶便利；輯入法規，內容詳實；條文要旨，言簡意賅；字體版面，舒適易讀；項次分明，查閱迅速；法令異動，逐版更新。

目　錄

第三編 其他資料

第一編

法規命令
與意見參考

1.個人資料保護法

1. 民國84年8月11日總統令制定公布全文45條。
2. 民國99年5月26日總統令修正公布名稱及全文56條;施行日期,由行政院定之,但現行條文第19～22、43條之刪除,自公布日施行(原名稱:電腦處理個人資料保護法);民國101年9月21日行政院令發布除第6、54條條文外,其餘條文定自101年10月1日施行。
3. 民國104年12月30日總統令修正公布第 6～8、11、15、16、19、20、41、45、53、54 條條文;施行日期,由行政院定之;民國105年2月25日行政院令發布定自105年3月15日施行。

第一章　總　則

第1條（立法目的）

為規範個人資料之蒐集、處理及利用,以避免人格權受侵害,並促進個人資料之合理利用,特制定本法。

■修正說明（99.5.26）

鑒於本法保護客體不再限於經電腦處理之個人資料,且本法規範行為除個人資料之處理外,將擴及至包括蒐集及利用行為,爰將本條修正為「為規範個人資料之蒐集、處理及利用」,以資明確。

❖函令解釋

▶法務部105年11月4日法律字第10503516500號函釋

按個人資料保護法(下稱個資法)第1條規定:「為規範個人資料之蒐集、處理及利用,以避免人格權受侵害,並促進個人資料之合理利用,特制定本法。」明文揭示個資法之目的,旨在調和個人資料之合理利用與當事人之人格權保障。從而,貴部研議於政府資料開放平臺增加稅務入口網提供之營業人營業(稅籍)登記基本資料負責人姓名欄位,供第三人加值利用,是否符合個資法第1條揭示之立法意旨,仍須視該項個人資料之處理及利

用，是否符合個資法相關規定而定。

▶**法務部104年8月6日法律字第10403509720號函釋**

　　個人資料保護法（下稱個資法）立法目的，係為規範個人資料之蒐集、處理及利用，避免人格權遭受侵害，並為促進個人資料之合理利用（個資法第1條規定參照）。個資法並非規定可直接或間接識別之個人資料，一律均須保密或禁止利用，公務機關或非公務機關，對個人資料之利用，原則上應於蒐集之特定目的必要範圍內為之（個資法第16條第1項、第20條第1項本文規定），惟倘符合個資法第16條第1項及第20條第1項但書各款所定事由之一，仍得就個人資料為特定目的外之利用。

▶**法務部104年1月19日法律字第10403500300號函釋**

　　按個人資料保護法（下稱個資法）係為規範個人資料之蒐集、處理及利用而設（個資法第1條規定參照）。旨揭疑義係學校要求學生於制服繡上姓名、學號，尚未涉及學校蒐集、處理及利用個人資料，故無個資法之適用，合先陳明。

▶**法務部103年9月15日法律字第10303510690號函釋**

　　貴部規劃各類不動產登記謄本申請事宜，係依土地登記規則第24條之1規定為之，乃個人資料保護法（下稱個資法）之特別規定。至於第二類謄本如隱匿登記名義人之部分姓名、部分統一編號並揭示完整住址，是否符合物權公示原則乙節，建請貴部衡酌個資法第1條「避免人格權（個人資料隱私權）受侵害」與「促進個人資料合理利用（維護交易安全）」、第5條及行政程序法第7條比例原則規定等因素，本於權責審酌之。

□實務見解

▶**臺灣高等法院105年上字第1241號民事判決**

　　（事實陳述與意見陳述之區分及意見陳述與言論自由衝突）

蓋維護言論自由即所以促進政治民主及社會之健全發展，與個人名譽可能遭受之損失兩相衡量，顯然有較高之價值；惟事實陳述與意見發表在概念上本屬流動，有時難期其涇渭分明，若意見係以某項事實為基礎或發言過程中夾論夾敘，將事實敘述與評論混為一談時，始應考慮事實之真偽問題（大法官會議釋字第509號解釋及吳庚大法官協同意見書要旨參照）。準此，陳述事實之言論與發表意見之言論，二者不同，對事實陳述，涉及證明真偽之問題，惟對意見陳述，則無所為真實與否之問題。

查「許○○是張○在外6年的小王」，係潘○○對田○○為事實陳述，然潘○○無法舉證證明其所講述之事實為真實，而有使閱讀上開言論者誤認為張○○在外與該名許姓男子有長達6年之婚外情行為，及未恪守婚姻關係之夫妻忠誠義務，核客觀上已貶損張○○之名譽，張○○主張潘○○侵害其名譽權，造成其精神上受有相當痛苦，請求精神上損害賠償及為回復名譽之適當處分，於法有據。

潘○○向友人李○○表達上開言論，核係潘○○對自己與張○○間感情糾紛之個人意見陳述，無論潘○○所表達之個人意見是否客觀公平，均屬於個人言論自由之範疇，無所為真偽查證之問題。倘加以禁止或限制，則任何人與他人對話時，將不得使用負面語句以表達個人意見，所謂言論自由將蕩然無存。

第2條（用詞定義）

本法用詞，定義如下：

一、個人資料：指自然人之姓名、出生年月日、國民身分證統一編號、護照號碼、特徵、指紋、婚姻、家庭、教育、職業、病歷、醫療、基因、性生活、健康檢查、犯罪前科、聯絡方式、財務情況、社會活動及其他得以直接或間接方式識別該個人之資料。

二、個人資料檔案：指依系統建立而得以自動化機器或其他非自動化方式檢索、整理之個人資料之集合。

三、蒐集：指以任何方式取得個人資料。

四、處理：指為建立或利用個人資料檔案所為資料之記錄、輸入、儲存、編輯、更正、複製、檢索、刪除、輸出、連結或內部傳送。

五、利用：指將蒐集之個人資料為處理以外之使用。

六、國際傳輸：指將個人資料作跨國（境）之處理或利用。

七、公務機關：指依法行使公權力之中央或地方機關或行政法人。

八、非公務機關：指前款以外之自然人、法人或其他團體。

九、當事人：指個人資料之本人。

■修正說明（99.5.26）

一、條次變更，本條為原條文第三條移列。

二、將序文「如左」修正為「如下」，以符合法制用語。

三、本法所保障之法益為人格權，惟個人資料種類繁多，第一款關於「個人資料之定義」，除原條文例示之日常生活中經常被蒐集、處理及利用之個人資料外，另增加護照號碼、醫療、基因、性生活、健康檢查、犯罪前科、聯絡方式等個人資料，以補充說明個人資料之性質。此外，因社會態樣複雜，有些資料雖未直接指名道姓，但一經揭露仍足以識別為某一特定人，對個人隱私仍會造成侵害，爰參考一九九五年歐盟資料保護指令（95/46/EC）第二條、日本個人資訊保護法第二條，將「其他足資識別該個人之資料」修正為「其他得以直接或間接方式識別該個人之資料」，以期周全。

四、為配合本法將非經電腦處理之個人資料納入規範之修正意旨，爰修正第二款關於「個人資料檔案」之

定義。

五、由於蒐集個人資料之行為態樣繁多，有直接向當事人蒐集者；有間接從第三人取得者，為落實保護個人資料隱私權益，爰參考德國聯邦個人資料保護法第三條規定，修正第四款「蒐集」之定義。

六、配合本法保護客體放寬之修正意旨，爰將原條文第三款「電腦處理」中「電腦」二字刪除，並將款次移列至第四款。另原條文「電腦處理」之定義包括資料之傳遞，易遭誤解為傳遞給外部之第三人，而與「利用」行為發生混淆。爰將「傳遞」修正為「內部傳送」，以資明確。

七、原條文第五款對於「利用」之定義，係將保有之個人資料檔案為內部使用或提供當事人以外之第三人。惟直接對當事人本人使用其個人資料（如對當事人從事行銷行為），是否屬本法所稱之利用行為，滋生疑義。準此，爰參考德國聯邦個人資料保護法第一條規定，並將文字予以精簡，修正「利用」之定義。

八、原條文第九條、第二十四條規定之「國際傳遞」究屬機關內部之「資料傳送」？抑或為「提供當事人以外第三人之利用」？易滋生疑義。爰將各該條規定之「國際傳遞」一語修正為「國際傳輸」，並增訂第六款「國際傳輸」定義規定。不論是機關內部之資料傳送（屬資料處理），例如：總公司將資料傳送給分公司、公務機關將資料傳送給國外辦事處等；或將資料提供當事人以外第三人（屬資料利用），例如：母公司將資料提供給子公司或他公司、公務機關將資料傳送給他公務機關，只要該資料作跨國（境）之傳輸，不論是屬處理或利用行為，皆屬本法所稱之「國際傳輸」。

九、由於執行公務爾後將不限中央或地方機關，行政法

人之組織型態亦將成為其中之一，爰將原條文第六
款公務機關之定義，納入行政法人，以期周全，並
改列款次為第七款。

十、為配合本法放寬規範主體之修正意旨，爰修正原條
文第七款非公務機關之定義，並改列款次為第八
款。

十一、本條係定義規定，而「特定目的」及「資料類
別」之指定，並非屬定義事項，爰將原條文第九
款之「特定目的」及原條文第十條第二項之「資
料類別」予以合併規定，並移列至第六章附則第
五十三條規定。

❖函令解釋

▶法務部105年12月20日法律字第10503516850號函釋
貴部來函所稱執行特定人員尿液採驗，係指自人體採集
之體液等生物檢體，倘與其他資料（員工資料）對照、
組合、連結後，具有間接識別特定個人之功能及作用，
則屬本法所稱個人資料。

▶法務部105年11月14日法律字第10503516670號函釋
是交通違規罰單上倘未記載使用人姓名而僅記載公共自
行車車號、違規發生時間、違規地點及違規事項，雖未
能直接識別該特定之個人，惟經由「公共自行車租賃服
務（YouBike）」會員資料庫之比對，仍可連結至生存之
自然人，自屬本法規定之個人資料。

▶法務部105年9月2日法律字第10503512720號函釋
貴署為查緝毒品犯罪，擬運用內政部移民署（以下簡
稱移民署）「航前旅客資訊系統（APIS）」內「國
籍」、「起飛機場」、「中途機場」、「抵達機場」及
「PNRecode（訂位代碼）」部分欄位資料進行分析，因
前揭欄位資料倘與其他資料（例如各航空公司之旅客資
料）對照、組合、連結後，具有間接識別特定個人之功

能及作用，仍屬本法所稱個人資料，合先陳明。

▶ **法務部105年5月4日法律字第10503507830號函釋**

本件疑義所涉國民身分證相片影像檔資料，屬個資法所稱個人資料，從而其蒐集、處理及利用等事項，均有個資法規定之適用。

▶ **法務部105年1月29日法律字第10503502210號函釋**

僅就死亡證明資料而言，並非個資法所稱之個人資料，尚無個資法之適用問題。惟如其中尚涉及現生存自然人之資料（例如：死者之現生存父母親、通報者（家屬）之姓名、地址等資料）時，則該部分仍屬個資法所稱之個人資料，應適用個資法相關規定。

▶ **法務部104年12月31日法律字第10403516870號函釋**

計程車業者於車內安裝之計費表內建強制車內錄影、錄音並具雲端控管功能，其所錄存之影音資料若涉及可直接或間接識別特定個人之資料（個資法第2條第1款、同法施行細則第3條規定參照），自有個資法之適用；反之，倘雖錄存影像，惟無從直接或間接（例如連結以記名式悠遊卡或信用卡付款）特定個人，則與個資法無涉。

▶ **法務部104年12月28日法律字第10403512780號函釋**

有關汽車原廠提供前任現生存自然人車主之車輛維修紀錄予現持有車輛之中古車主即現車主乙節，汽車原廠如將保有之車輛維修紀錄，運用各種技術予以去識別化，而依其呈現方式已無從直接或間接識別該特定個人者（例如：略去車主身分辨識及聯絡方式等欄位，以及有關肇事時、地、原因等可能辨識自然人之詳情；僅留與車輛物件描述與維修更換情況如入廠日期、里程數、工作敘述、更換零件項目），即非屬個人資料，自無個資法之適用，而得對外揭露。

▶ **法務部104年1月30日法律字第10403500490號函釋**
按個人資料保護法（以下簡稱個資法）所定之公務機關，係指依法行使公權力之中央或地方機關或行政法人（個資法第2條第7款參照）。再按政府資訊公開法（以下簡稱政資法）第4條第1項規定：「本法所稱政府機關，指中央、地方各級機關及其設立之實（試）驗、研究、文教、醫療及特種基金管理等機構。」故公立醫院為政資法所稱之政府機關。且公立醫院如列為個資法所定之「非公務機關」，則上開損害賠償係適用民法侵權行為規定，將使同一行為割裂適用不同之損害賠償機制，顯有不妥，故公立醫院在個資法上之屬性應與政資法相同；且依說明三所述，公立醫院亦行使部分之公權力行為，故屬個資法上之「公務機關」。

▶ **法務部103年11月4日法律字第10303510410號函釋**
按依本法第16條第5款或第20條第1項第5款規定，用於統計或學術研究之個人資料，經提供者處理後或蒐集者依其揭露方式無從再識別特定個人，則該筆經提供者處理後之資料或蒐集者所揭露之資料，既非「得以直接或間接方式識別該個人之資料」，自無本法之適用。

▶ **法務部103年6月26日法律字第10303507480號函釋**
悠遊卡刷卡交易資料提供後，如無法以直接或間接方式識別特定個人者，尚非本法所稱之個人資料，即無適用本法餘地。惟蒐集者如將前開資料與其他資料對照、組合、連結而得識別特定個人，則屬本法所稱之個人資料。

▶ **法務部103年6月18日法律字第10303506790號函釋**
按來函所詢電話號碼未顯示用戶個人姓名等資料，僅顯示相關攜碼轉移電信公司資訊，是否屬個人資料乙案，查行動電話（代碼C001：識別個人者）是否得以直接或間接方式識別者，需從蒐集者本身綜觀各種情況與事證

加以判斷，原無一致性之標準，此宜於個案中加以審認（個資法施行細則第3條立法理由參照），尚未可僅依單一資料類型，即遽論是否為個資法所稱之個人資料。

▶ **法務部103年1月29日法律字第10303501350號函釋**

按個人資料保護法（以下簡稱本法）第2條第1款規定：「本法用詞，定義如下：一、個人資料：指自然人之姓名、…財務情況、社會活動及其他得以直接或間接方式識別該個人之資料。」本法施行細則第3條規定：「本法第2條第1款所稱得以間接方式識別，指保有該資料之公務或非公務機關僅以該資料不能直接識別，須與其他資料對照、組合、連結等，始能識別該特定之個人。」是以，債務人所查詢旨揭債權人查調紀錄或軌跡資料，如得以直接或間接方式識別特定個人者，即屬本法所稱之個人資料。惟前開查詢資料所歸屬之債權人或債務人，如非現生存之自然人（例如為公司法人或已死亡之人），並無本法規定之適用。

▶ **法務部103年1月2日法律字第10203513180號函釋**

交易資料詳細資料公開後，如無法以直接或間接方式識別特定個人者，尚非本法所稱之個人資料。

▶ **法務部102年10月31日法律字第10203511120號函釋**

「有關醫療、基因、性生活、健康檢查及犯罪前科之個人資料，不得蒐集、處理或利用。」個資法第6條第1項本文定有明文，其立法目的為：「個人資料中有部分資料性質較為特殊或具敏感性，如任意蒐集、處理或利用，恐會造成社會不安或對當事人造成難以彌補之傷害。」故有特別加強保護之必要。準此，不具特殊性或敏感性之個人資料，例如個資法第2條第1款之「聯絡方式」（例如地址、電話），或醫師法第12條第1項規定之「住址等基本資料」，即使與上開特種資料一起記載於病歷內，該等資料仍屬一般個人資料。

▶**法務部102年7月3日法律字第10203507180號函釋**

僅有車牌號碼、里程數及重大維修紀錄等車輛資料，且無法以直接或間接方式識別特定個人者，尚非本法所稱之個人資料。惟蒐集者如將上開車輛資料與其他資料對照、組合、連結而得識別特定個人，則屬本法所稱之個人資料而有本法適用，合先敘明。

▶**法務部102年4月3日法律字第10203502560號函釋**

查農田水利會組織通則第1條第2項規定：「農田水利會為公法人。」另司法院釋字第628號解釋揭示：「農田水利會係由法律設立之公法人，為地方水利自治團體，在法律授權範圍內享有自治之權限。」故農田水利會非屬民間團體，其於行使法定職權、從事公共事務或受託行使公權力時，係屬實質意義之行政機關（本部98年12月1日法律字第0980045186號函、最高行政法院101年度裁字第2087號裁定參照）；如其因執行法定職務之需而蒐集、處理或利用會員之個人資料時，應可認係屬個人資料保護法第2條第7款之公務機關，從而應適用該法有關公務機關之規定。

▶**法務部102年3月27日法律字第1020502790號函釋**

公務或非公務機關以行車記錄器所錄存畫面，如僅涉及不特定自然人影像，且未與其他個人資料結合者，尚無本法之適用。

▶**法務部102年1月28日法律字第10203500150號函釋**

警察機關所建置未具車牌辨識功能之監錄系統，如確僅錄存不特定自然人影像，且不足以識別個人資料，尚無本法之適用。

▶**內政部102年1月29日台內民字第10200892752號函釋**

按個人資料保護法（以下簡稱本法）所稱非公務機關，係指依法行使公權力之中央或地方機關或行政法人以外之自然人、法人或其他團體（本法第2條第7款、第8款

參照）。寺廟索取信眾姓名、農曆出生年月日時辰、地址、生肖、年齡及電話等個人資料，係本法所稱非公務機關蒐集個人資料，而適用本法規定。

▶**法務部101年12月18日法律字第10100100770號函釋**
依來函說明二（二）略以：擷取卡片相關基本碼後，由貴部財稅資料中心提供試辦商之「加」「解」密程式加密，產生無法辨識原卡號之唯一亂數碼後傳送併儲存等語以觀，似表示該「無法辨識原卡號之唯一亂數碼」亦可使用「解」密程式將其還原為原卡號，參照上開說明，原卡號雖用加密程式後產生之亂數碼不能直接識別特定當事人，但該「唯一」亂數碼若可使用解密程式原卡號，即可對照、組合、連結識別該特定之個人，仍屬個資法所稱之個人資料，縱擷取卡片相關基本碼未涉及金融業相關金流作業，亦不影響上開規定之適用。換言之，除無記名悠遊卡卡號仍無法識別持卡人之身分外，其餘記名悠遊卡、金融卡、信用卡卡號等可間接識別持卡人之身分，而持卡人若為自然人者，仍屬個人資料。

▶**法務部101年11月21日法律字第10100113630號函釋**
農會係公益社團法人，除有依法令或受委託行使公權力之情形外，當應適用本法有關非公務機關之規定。

▶**法務部101年11月12日法律字第101031004550號函釋**
以錄音裝置蒐集個人資料者，必先係為建立得以自動化機器或其他非自動化方式檢索、整理之個人聲音資料集合，而後取得足資直接或間接識別該個人之影音資料時，方屬個資法之蒐集行為；換言之，取得之個人資料須足資識別該個人者，始適用個資法。準此，錄存不特定自然人聲音而未識別該個人前，並非個資法所稱「蒐集個人資料」行為，尚無個資法之適用。

▶**法務部101年11月8日法律字第10103109010號函釋**
來函所詢電子收費系統車行紀錄資料（含車號、經過時

間、經過地點）因技術上貴局仍得透過其他資料之比對而識別該車輛所有權人或使用人，故該車行紀錄應屬本法所定「得以間接方式識別」之個人資料。

▶**法務部101年11月1日法律字第10103109040號函釋**

按本法所定之公務機關，係指依法行使公權力之中央或地方機關或行政法人（本法第2條第7款參照）。準此，公立學校如係各級政府依法令設置實施教育之機構，而具有機關之地位，應屬本法之公務機關。至於非由各級政府設置之私立學校，則屬本法之非公務機關。

▶**法務部101年8月7日法律字第10103012730號函釋**

是以本件投信事業所提供之持股明細及投資組合，若該等資料僅為法人等組織之持股明細及投資組合，而未涉自然人之資料，即無現行法或新法之適用，併予敘明。

▶**法務部100年9月22日法律字第1000022498號函釋**

次按個資法第1條規定：「為規範電腦處理個人資料，以避免人格權受侵害，並促進個人資料之合理利用，特制定本法。」第2條規定：「個人資料之保護，依本法之規定。…」所稱「個人」，指生存之特定或得特定之自然人（同法施行細則第2條參照）。簡言之，個資法立法目的之一即在保護屬於人格權之隱私權，而唯有生命之自然人方有隱私權受侵害之恐懼情緒。至於已死亡之人，已無恐懼其隱私權受侵害之可能，且其個人資料已成為歷史，故非在個資法保護之列。

□**實務見解**

▶**臺灣高等法院105年金上訴字第5號刑事判決**

（間接識別）

本法所指前開個人資料之意義，必須作目的性之限縮，解釋上，除了國民身分證統一編號、護照號碼、指紋具有直接識別性外，必須建立在藉由複數資料群之比對，

始得特定個人、進而造成個人隱私權等權利受到侵害之虞時，始為本文所規範個人資料保護之範疇。作此解釋，較符合個人資料保護法之立法目的。果爾，則個人資料保護法第2條第1款規定之個人「可間接識別特定個人」之資料，應如何處理？如同前開所示，個人資料之意義應作目的性之限縮，必須以客觀化之解釋方式理解個人資料保護之意義，對於法條所指「可間接識別特定個人」之資料，自應理解為係：藉由複數之個人資料進行連結後，已足以特定個人之「直接識別性」而言。易言之，藉由複數之個人資料進行勾稽後，確足以直接認定係某特定個人時，此種藉由「間接連結」之方式，達到足以「直接識別」之結果，亦屬於個人資料保護之範疇。經由此種解釋方法，一方面吻合法條本身之意義，另一方面，亦契合個人資料保護法之立法目的，自無疑義。

▶臺灣高等法院臺南分院105年上易字第393號刑事判決 （直接識別）

惟諸如身份證字號僅為一連串數字之組成，指紋亦為生理圖像，如僅以「透過一連串數字組成並不足以識別特定之人」區別是否為個人資料保護法所規範之個人資料，無異架空該法保護個人人格權之意旨。再者，近年來隨著行動電話的普及，手機通訊於現代人日常生活中重要性日增，對於行動電話的存在感亦與日俱增，缺少行動電話與外界之聯繫無異遭阻絕大半，而行動電話號碼之變更對於現代人而言亦造成甚多不便，是現代人為保持與親友、客戶等外界聯繫暢通，多會儘量避免變更行動電話號碼，為此，電信業者亦衍生行動電話號碼之可攜碼服務，即係為避免號碼變更所造成不便，由此可知，行動電話號碼對於現代人極為重要，實難以行動電話號碼得以任意變更或終止使用，即否定其對於使用人之專屬性及獨特性。再者，縱使於陌生人取得行動電話

號碼當下，該號碼乍看之下僅為一連串之數字，惟該號碼之持有人於當時僅有1人，以其為憑據直接即可與該人連結而識別出特定個人（參見個人資料保護法關於「個人資料」保護範圍之檢討，范姜真媺著，東海大學法學研究第41期），該特定人自得藉由行動電話號碼由群體中予以區別，是該資料在群體中顯然對於某特定人具有專屬性、獨特性。本件告訴人為受個人資料保護法保護之自然人，告訴人之聯絡電話，自為個人資料保護法第2條第1款所稱之「聯絡方式」之個人資料，要屬個人資料保護法所規範之保護客體，告訴人本於其受憲法第22條保障之隱私權所衍生之資訊自主權，當有權決定於何時、以何種方式、向何人揭露個人資料。準此，非公務機關之被告未經告訴人同意，亦未獲其授權，竟任意將告訴人之個人資料揭露予他人知悉，致告訴人之個人資料在無預警之情形下為他人所掌握，自己逾越特定目的之利用，更有違誠實信用原則，且與其蒐集（取得）個人資料之目的無正當合理關聯，難謂必要，又無同法第20條第1項但書法定免責事由，被告所為顯已不法侵害告訴人之人格權甚明。

▶最高法院105年台上字第1615號刑事判決（通信紀錄）
另通信（聯）紀錄及使用者資料，屬足資識別該個人之資料，依84年8月11日公布之電腦處理個人資料保護法（99年5月26日修正公布名稱為個人資料保護法）第3條第1款規定為「個人資料」。

▶臺中高等行政法院104年聲字第11號裁定（法庭錄音）
法庭錄音含有參與法庭活動之人之聲紋及情感活動等內容，交付法庭錄音光碟或數位錄音涉及其人格權等基本權之保障，應以法律明文規定或由法律明確授權。鑑於法庭錄音光碟之內容係當事人及其他在場人員之錄音資料，要屬現行個人資料保護法（下稱個資法）第2條第1款所稱個人資料。

▶臺北高等行政法院103年訴更一字第120號判決

（去識別化）

依新個資法第2條第1款有關個人資料之定義反面解釋可知，所謂「去識別化」，即指透過一定程序的加工處理，使個人資料不再具有直接或間接識別性。公務機關控管去識別化程度，應進行整體風險影響評估，綜合考量個人資料類型、敏感性程度、對外提供資料之方式、引發他人重新識別之意圖等因素，判斷去識別化之技術類型或程度，若係供公務機關或學術研究機構個別申請使用之資料，因資料提供對象有所限縮，除能對資料接收者之身分、使用目的、其他可能取得資料之管道、安全管理措施等先為必要之審查外，並得與資料使用者約定禁止重新識別資料之義務及其他資料利用之限制等，較有利於風險之控管，風險檻值相對較低，其資料去識別化之程度可相對放寬，可提供含有個體性、敏感性之擬匿名化資料，亦即可採取「可匿之擬匿名化資料」方式進行去識別化（即以專屬代碼、雙向加密或其他技術處理，使處理後之編碼資料無從識別特定個人，惟原資料保有者保留代碼與原始識別資料對照表或解密工具〈鑰匙〉之方式），是就資料揭露者於資料釋出過程所採取之各項安全維護及風險控管之措施，均係判別資料於揭露過程是否已達去識別化程度之依據。個人資料經去識別化處理後，是否無從辨識該特定個人，應以資料接收者之角度判別揭露之資料是否具有直接或間接識別之可能。即資料經過編碼方式加密處理後，處理後之編碼資料已無從直接或間接識別特定之個人，雖然資料保有者仍保有代碼、原始識別資料對照表或解密工具而得還原為識別資料，但只要原資料保有者並未將對照表或解密方法等連結工具提供給資料使用者，其釋出之資料無法透過該資料與其他公眾可得之資料對照、組合、連結而識別出特定個人時，該釋出之資料即屬無法直接或

間接識別之資料而達法律規定去識別化之程度。

▶台灣高等法院103年度上字第650號民事判決
（無與個人資料結合之影音資料）

觀諸被上訴人上傳系爭錄影紀錄之內容及翻拍照片所示（見原審卷第176至233頁），係上訴人之護理人員在工作場所照顧嬰兒之過程，而無有關上訴人之姓名、出生年月日、國民身分證統一編號、護照號碼、特徵、指紋、婚姻、家庭、教育、職業、病歷、醫療、基因、性生活、健康檢查、犯罪前科、聯絡方式、財務狀況、社會活動及其他動及其他得以直接或間接方式識別等個人資料，且系爭錄影紀錄有關上訴人相關財產影像，僅有工作場所之桌椅、作業平台及護理器具，均無與上訴人或其他個人資料結合之影音資料，亦非有其他得以直接或間接方式識別上訴人之資料，至系爭錄影紀錄所示上訴人所屬護理人員、嬰兒等影像內容，核與上訴人個人資料無涉，非上訴人權利受有侵害，上訴人自不得據以請求。

▶臺灣桃園地方法院103年交字第54號判決
（社會活動資訊）

個人駕駛車輛於公共道路上，尤其是屬自己所有之車輛，更有對於自我表彰甚或社會地位之象徵。更重要者，此屬憲法第22條所保障資訊自主權或隱私權之範疇，自不能以辭害義，將個人使用車輛之社會活動資訊排除在個人資料保護之外。從而其屬個人資料保護法第2條第1款後段例示之「社會活動及其他足以直接或間接方式識別該個人之資料」；監視器攝錄光碟將原告駕車過程儲存集合，自屬第2款所稱「個人資料檔案」；被告機關自舉發機關處取得該資料檔案，並提出於本案做為證據使用，當然屬第3、4款所指「蒐集」與「處理」。

▶臺灣臺北地方法院103年北小字第1360號民事判決
（電話號碼）

查自然人之電話號碼資料係屬其個人聯絡方式，電話號碼本身雖僅係一串數字組合，並無特定識別性，但一旦與其他個人資料如姓名、國民身分證統一編號、特徵及其他社會活動資料相互比對、組合、連結及勾稽結果，即得以間接方式識別該特定自然人，自屬個人資料保護法所保護之個人資料。而電話號碼所屬之電信業者別，乃個人電話號碼之附屬資料，其係得與前述其他個人資料如姓名、國民身分證統一編號等資料，相互比對、組合、連結及勾稽後，據以作為間接識別特定個人之社會活動資料之一，自亦屬個人資料保護法所保護之聯絡方式之個人資料。否則，如任令第三人得以恣意蒐集、處理、利用自然人電話號碼所屬電信業者別之資料，藉拼湊、比對、組合、連結其他當事人之社會活動資料，據以間接識別特定自然人後，將使當事人陷於遭不當之窺探、侵擾或行銷之危險中，自與個人資料保護法之立法意旨有違。被告謂自然人電話號碼之電信業者別資料，並非個人資料保護法所保護之個人資料云云，自不足採。

▶士林地院103年度胡小字第537號小額民事判決
（電子郵件）

按所謂隱私權係指保障個人生活私密領域免於他人侵擾及對個人資料自主控制之權利，其目的在追求人性尊嚴與個人主體性之維護及人格發展之完整（司法院釋字第585號、第603號解釋意旨可資參照）；又個人電子郵件帳號，乃為保障私人領域之安適生活免於他人侵擾，通常不任意公開，自係隱私權保障之客體。

▶臺灣高等法院高雄分院95年上易字第872號刑事判決
（學校）

按刑法第361條之立法理由載明：「……二、由於公務機

關之電腦系統如被入侵往往造成國家機密外洩，有危及國家安全之虞，因此對入侵公務機關電腦或其相關設備之犯行加重刑度，以適當保護公務機關之資訊安全，並與國際立法接軌。三、本條所稱公務機關，係指電腦處理個人資料保護法第三條所定之公務機關。」而電腦處理個人資料保護法第3條則規定：「……六、公務機關：指依法行使公權力之中央或地方機關。七、非公務機關：指前款以外之左列事業、團體或個人：㈠徵信業及以蒐集或電腦處理個人資料為主要業務之團體或個人。㈡醫院、學校、電信業、金融業、證券業、保險業及大眾傳播業。㈢其他經法務部會同中央目的事業主管機關指定之事業、團體或個人。」足認學校並非刑法第361條所指之公務機關。

▶**臺灣高等法院93年上易字第1896號刑事判決**（房屋相片）
本件被告等人自各地方法院網站上之法拍屋公告欄、報紙上之公告、司法院之網站上所蒐集之法拍屋債務人姓名、身分證字號、住址、戶籍、房屋所有自住或承租情形、房屋種類、房屋上之貸款及抵押權設定等內容，及向地政機關查閱地籍謄本上所得知之權利人姓名、身分證統一編號、住址、不動產面積及權利設定狀況，均可以清楚識別各自然人，屬於電腦處理個人資料保護法之「個人資料」。而收集他人房屋外觀資料提供查詢服務，如其並未與自然人之姓名等相結合，尚不足以識別該個人者，則該資料並非前開規定所稱之個人資料。然被告將房屋相片與前揭法拍屋債務人之資料相互結合，架設於網路上供會員查詢，其呈現之內容涵括個人之識別資料、財產狀況、住家及設施情形，將使得「個人資料」身份明確化，當屬電腦處理個人資料保護法所謂之「個人資料」無訛，自應受該法之規範。

第3條（不得預先拋棄或以特約限制）

當事人就其個人資料依本法規定行使之下列權利，不得預先拋棄或以特約限制之：

一、查詢或請求閱覽。

二、請求製給複製本。

三、請求補充或更正。

四、請求停止蒐集、處理或利用。

五、請求刪除。

■**修正說明**（99.5.26）

一、條次變更，本條為原條文第四條移列。

二、將序文所定「左列」修正為「下列」，以符合法制用語。

三、當事人查詢其個人資料與請求閱覽得分別為之，是以將第一款之「及」字，修正為「或」字。

四、配合第二條第四款「處理」之定義規定，爰將第四款「電腦處理」中「電腦」二字予以刪除，並將「蒐集」亦列為得請求停止之事項，另「及利用」修正為「或利用」，以資明確。

❖**函令解釋**

▶**法務部102年7月4日法律字第10200118830號函釋**

按醫療法第71條規定：「醫療機構應依其診治之病人要求，提供病歷「複製本」，必要時提供中文病歷摘要，不得無故拖延或拒絕；其所需費用，由病人負擔。」僅係就病人得申請病歷複製本及費用負擔為規定，與得否限制病人申請「閱覽」病歷無涉。換言之，請求閱覽與請求製給複製本係二種不同之權利。又醫療法因未有病人申請閱覽病歷之相關規定，則當事人自得依本法第3條規定向醫療機構請求閱覽其本人之病歷資料，醫療機構即應適用本法第10條有關提供閱覽之規定，尚難逕以製

給複製本而拒絕其閱覽，故本部102年3月12日法律字第10100271950號函旨，並無違誤。

□**實務見解**

▶**臺北高等行政法院103年訴更一字第120號判決**
（行政處分）

按新個資法第3條規定：「當事人就其個人資料依本法規定行使之下列權利，不得預先拋棄或以特約限制之：一、查詢或請求閱覽。二、請求製給複製本。三、請求補充或更正。四、請求停止蒐集、處理或利用。五、請求刪除。」可知為保障並強化當事人就其個人資料擁有自決權，新個資法賦予當事人重要之「武器」，除法律另有特別規定外，原則上當事人對於蒐集或持有個人資料者，無論是公務或非公務機關，皆有該條所規定之權利，且該等規定不得預先拋棄或以特約限制之。又同法第11條第4項規定：「違反本法規定蒐集、處理或利用個人資料者，應主動或依當事人之請求，刪除、停止蒐集、處理或利用該個人資料。」第13條第2項規定：「公務機關或非公務機關受理當事人依第11條規定之請求，應於30日內，為准駁之決定；必要時，得予延長，延長之期間不得逾30日，並應將其原因以書面通知請求人。」另參酌新個資法第13條之立法理由：「……當事人向公務機關或非公務機關請求查詢、閱覽、製給複製本，或請求更正、補充、刪除、停止蒐集、處理或利用其個人資料，遭駁回拒絕或未於規定期間內決定時，得依相關法律提起訴願或訴訟，自不待言。」可知新個資法在於規範資料蒐集者對其所蒐集之個人資料，有維護其正確性之義務；且其蒐集須基於特定目的，當事人如發現資料蒐集者違反該法所定蒐集、處理或利用個人資料之相關規定，均有請求資料蒐集者更正、補充，或刪除、停止蒐集、處理或利用該個人資料之權利。且依前

述規定，當事人向行政機關提出上開請求，行政機關應依據相關規定為審查，於期限內為准駁之決定，並通知當事人。換言之，人民依據新個資法向行政機關請求停止蒐集、處理或利用，性質上係請求行政機關作成一准予停止蒐集、處理或利用之行政處分，而非僅請求行政機關作成一單純提供之事實行為，故於行政機關否准當事人之請求所為之決定，乃係機關就公法上具體事件所為之決定而對外直接發生法律效果之單方行政行為，其性質為行政處分，是以，行政機關於否准其請求時，人民自得對之循序提起訴願、課予義務訴訟，以資救濟。

第4條（視同委託機關）
受公務機關或非公務機關委託蒐集、處理或利用個人資料者，於本法適用範圍內，視同委託機關。

■修正說明（99.5.26）

一、條次變更，本條為原條文第五條移列。

二、受公務機關或非公務機關委託之事項，並不只限於處理資料，蒐集或利用資料均有可能，爰將「委託處理」修正為「委託蒐集、處理或利用」。另為期簡潔明確，將原條文之「資料」修正為「個人資料」；「團體或個人」，修正為「者」；「委託機關之人」，修正為「委託機關」。

❖函令解釋

▶法務部106年1月26日法律字第10603501350號函釋

本件金融機構如係利用臺灣集中保管結算所股份有限公司（下稱集保公司）洗錢防制查詢系統所建置之洗錢防制名單資料庫，而委請集保公司就提供之客戶資料進行比對，集保公司就此客戶個人資料之利用行為，於個資法適用範圍內，即視同金融機構之行為。

▶**金融監督管理委員會105年11月4日金管保綜字第10502118950號函釋**

保險代理人公司受保險公司委託蒐集、處理或利用個人資料時，於個資法適用範圍內，視同該委託之保險公司，並以該委託之保險公司為權責機關。爰保險公司倘已依保險法第177條之1規定取得當事人書面同意蒐集、處理或利用特種個資，保險代理人公司應無需再踐行上開規定取得當事人書面同意之程序。

▶**法務部105年8月5日法律字第10503510410號函釋**

當事人行使個資法之相關權利，究應向委託人或受託人為之，允宜視個案狀況處理，未必以委託機關為唯一對象（個資法施行細則第7條立法理由參照）。

▶**法務部104年1月6日法律字第10303514080號函釋**

「車輛資料查詢同意書」或「車輛資料查詢授權書」等類似文件，如依其內容可認係原車主以行使「當事人個人資料查詢權」之真意而委託中古車行或新車主查詢車輛資料之書面者，資料保有者應依前揭規定提供之。

▶**法務部103年9月22日法律字第10303510920號函釋**

本件○○○○股份有限公司（下稱業者）基於與消費者間之買賣契約關係，而於必要範圍內蒐集消費者之個人資料，自得於其特定目的（例如代號148「網路購物及其他電子商務服務」）範圍內，利用其個人資料。而宅配公司如係單純受業者委託辦理產品配送事宜，其於委託範圍內利用個人資料，視同業者之利用行為。

▶**法務部103年7月25日法律字第10303508620號函釋**

按公務或非公務機關如係受公務機關委託辦理相關事務，而該委託辦理事務涉及個人資料之蒐集、處理或利用者，依個資法第4條規定，於個資法適用範圍內，受委託機關於該委託機關蒐集之特定目的，以及受委託蒐集、處理或利用範圍內所為行為，均視同該委託機關之

行為，而以委託機關為權責機關。

▶**法務部103年6月25日法律決字第10300570190號函釋**

非公務機關於履約及提供售後服務過程中，如委託境外協力廠商代為蒐集、處理及利用客戶個人資料，該受託境外協力廠商即視為委託機關。換言之，受託機關如於委託機關原合法蒐集之特定目的及要件下，已得蒐集、處理及特定目的內利用個人資料，則無需再經當事人書面同意。惟委託機關應對受託者為適當之監督，以確保委託處理個人資料之安全管理。

▶**法務部102年10月2日法律字第10203510090號函釋**

如政府機關受其他機關委託蒐集、處理或利用該機關以外機關之個人資料者，於個人資料保護法適用範圍內，視同委託機關行為，並以委託機關為權責機關。

▶**法務部102年8月26日法律字第10203509420號函釋**

民眾委託營業人「代客兌獎」或「代表領獎人持中獎發票向代發獎金金融機構兌領獎金」時，營業人與領獎人間係屬委託代為兌領獎金之委任契約關係。因此，營業人基於委任契約法律關係事務（代號69）之特定目的，並與當事人有委託代為兌領獎金之委任契約關係，即得於其特定目的之必要範圍內蒐集、處理及利用當事人之個人資料。

第5條（個人資料之處理行為）

個人資料之蒐集、處理或利用，應尊重當事人之權益，依誠實及信用方法為之，不得逾越特定目的之必要範圍，並應與蒐集之目的具有正當合理之關聯。

■**修正說明**（99.5.26）

一、條次變更，本條為原條文第六條移列。

二、將個人資料之處理行為，亦納入本條之適用範圍，以期周延。

三、為避免資料蒐集者巧立名目或理由，任意的蒐集、處理或利用個人資料，爰明定個人資料之蒐集、處理或利用，應與蒐集之目的有正當合理之關聯，不得與其他目的作不當之聯結。

❖ 函令解釋

▶ 法務部102年7月5日法律字第10203507360號函釋

公務機關之行政行為仍應注意符合比例原則，且不得逾越特定目的之必要範圍。而行政行為採取之方法應有助於目的之達成（適當性），並應選擇對人民權益損害最少（必要性或侵害最小性），且造成之損害不得與欲達成目的之利益顯失均衡。

▶ 法務部101年5月7日法律字第10100040190號函釋

公務機關蒐集或處理個人資料應於法令職掌「必要範圍內」為之，且不得逾越特定目的之「必要範圍」。而行政行為採取之方法應有助於目的之達成（適當性），並應選擇對人民權益損害最少（必要性或侵害最小性），且造成之損害不得與欲達成目的之利益顯失均衡（衡量性或狹義比例原則），此為比例原則之要求。

❑ 實務見解

▶ 臺灣高等法院105年上字第293號民事判決（隱私權侵害）

人格權侵害責任之成立以「不法」為要件；而不法性之認定，採法益衡量原則，就被侵害之法益、加害人之權利及社會公益，依比例原則而為判斷。又民法第195條明定隱私權為人格權之一種，旨在保障個人在其私領域的自主權益，即個人得自主決定其私生活的形成，不受他人侵擾，及對個人資料自主控制，即個人得自主決定是否及如何公開關於其個人之資料，故隱私權侵害類型可分為：私生活的侵入、私事的公開、資訊自主的侵害。惟人群共處，共營社會生活，應受保護之隱私自須

有所界限，是對隱私之保護須有合理期待（reasonable expectation of privacy），始為隱私權保障之範疇，如係公開任何人均得閱覽或知悉之公開（記載）事項，自非屬應受保護之隱私。縱如上訴人主張伊任職收發、法務秘書未經揭露於內部網站，惟以上訴人於調查局內任職，其從事職位、職稱縱未經網站揭露，亦輕易為曾與其共事或曾有業務往來之其他同事知悉，則就上訴人個人職務經歷之資料，顯屬已對調查局內部人員公開揭露而不具私密性資料，上訴人對該等資料應無合理的隱私期待存在，自無保護之必要性。

▶**臺灣高等法院104年上易字第939號民事判決**
　（隱私權侵害）
惟縱認系爭社區管理委員會因顧及系爭刑事判決，肇因於系爭社區管理委員會所生糾紛，乃屬系爭社區公共事務，有將訟爭事件公告區分所有權人知悉之必要，然其公告目的，顯著重於使區分所有權人知悉相關訴訟之內容、進行情形及結果，至於訴訟當事人之個人資料，核與訴訟進行情形及結果無關，亦與系爭社區之公共利益，或其他區分所有權人利益均無涉，自無加以公告之必要。則上訴人為系爭公告行為時，自應隱匿系爭個人資料，以避免不當揭露被上訴人之個人資料，致侵害被上訴人之隱私權。惟上訴人竟疏未注意，未隱匿系爭個人資料，即貿然將系爭刑事判決全部公告於系爭社區電梯及公佈欄，至不特定多數人，均得因此知悉被上訴人之個人資料，即屬侵害被上訴人之隱私權。

▶**臺北高等行政法院103年訴更一字第120號判決**
　（事前同意權與事後退出權）
個人資訊隱私權為憲法保障之基本權利，人民固有自由決定是否揭露其個人資料、及在何種範圍內、於何時、以何種方式、向何人揭露之決定權，並有對其個人資料之使用有知悉與控制權及資料記載錯誤之更正權；惟憲

法對資訊隱私權之保障並非絕對，國家得於符合憲法第23條規定意旨之範圍內，以法律明確規定對之予以適當之限制，為司法院釋字第603號解釋闡述明確。再參酌新個資法第1條之規定，可知新個資法之立法目的有二，其一為個人隱私權之保護，避免人格權受侵害，另一是促進個人資料之合理利用。其中保護個人隱私權之立法目的，為一般人較易認知之概念，後者有關個人資料合理利用之立法目的，則易受到忽略，然各類個人資料經蒐集處理成檔案後，如能妥善利用，不論在政府行政、經濟發展、學術研究等各方面，均能發揮莫大功能，有效達成公益目的。因此，基於個人資訊隱私權並非絕對權利，立法者自得在保障個人資料之隱私，以及合理利用個人資料之平衡考量下，限制個人資訊隱私權。因此，原告雖主張資訊自主權有事前與事後控制權，然就權利本質而言，兩者應屬一體之兩面，法律既已限制事前同意權，亦應同時限制事後排除權，否則被告得不經個人同意利用其資料，個人卻能任意行使排除權，則法律所欲達到合理利用個人資料、增進公共利益之目的顯無以達成，如此一來，個人資訊自決權反成絕對權利，當非立法本旨，是原告主張其有不受限制之「事後退出權」乙節，尚無依據。又原告另主張其等8人行使事後排除權，就相對於被告所提供全國民眾健保資料之數量比例而言，微不足道，不影響學術研究，故應允許其等行使事後排除權云云。然個人得否行使事後排除權，其理由已如上述，應非以數量比例或影響力強弱等事由，作為判斷依據，其主張自無足採。

▶臺灣士林地方法院98年訴字第1078號民事判決
（最小侵害手段）

被告於辦理授信業務時，申請貸款之公司既已提供其董事及監察人之資料，則被告自可於該董事及監察人資料中，查詢該等董事及監察人是否為其負責人或辦理授信

職員之配偶、三親等以內之血親或二親等以內之姻親，以達成避免不當授信之目的。被告於原告擔任董事、監察人或經理人之企業均未向其申請貸款之情況下，即預先向聯徵中心查詢原告擔任董事及監察人之資料，顯已侵害原告之資訊隱私權，且其查詢行為雖可達成避免不當授信之目的，然其既得於申請貸款之公司提出其董事及監察人資料時，予以查詢確認該公司是否屬於授信限制對象，則其預先查詢原告個人資料之行為，顯非最小侵害之手段而不具必要性。

第6條（特種個人資料之保護）

Ⅰ.有關病歷、醫療、基因、性生活、健康檢查及犯罪前科之個人資料，不得蒐集、處理或利用。但有下列情形之一者，不在此限：

一、法律明文規定。

二、公務機關執行法定職務或非公務機關履行法定義務必要範圍內，且事前或事後有適當安全維護措施。

三、當事人自行公開或其他已合法公開之個人資料。

四、公務機關或學術研究機構基於醫療、衛生或犯罪預防之目的，為統計或學術研究而有必要，且資料經過提供者處理後或經蒐集者依其揭露方式無從識別特定之當事人。

五、為協助公務機關執行法定職務或非公務機關履行法定義務必要範圍內，且事前或事後有適當安全維護措施。

六、經當事人書面同意。但逾越特定目的之必要範圍或其他法律另有限制不得僅依當事人書面同意蒐集、處理或利用，或其同意違反其意願者，不在此限。

Ⅱ.依前項規定蒐集、處理或利用個人資料，準用第八條、第九條規定；其中前項第六款之書面同意，準用第七條第一項、第二項及第四項規定，並以書面為之。

□**修正前條文**（99.5.26公布）

Ⅰ.有關醫療、基因、性生活、健康檢查及犯罪前科之個

人資料，不得蒐集、處理或利用。但有下列情形之一者，不在此限：

一、法律明文規定。

二、公務機關執行法定職務或非公務機關履行法定義務所必要，且有適當安全維護措施。

三、當事人自行公開或其他已合法公開之個人資料。

四、公務機關或學術研究機構基於醫療、衛生或犯罪預防之目的，為統計或學術研究而有必要，且經一定程序所為蒐集、處理或利用之個人資料。

II. 前項第四款個人資料蒐集、處理或利用之範圍、程序及其他應遵行事項之辦法，由中央目的事業主管機關會同法務部定之。

■修正說明（104.12.30）

一、按「醫療」係現行條文所列舉五種特種個人資料之一，惟第二條例示之個人資料包含「病歷」及「醫療」，病歷乃屬醫療個人資料內涵之一，為免爭議，爰增列如第一項本文。

二、第一項但書第二款配合同項但書第五款規定，酌作文字修正。

三、公務機關或學術研究機構基於醫療、衛生或犯罪預防之目的，為統計或學術研究必要，常有蒐集、處理或利用本條所定特種個人資料之情形，如依其統計或研究計畫，當事人資料經過提供者匿名化處理，或由蒐集者依其公布揭露方式無從再識別特定當事人者，應無侵害個人隱私權益之虞，基於資料之合理利用，促進統計及學術研究發展，自得允許之，爰修正第一項但書第四款規定。又該款蒐集、處理或利用特種個人資料之程序，公務機關得以行政規則訂定之；學術研究機構得由其中央目的事業主管機關依第二十七條第二項規定，指定非公務機

關訂定個人資料檔案安全維護計畫或業務終止後個人資料處理方法，故無另行授權訂定規範蒐集、處理、利用該等資料之範圍及程序等辦法之必要，爰刪除現行條文第二項。

四、公務機關於執行法定職務時常須請求其他機關協助提供個人資料（行政程序法第十九條第二項第四款參照），而他機關提供個人資料行為係個人資料之利用行為，然往往並非該提供機關之法定職務，故無法依本條第一項但書第二款規定提供之，為使他機關提供個人資料有所依據，俾協助請求機關執行法定職務；又協助公務機關執行法定職務或非公務機關履行法定義務應於必要範圍內為之，以符比例原則，乃理所當然，爰增列第一項第五款前段規定。公務機關或非公務機關蒐集、處理或利用個人資料本即應依第十八條或第二十七條第一項規定於事前或事後有適當安全維護措施，惟為明確計，爰於本條但書第五款後段再為提示性規定。

五、按司法院釋字第六○三號解釋揭示憲法保障「個人自主控制個人資料之資訊隱私權」，無論一般或特種個人資料，個人資料當事人同意權本屬憲法所保障之基本權。若完全摒除經當事人同意之情形，係嚴重限制憲法所保障之基本權，恐不符憲法第二十三條之比例原則，故增列為蒐集、處理或利用特種個人資料要件之一；且相對於一般個人資料，特種個人資料之性質更具敏感性，故規定當事人對於其特種個人資料蒐集、處理及利用之同意，須以書面為之，以求慎重。惟超過當事人書面同意範圍之蒐集、處理及利用，或其他法律另有限制不得僅依當事人書面同意蒐集、處理或利用者，或違反其意願者，例如公務機關或非公務機關利用權勢、強暴、脅迫等違反其意願之方法取得當事人書面同

　　意，不在此限，爰於第一項但書增列第六款。

六、又依第一項但書規定而得蒐集、處理或利用特種個
　　人資料時，雖第八條、第九條規定未區別一般個人
　　資料與特種個人資料而僅明列第十五條及第十九條
　　規定，惟為免誤解蒐集特種個人資料時無須向當事
　　人告知，爰增訂第二項定明特種個人資料關於告知
　　之規定，應準用第八條、第九條規定。另第一項但
　　書第六款之書面同意，應準用第七條第一項、第二
　　項及第四項規定，並以書面為之，以免爭議。

❖函令解釋

▶**法務部103年12月3日法律字第10303514010號函釋**
　　因個資法第6條尚未施行，目前關於醫療或健康檢查之個人資
　　料，除法律另有規定外，仍依一般個人資料規定辦理。

▢實務見解

▶**最高行政法院103年度判字第600號判決**（個人資料）
　　本件個人健保資料雖屬新個資法第6條所稱「有關醫療或
　　健康檢查」之個人資料，惟其蒐集、處理及利用，仍應
　　依新個資法第15條、第16條規定辦理。

第7條（書面同意之內涵）

Ⅰ.第十五條第二款及第十九條第一項第五款所稱同意，指當事人
　經蒐集者告知本法所定應告知事項後，所為允許之意思表示。

Ⅱ.第十六條第七款、第二十條第一項第六款所稱同意，指當事
　人經蒐集者明確告知特定目的外之其他利用目的、範圍及同
　意與否對其權益之影響後，單獨所為之意思表示。

Ⅲ.公務機關或非公務機關明確告知當事人第八條第一項各款應
　告知事項時，當事人如未表示拒絕，並已提供其個人資料
　者，推定當事人已依第十五條第二款、第十九條第一項第五
　款之規定表示同意。

Ⅳ.蒐集者就本法所稱經當事人同意之事實，應負舉證責任。

□**修正前條文**（99.5.26公布）

I. 第十五條第二款及第十九條第五款所稱書面同意，指當事人經蒐集者告知本法所定應告知事項後，所為允許之書面意思表示。

II. 第十六條第七款、第二十條第一項第六款所稱書面同意，指當事人經蒐集者明確告知特定目的外之其他利用目的、範圍及同意與否對其權益之影響後，單獨所為之書面意思表示。

■**修正說明**（104.12.30）

一、配合第十五條第二款、第十九條第一項第五款、第十六條但書第七款、第二十條第一項但書第六款對於當事人「同意」之方式放寬，不限於書面同意，爰予修正第一項及第二項規定，並酌作項次文字修正。

二、公務機關或非公務機關倘已明確告知當事人法定應告知事項，而當事人未明示拒絕蒐集其個人資料，並已提供其個人資料予該公務機關或非公務機關時，應推定當事人已依第十五條第二款、第十九條第一項第五款之規定表示同意，亦能減輕現行實務上仍須另行取得當事人同意之行政作業，爰增訂第三項。

❖**函令解釋**

▶**法務部106年6月12日法律字第10603504480號函釋**

蓋依財政部規劃內容，民眾既須先提供手機號碼作為電子票證載具歸戶之方式，始得將中獎獎金直接轉為電子票證之儲值金，則於蒐集民眾手機號碼時，技術上應得一併徵詢其是否同意於中獎時由電信事業提供其必要之個人資料予財政部，或中獎人提供何種相關資料，俾將中獎之獎金由其轉入特定電子票證之儲值金等，並明確

告知利用該個人資料之目的、範圍及同意與否對其權益
之影響（個資法第7條第2項規定參照），由民眾自行評
估選擇是否使用該項服務功能，使電信事業得依個資法
第20條第1項但書第7款「經當事人同意」而為個人資料
之目的外利用，俾確保民眾（中獎人）之「隱私合理期
待」。

▶**法務部106年2月8日法律字第10603500600號函釋**
本法第7條係關於本法所稱「當事人同意」之定義、推定
同意及舉證責任之規定，倘本件業者係基於契約或類似
契約之關係蒐集消費者之個人資料（本法第19條第1項第
2款），而非於契約之外另行取得當事人同意者（本法第
19條第1項第5款），尚無該條規定之適用。

▶**法務部103年7月7日法律決字第10303508040號函釋**
倘本人確係於書面上以電子手寫板上簽名，則僅係簽名
之工具不同而已，並無礙仍屬本人親自簽名。

▶**法務部102年10月17日法律決字第10200655250號函釋**
若係以書面同意書作為特定目的外利用之事由，應注意
個資法第20條第1項第6款所稱書面同意，指當事人經蒐
集者明確告知特定目的外之其他利用目的、範圍及同意
與否對其權益之影響後，單獨所為之書面意思表示。
同意書雖係以電子方式為之，倘足以確認當事人之意思
表示，按電子簽章法第4條第2項有可為證明之方式時，
即具有個資法第7條第2項「書面同意」之效力。

第8條（直接蒐集個人資料應告知事項及免告知之情形）
I. 公務機關或非公務機關依第十五條或第十九條規定向當事人
　蒐集個人資料時，應明確告知當事人下列事項：
一、公務機關或非公務機關名稱。
二、蒐集之目的。
三、個人資料之類別。
四、個人資料利用之期間、地區、對象及方式。

五、當事人依第三條規定得行使之權利及方式。

六、當事人得自由選擇提供個人資料時，不提供將對其權益之影響。

II.有下列情形之一者，得免為前項之告知：

一、依法律規定得免告知。

二、個人資料之蒐集係公務機關執行法定職務或非公務機關履行法定義務所必要。

三、告知將妨害公務機關執行法定職務。

四、告知將妨害公共利益。

五、當事人明知應告知之內容。

六、個人資料之蒐集非基於營利之目的，且對當事人顯無不利之影響。

□**修正前條文**（99.5.26公布）

I.公務機關或非公務機關依第十五條或第十九條規定向當事人蒐集個人資料時，應明確告知當事人下列事項：

一、公務機關或非公務機關名稱。

二、蒐集之目的。

三、個人資料之類別。

四、個人資料利用之期間、地區、對象及方式。

五、當事人依第三條規定得行使之權利及方式。

六、當事人得自由選擇提供個人資料時，不提供將對其權益之影響。

II.有下列情形之一者，得免為前項之告知：

一、依法律規定得免告知。

二、個人資料之蒐集係公務機關執行法定職務或非公務機關履行法定義務所必要。

三、告知將妨害公務機關執行法定職務。

四、告知將妨害第三人之重大利益。

五、當事人明知應告知之內容。

■**修正說明**（104.12.30）

一、修正第二項第四款得免為告知之情形為「告知將妨害公共利益」，以符公益。

二、由於個人資料範圍甚廣，公務機關或非公務機關合法蒐集當事人之個人資料時，若其蒐集非基於營利之目的，且對當事人顯無不利之影響，此時應得免除蒐集者之告知義務，是為免增加蒐集者合法蒐集行為過多之成本，爰增訂第二項第六款得免為告知之規定。

❖**函令解釋**

▶**法務部105年12月20日法律字第10503516850號函釋**

毒品危害防制條例第33條規定：「為防制毒品氾濫，主管機關對於所屬或監督之特定人員於必要時，得要求其接受採驗尿液，受要求之人不得拒絕；拒絕接受採驗者，並得拘束其身體行之（第1項）。前項特定人員之範圍及採驗尿液實施辦法，由行政院定之（第2項）。」係屬個資法第8條第2項第2款規定之情況，故公務機關及非公務機關向特定人員蒐集尿液採驗之個人資料時，係分別符合「公務機關執行法定職務」及「非公務機關履行法定義務」所必要，而得免為告知個資法第8條第1項規定之內容。

▶**法務部105年2月23日法律字第10503503290號函釋**

貴府擬建置公務線上通訊錄，資料包括貴府所有人員及所屬機關學校之一級主管人員之服務機關、單位、科別、職稱、姓名、公務電話及公務電子信箱等，以供所屬人員公務上查詢使用，可認係貴府基於人事管理（特定目的代號002）或公務聯繫業務推動（特定目的代號175等）之目的，而於執行法定職務之必要範圍內，所為個人資料之蒐集、處理及利用行為，揆諸上開規定，無須再經當事人書面同意；且依同法第8條第2項第2款規

定，亦得免踐行同條第1項之告知義務（本部102年2月4日法律字第10100243410號函參照）。惟個人資料之蒐集、處理及利用，仍應注意尊重當事人之權益，依誠實及信用方法為之，不得逾越特定目的之必要範圍，並應與蒐集之目的具有正當合理之關聯（個資法第5條規定參照）。

▶**法務部105年1月20日法律字第10503501120號函釋**

立法院第8屆第8會期第13次會議修正個資法部分條文時，通過附帶決議：

一、有關個人資料保護法於101年10月1日修正施行前所間接蒐集之個人資料，各中央目的事業主管機關應盡力督促所轄非公務機關，依個人資料保護法第54條規定完成告知。二、（略）。」爰惠請貴機關督促所管轄之非公務機關參考下列步驟檢視並履行告知義務：

㈠檢視目前所保有之個人資料，是否係於101年10月1日前非由當事人（指個人資料之本人）所提供者。

㈡若係於101年10月1日前，蒐集非由當事人提供之個人資料，則檢視於何時處理或利用該個人資料：

　1.若係於101年10月1日前，蒐集非由當事人提供之個人資料，於101年10月1日起至104年12月15日修正之條文尚未施行前依法處理或利用者，因個資法第54條於上開期間仍未施行，故無溯及依個資法第9條規定履行告知義務之問題。

　2.若係於101年10月1日前，蒐集非由當事人提供之個人資料，於104年12月15日修正之條文於未來施行後依法處理或利用者，應依個資法第54條規定，於處理或利用前，依個資法第9條規定履行告知義務，並得於104年12月15日修正之條文施

　　行後首次利用該個人資料時併同為之（如符合個
　　資法第9條第2項所列情形之一者，則得免為告
　　知）。

㈢若係於101年10月1日後，始依法蒐集非由當事人
　提供之個人資料，自應依個資法第9條規定履行告
　知義務（如符合個資法第9條第2項所列情形之一
　者，則得免為告知）。

㈣依個資法施行細則第16條規定：「依本法第8條、
　第9條及第54條所定告知之方式，得以言詞、書
　面、電話、簡訊、電子郵件、傳真、電子文件
　或其他足以使當事人知悉或可得知悉之方式為
　之。」因此，告知義務之履行不限以書面為之，
　且個資法亦無要求當事人須於告知書簽名，惟實
　務上非公務機關多會請當事人於告知書上簽名，
　係為取得當事人知悉告知內容之紀錄，以作為其
　已履行告知義務之佐證文件，與當事人是否另以
　書面同意個人資料之利用無涉，併請注意。

▶**法務部104年10月21日法律字第10403513100號函釋**
本件所詢涉及違反不動產經紀業管理條例之行政罰裁
處，行政機關為調查事實及證據，所採取之調查方法是
否違法等節，參酌前揭說明，貴局以隱藏式攝影、錄音
器材蒐集得識別特定個人之影音資料，如係基於執行法
定職務必要範圍內而蒐集、處理、利用個人資料，即得
免踐行告知義務，尚無違反個人資料保護法之問題。

▶**法務部103年10月13日法律字第10303511680號函釋**
蒐集資料者所蒐集之個人資料如屬已依法公示、公告或
以其他合法方式公開者（如政府資訊公開法第7條應公
開之政府資訊），因該等人之個人隱私應無被侵害之虞
（第9條、第16條之立法理由參照），則其蒐集符合個資
法第19條規定，且免為個資法第9條所定告知義務。

▶**法務部103年6月25日法律決字第10300570190號函釋**

國內從事電子商務之零售業者委請境外協力廠商代為蒐集、處理及利用客戶個人資料，並將資料備份儲存於協力廠商之資料維護中心乙節，非公務機關委請境外協力廠商代為蒐集、處理及利用客戶個人資料，並將資料備份儲存於協力廠商之資料維護中心乙節，該受託境外協力廠商即視為委託機關。非公務機關除有第8條第2項所列得免為告知情形之一者外，依個資法第8條第1項第4款規定：「公務機關或非公務機關依第15條或第19條規定向當事人蒐集個人資料時，應明確告知當事人下列事項：……四、個人資料利用之期間、地區、對象及方式。……」非公務機關應注意是否已依上開規定踐行告知義務。

▶**金融監督管理委員會102年11月25日金管銀票字第10200321260號函釋**

票券金融公司為遵循票券金融管理法第30條及「票券金融公司對同一企業同一關係人或同一關係企業辦理短期票券之保證背書限額規定」所定授信限額之規定，而取得該條所定特定自然人之基本資料，並於同一關係人授信管理之範圍內蒐集、處理、利用渠等特定自然人之授信資料，符合個人資料保護法第8條第2項第2款「履行法定義務所必要」之情形，依該法第8條第2項及第9條第2項規定，得免向當事人告知；且符合該法第19條第1項第1款「法律明文規定」及第6款「與公共利益有關」之情形，非必須經當事人書面同意。

▶**法務部102年11月19日法律字第10203512780號函釋**

企業間依企業併購法或金融機構合併法進行併購，如轉讓之資產包含被併購公司與第三人間之契約及相關權利義務，則如企業併購前該被併購公司蒐集、處理及利用該第三人（即契約相對人）之個人資料，已符合「與當事人有契約或類似契約之關係」之要件。消滅之被併購

公司向客戶直接蒐集個人資料，如已依個資法第8條第1項規定踐行告知義務，或具備同條第2項各款免告知事由而免予告知，存續之併購公司無需再依個資法第8條規定踐行告知義務。

▶**法務部102年10月17日法律決字第10200655250號函釋**
公司請員工於告知書上簽署，係為取得其知悉告知內容之紀錄，與其是否同意個人資料之蒐集或處理無涉，且公司將告知書與同意書列於同一書面，未明顯區隔，易造成員工混淆，而為概括同意。為避免員工混淆，公司執行個資法第8條之告知說明，與同法第19條之取得當事人書面同意，宜於不同書面為之。

▶**法務部102年10月14日法律字第10203510680號函釋**
按個資法第8條第2項第2款規定所稱「非公務機關履行『法定義務』所必要」，僅限於行政法上義務，不包括民法上之義務，又律師法第23條規定係賦予律師「探求案情、搜求證據」之權限，尚非屬上開個資法規定所稱之法定義務，至於有無其他得免為告知之情形（例如：告知將妨害第三人之重大利益，尚須視具體個案情況為認定，若無個資法第9條第2項、第8條第2項規定得免為告知之事由，則仍應踐行告知義務，併此敘明。

▶**金融監督管理委員會102年5月1日金管銀合字第10230001141號函釋**
金融控股公司遵循上開法律、法規命令及依法律及法規命令所為補充性行政函釋，建置「子公司業務及客戶資料庫」，係為執行法律及法規命令所定之義務，以管理集團風險，並保障客戶權益。爰上述情形，符合個人資料保護法第8條第2項第2款「履行法定義務所必要」之情形，依該法第8條第2項及第9條第2項規定，得免向當事人為告知；且符合該法第19條第1項第1款「法律明文規定」及第6款「與公共利益有關」之情形，非必須經當事

人書面同意。

▶**法務部102年4月19日法律字第10203503430號函釋**

蒐集者合法蒐集當事人之個人資料後，提供當事人補發文件或製給複製本、請求更正個人資料、查詢個人資料等後續相關服務，應係其依本法第3條規定，提供當事人行使其本法上權利，若蒐集者並未另行蒐集其他個人資料，僅係要求當事人再次提供個人資料以比對蒐集機關已合法保有之個人資料進而確認其身分，係屬身分查證之手段，尚未另外涉及蒐集行為，無需再依本法第8條規定履行告知義務。

▶**法務部102年3月12日法律決字第10100250980號函釋**

非公務機關除有同條第2項所列得免為告知情形之一者外，均有告知義務。是以，來函所述之情事，倘甲通訊行於向消費者乙本人為資料蒐集時，不具有本法第8條第2項各款得免為告知之情事，於有告知義務而消極未為告知，或為不完整之告知，均屬違反本法第8條第1項規定，中央目的事業主管機關或直轄市、縣（市）政府應命限期改正，屆期未改正者，按次處新臺幣2萬元以上20萬元以下罰鍰（第48條第1款參照）。

▶**法務部102年3月11日法律決字第10100699790號函釋**

個資法第8條第2項第2款所稱「法定義務」，係指非公務機關依法律或法律具體明確授權之法規命令所定之義務（個資法施行細則第11條參照）。準此，本件所詢發行公司或其股務代理機構依公司法第169條及第210條規定，有備製股東名簿於本公司或其股務代理機構之義務，而蒐集股東個人資料，應屬個資法第8條第2項第2款所定「非公務機關履行法定義務」之情形（本部102年1月3日法律字第10100260640號函參照），而得免為告知。

第9條（間接蒐集個人資料之告知義務）

Ⅰ.公務機關或非公務機關依第十五條或第十九條規定蒐集非由當事人提供之個人資料，應於處理或利用前，向當事人告知個人資料來源及前條第一項第一款至第五款所列事項。

Ⅱ.有下列情形之一者，得免為前項之告知：

一、有前條第二項所列各款情形之一。

二、當事人自行公開或其他已合法公開之個人資料。

三、不能向當事人或其法定代理人為告知。

四、基於公共利益為統計或學術研究之目的而有必要，且該資料須經提供者處理後或蒐集者依其揭露方式，無從識別特定當事人者為限。

五、大眾傳播業者基於新聞報導之公益目的而蒐集個人資料。

Ⅲ.第一項之告知，得於首次對當事人為利用時併同為之。

■**修正說明**（99.5.26）

一、本條新增。

二、蒐集個人資料除向當事人直接蒐集外，亦得自第三人取得之，此等間接蒐集個人資料，尤需告知當事人資料來源及其相關事項，俾使當事人明瞭其個人資料被蒐集情形，並得以判斷提供該個人資料之來源是否合法，並及早採取救濟措施，避免其個人資料遭不法濫用而損害其權益。是以，第一項明定間接蒐集個人資料者（因屬間接蒐集，自無從於蒐集時併為告知），應於該資料處理或利用前，告知當事人資料來源及前條第一項第一款至第五款所列事項（第六款情形係屬當事人直接提供資料，於間接蒐集行為，無從適用）。

三、間接蒐集當事人之個人資料時，原則上應於處理該資料或利用前，告知當事人第一項所列事項。惟在部分特別情況下，告知恐有不宜或無必要，爰於第二項規定間接蒐集得免告知當事人之情形，其各款

立法理由如次：

㈠第一款規定於直接蒐集個人資料時，得免告知義務，在間接蒐集時，亦得免為告知，理由詳如前條說明。

㈡間接蒐集之個人資料，如係當事人自行公開揭露或其他合法公開之資料，對其隱私權應無侵害之虞，自得免為告知，爰為第二款之規定。

㈢為保護當事人之權益，第一項規定間接蒐集個人資料時，應告知當事人相關事項。惟客觀上顯然不能向當事人告知時，例如：當事人失蹤不知去向、昏迷不醒，亦無法得知其法定代理人為何人時，自無從告知。

㈣基於統計或學術研究目的，經常會以間接蒐集方式蒐集個人資料，如依其統計或研究計畫，當事人資料經過匿名化處理，或其公布揭露方式無從再識別特定當事人者，應無侵害個人隱私權益之虞，應可免除告知當事人之義務。

㈤由於大眾傳播業者基於報導新聞之目的，經常以間接方式蒐集特定人之個人資料，且為確認報導事實並取得採訪當事人之畫面及意見，事實上經常在第一時間即與當事人直接面對面溝通對話，實際上已對當事人為處理或利用前之告知，因而在此實無規定免為告知之必要。又民間團體（台灣人權促進會）亦建議不應以特定身分作為排除告知義務之規範對象，如大眾傳播業者基於法令或本條其他款次要件有免除告知義務之必要者，自得依相關規定為之。另有關兒童及少年之保護措施中，依兒童及少年福利法第四十六條規定對於法定特殊情況之兒童及少年，不得報導及記載其姓名或其他足以識別身分之資訊；此外，依我國傳播媒體之自律規範，亦須以降低傷害及兒童

隱私應謹慎處理之精神為目標，因而採訪兒童及少年時，因非屬純獲法律上之利益或依其年齡及身分日常生活所必需，仍應得到其法定代理人之同意始得為之，且不得以照片報導兒童及少年之個人詳情。從而大眾傳播業在進行新聞採訪及報導前，需盡到告知當事人及其法定代理人之最大隱私保護措施後，始得為新聞報導等個人資料之處理或利用。

㈥如當事人不認同蒐集機關適用本條第二項之規定而免為告知時，得依本法第三條規定請求查詢或閱覽，被請求之蒐集機關則應依第十三條規定辦理。當事人亦得以其蒐集不合法為由，請求補為告知，或依第十一條第四項規定，請求蒐集機關刪除、停止處理或利用該個人資料，併予敘明。

四、在間接蒐集個人資料之情形，原則上應於處理或利用前，向當事人告知個人資料來源等事項，但如能於首次對當事人為利用時(例如：對當事人進行商品行銷)，併同告知，不但能提高效率，亦可減少勞費，且無損於當事人之權益，爰為第三項規定。

五、參考一九九五年歐盟資料保護指令（95/46/EC）第九條、第十一條、第十三條、德國聯邦個人資料保護法第十九a條、奧地利聯邦個人資料保護法第二十四條、日本個人資訊保護法第五十條等。

❖函令解釋

▶法務部103年10月13日法律字第10303511680號函釋

蒐集資料者所蒐集之個人資料如屬已依法公示、公告或以其他合法方式公開者（如政府資訊公開法第7條應公開之政府資訊），因該等人之個人隱私應無被侵害之虞（第9條、第16條之立法理由參照），則其蒐集符合個資法第19條規定，且免為個資法第9條所定告知義務。

第10條（妨害重大利益要件之請求限制）

公務機關或非公務機關應依當事人之請求，就其蒐集之個人資料，答覆查詢、提供閱覽或製給複製本。但有下列情形之一者，不在此限：

一、妨害國家安全、外交及軍事機密、整體經濟利益或其他國家重大利益。

二、妨害公務機關執行法定職務。

三、妨害該蒐集機關或第三人之重大利益。

■修正說明（99.5.26）

一、條次變更，本條為原條文第十二條移列。

二、當事人得請求答覆查詢、提供閱覽或製給複製本之對象，不限於向公務機關，亦應包括非公務機關。為期明確，爰將原條文第二十六條第一項非公務機關準用本條之規定，予以刪除，並將「公務機關」修正為「公務機關或非公務機關」。另「保有之個人資料檔案」亦修正為「蒐集之個人資料」，以期適用明確，其各款修正理由如次：

　㈠依第三條規定，當事人就其個人資料有查詢或請求閱覽及製給複製本等權利，且不得預先拋棄或以特約限制。本此意旨，公務機關或非公務機關自應盡量依當事人之請求，就其蒐集之個人資料，答覆查詢、提供閱覽或製給複製本；為確保當事人之權利，爰將第一款修正限縮為限於妨害國家安全、外交及軍事機密、整體經濟利益或其他國家重大利益者，始得拒絕。

　㈡原條文第二款及第三款規定之「有……之虞」屬不確定法律概念，為免適用上發生疑義，爰刪除「之虞」二字。另第二款之「妨害公務執行」，應限於「妨害公務機關法定職務之執行」，爰併予修正。

㈢有些特殊性質資料，如提供當事人查詢、閱覽或製給複製本時，恐會洩漏資料蒐集者之業務秘密或妨害其重大利益。為此，第三款爰增加「該蒐集機關」之要件，以期周全。

❖函令解釋

▶法務部105年6月22日法律字第10503509900號函釋

㈠報告表及紀錄表僅記載「申請人本人個人資料」：依個人資料保護法（下稱個資法）第2條第9款、第3條第1款、第2款及第10條本文規定，個人資料之本人為當事人，當事人對於保有其個人資料之公務機關有查詢、請求閱覽或製給複製本之權利，故公務機關除有個資法第10條但書所列3款情形得拒絕提供外，應依當事人請求，就所蒐集之個人資料答覆查詢、提供閱覽或製給複製本。是道路交通事故當事人向警察機關申請提供其本人之報告表及紀錄表，因係載有其個人資料，依前揭個資法規定，申請人有請求提供閱覽或製給複製本之權利，警察機關應審酌有無個資法第10條但書所列3款情形，據以決定是否提供閱覽或製給複製本；至於有無個資法第10條但書所列3款情形，涉及事實認定問題，仍請警察機關本於職權判斷。

㈡報告表、紀錄表係載有「他造當事人或第三人之個人資料」：按政資法第9條第1項規定，具有中華民國國籍並設籍之國民得依政資法規定申請政府機關提供政府資訊。又人民申請提供政府資訊除有政資法第18條第1項所列各款情形之一，而應限制公開或不予提供者外，應提供之。是道路交通事故當事人向處理之警察機關申請提供載有他造當事人或第三人個人資料之報告表或紀錄表，警察機關應檢視政資法第18條第1項第6款規定，即政府資訊之公開，有侵害個人隱私，應不予提供，但對公益有必要或為保護人民生命、身體、

健康有必要或經當事人同意者，不在此限。至於何謂「對公益有必要」，應由警察機關就「公開資訊所欲增進之公共利益」與「不公開政府資訊所保護之隱私權益」間，予以權衡判斷之。如認旨揭報告表或紀錄表之提供並非公益所必要，亦未經該個人資料本人同意，且請求提供之目的在於追究財產上損害，並非保護申請人生命、身體或健康所必要（最高行政法院100年度裁字第2697號裁定），而不予提供時，仍應注意政資法第18條第2項規定，即政府資訊含有限制公開或不予提供之事項者，若可將該部分予以區隔，施以防免揭露處置，已足以達到保障隱私效果者，即應就其他部分公開或提供之。

▶ **法務部106年6月1日法律字第10603507450號函釋**

除其他法律對於當事人查詢、閱覽個人資料有特別規定外，父母或行使親權之人代理其未成年子女依個資法第10條規定，向航空公司查詢該未成年子女之航班資料，應無違反個資法之虞。

▶ **金融監督管理委員會保險局104年4月13日保局（綜）字第10410912710號函釋**

保險業者依法令規定或取得當事人書面同意所蒐集、留存之錄音錄影資料，客戶既為該等資料之當事人，自得請求業者製作及提供複製本；除有個資法第10條但書所定情形外，不得拒絕之。

▶ **法務部104年1月6日法律字第10303514080號函釋**

「車輛資料查詢同意書」或「車輛資料查詢授權書」等類似文件，如依其內容可認係原車主以行使「當事人個人資料查詢權」之真意而委託中古車行或新車主查詢車輛資料之書面者，資料保有者應依前揭規定提供之，否則中央目的事業主管機關或直轄市、縣（市）政府得限期改正，屆期未改正者，按次處新臺幣2萬元以上20萬元

以下罰鍰（本法第48條第2款參照）。至於如非本法所規範之個人資料，則除其他法規定有提供義務者外，是否提供資料，保有者得自行決定。

▶**法務部102年11月1日法律字第10203511730號函釋**

㈠按個資法僅賦予資料本人查詢、閱覽及複製本人資料之權利，並未賦予人民得請求公務機關提供他人個人資料之權利。個資法所規定之個人資料，並非屬保密或禁止公開之規定，而僅係限制利用，且個資法第16條及第20條有關個人資料得為特定目的外利用之範圍相當廣泛（例如：法律明文規定、為增進公共利益），故個資法對隱私權之保護係最低密度之保護。依個資法規定得為特定目的外利用者，僅係限制利用之解除，並不等於該涉及個人資料之政府資訊即應公開，是否公開仍應依政資法予以檢視判斷，必亦無政資法第18條限制公開情形，始得公開或提供。

㈡又政資法雖係規範政府資訊之公開，但對於涉及個人隱私之資訊，依該法第18條第6款規定，原則應限制公開或提供。惟如依政資法第18條第6款但書規定，符合「對公益有必要」或「經當事人同意」，仍得例外對於個人隱私資訊予以公開或提供。至於所謂「對公益有必要」係不確定法律概念，除應符合「公益」外，尚須「有必要」，其應由受理請求機關就隱私權益與公共利益為比較衡量，並應符合比例原則。

▶**法務部102年7月4日法律字第10200118830號函釋**

按醫療法第71條規定：「醫療機構應依其診治之病人要求，提供病歷「複製本」，必要時提供中文病歷摘要，不得無故拖延或拒絕；其所需費用，由病人負擔。」僅係就病人得申請病歷複製本及費用負擔為規定，與得否限制病人申請「閱覽」病歷無涉。換言之，請求閱覽與請求製給複製本係二種不同之權利。又醫療法因未有病人申請閱覽病歷之相關規定，則當事人自得依本法第3條

規定向醫療機構請求閱覽其本人之病歷資料，醫療機構
即應適用本法第10條有關提供閱覽之規定，尚難逕以製
給複製本而拒絕其閱覽，故本部102年3月12日法律字第
10100271950號函旨，並無違誤。

▶**法務部102年5月27日法律字第10203504660號函釋**

按父母係未成年子女之法定代理人（民法第1086條第1項
參照），得行使同意權以補充其能力之不足，也得行使
代理權，逕行代為法律行為，故其代理未成年子女依個
人資料保護法第10條規定，向學校查詢該未成年子女之
在校出缺勤狀況資料，應無違反個資法之虞。

🗋**實務見解**

▶**最高法院104年台抗字第950號民事裁定**（聲請閱卷）

查民事訴訟法第242條第1項及第3項係規定，當事人得向
法院書記官聲請閱覽，抄錄或攝影卷內文書，或預納費
用聲請付與繕本、影本或節本；卷內文書涉及當事人或
第三人隱私或業務秘密，如准許前2項之聲請，有致其受
重大損害之虞者，法院得依聲請或依職權裁定不予准許
或限制前2項之行為。

▶**最高法院104年台抗字第648號民事裁定**

（聲請交付法庭錄音光碟）

本件再抗告人主張：伊因與相對人間有另案刑事案件，
該案基礎事實與本件相同，為期忠實呈現雙方於系爭期
日之攻防內容（陳述），以釐清另案刑事案件之事實及
證明相對人提起刑事告訴，具誣告之故意，暨提起本件
訴訟不在紛爭解決，係為損害伊之權益等語，倘涉及再
抗告人在訴訟上抗辯相對人提起本件訴訟意在侵害伊權
益，而非正當權利行使之重要防禦方法，且又無依法令
得不予許可或限制聲請閱覽、抄錄或攝影卷內文書，或
涉及國家機密或其他依法令應予保密之事項，得限制交
付法庭錄音或錄影內容之情形，再抗告人為主張或維護

其法律上利益，聲請交付系爭光碟，是否不能准許？依上說明，即有待進一步研求及釐清。原法院未及審酌法院組織法第90條之1之增訂及「法庭錄音錄影及其利用保存辦法」之修訂，遽以系爭期日在場陳述之陳○○律師具狀表示不同意等詞，為再抗告人不利之裁定，尚嫌速斷，難認適法。再抗告意旨，指摘原裁定適用法規顯有錯誤，求予廢棄，非無理由。

▶ **最高法院103年台聲字第1076號民事裁定**
（聲請交付法庭錄音光碟）

倘交付法庭錄音光碟，未具備正當合理性，即已逾越上開輔助筆錄製作之必要範圍。是則當事人聲請交付法庭錄音光碟，應具備正當理由，法院應就有無交付必要予以裁量。原確定裁定以兩造間請求損害賠償事件，前訴訟程序第二審認聲請人聲請交付102年5月2日、同年7月18日之法庭錄音光碟，並無「核對更正筆錄而未准更正」之情形，且聲請人亦未提出交付錄音光碟具正當合理性之事由，自無交付必要。

▶ **臺灣高等法院103年重上字第371號民事裁定**（聲請閱卷）

聲請人於本案訴訟中聲請閱覽、抄錄或攝影卷宗系爭財務資料，係有關於第三人之個人資料，涉及第三人之重大利益，應將訴訟代理人之閱卷權為合理之限縮，不應任由訴訟代理人閱覽、複製而有超出目的外之使用。至於聲請人主張倘若兩造就閱覽、抄錄或攝影卷宗所得之資料為特定目的外之使用，律師將受有律師懲戒及刑事訴追之風險，法院得要求律師為事前擔保云云，惟律師受懲戒或刑事訴追與個資法所欲避免人格權受侵害之目的顯屬二事，自不得以律師法或刑法有相關罰則而得容許第三人之個人資料受到侵害，故聲請人向本院聲請閱覽、抄錄或攝影卷宗內所調得之上開資料，於法未合，不應准許。

▶最高法院103年台抗字第996號民事裁定

（聲請交付法庭錄音光碟）

法庭錄音含有參與法庭活動之人之聲紋及情感活動等內容，涉及其人格權等基本權之保障，當事人未經其等同意，請求交付法庭錄音光碟，顯逾越錄音光碟輔助筆錄製作目的之必要範圍，亦非維護其法律上利益必要者。

個資法第10條規定公務或非公務機關應提供予當事人者，係指關於該當事人之個人資料。系爭法庭錄音光碟包含相對人等之錄音紀錄，非僅再抗告人個人資料，法院尚無從依個資法第10條規定發給。

▶臺灣新北地方法院97年訴字第1173號民事判決

（資料查詢）

系爭建物於系爭買賣契約成立前，係屬被告所有，依電腦處理個人資料保護法第12條之規定，房屋所有權人即被告固得對於其所有財產之公法上權利義務關係，依政府資訊公開法、台北縣政府檔案申請抄錄閱覽複製注意事項等規定，填具申請書並檢具身分關係證明文件向台北縣政府違章建築拆除大隊申請閱覽或複製，如申請人為意定代理人，亦得僅具委任書申請之，依此可知，系爭房屋於原告買受前是否曾受拆除之通知，僅被告本人或其委任之人有權得以向主管拆除之機關查詢之。

第11條（個人資料更正或補充及權責）

Ⅰ.公務機關或非公務機關應維護個人資料之正確，並應主動或依當事人之請求更正或補充之。

Ⅱ.個人資料正確性有爭議者，應主動或依當事人之請求停止處理或利用。但因執行職務或業務所必須，或經當事人書面同意，並經註明其爭議者，不在此限。

Ⅲ.個人資料蒐集之特定目的消失或期限屆滿時，應主動或依當事人之請求，刪除、停止處理或利用該個人資料。但因執行職務或業務所必須或經當事人書面同意者，不在此限。

Ⅳ.違反本法規定蒐集、處理或利用個人資料者，應主動或依當事人之請求，刪除、停止蒐集、處理或利用該個人資料。

Ⅴ.因可歸責於公務機關或非公務機關之事由，未爲更正或補充之個人資料，應於更正或補充後，通知曾提供利用之對象。

□ **修正前條文**（99.5.26公布）

Ⅰ.公務機關或非公務機關應維護個人資料之正確，並應主動或依當事人之請求更正或補充之。

Ⅱ.個人資料正確性有爭議者，應主動或依當事人之請求停止處理或利用。但因執行職務或業務所必須並註明其爭議或經當事人書面同意者，不在此限。

Ⅲ.個人資料蒐集之特定目的消失或期限屆滿時，應主動或依當事人之請求，刪除、停止處理或利用該個人資料。但因執行職務或業務所必須或經當事人書面同意者，不在此限。

Ⅳ.違反本法規定蒐集、處理或利用個人資料者，應主動或依當事人之請求，刪除、停止蒐集、處理或利用該個人資料。

Ⅴ.因可歸責於公務機關或非公務機關之事由，未爲更正或補充之個人資料，應於更正或補充後，通知曾提供利用之對象。

■ **修正說明**（104.12.30）

當事人對其個人資料正確性有爭議時，得請求公務機關或非公務機關停止處理或利用；惟如該個人資料爲公務機關或非公務機關執行職務或業務所必須，或經當事人書面同意時，倘若已同時註明其爭議，應可允許公務機關或非公務機關繼續處理或利用該個人資料，爰酌予修正第二項但書。至於爭議釐清後，自應依第一項規定予以更正，如實記載。

❖函令解釋

▶法務部106年3月23日法律字第10603501930號函釋

瘦身美容業者合法蒐集、處理之個人資料，於契約終止後，如蒐集個人資料之特定目的已不存在，除有上開個資法第11條第3項但書規定之情形外，業者應主動或依當事人之請求，刪除、停止處理或利用該等個人資料，合先敘明。

▶法務部105年8月5日法律字第10503510410號函釋

當事人行使個資法之相關權利，究應向委託人或受託人為之，允宜視個案狀況處理，未必以委託機關為唯一對象（個資法施行細則第7條立法理由參照）。

▶金融監督管理委員會105年2月2日金管保壽字第10410938020號函釋

因保險契約未成立或有其他未完成保險交易之因素，該等未承保保戶之個人資料，因人身保險或其他履行契約事務而蒐集個人資料之特定目的已不存在，除有個人資料保護法第11條第3項但書規定（因執行職務或業務所必須或經當事人書面同意）之情形外，保險公司應主動或依當事人之請求，刪除、停止處理或利用該等個人資料。

▶法務部104年9月7日法律字第10403509510號函釋

個資法施行細則第21條規定：「有下列各款情形之一者，屬於本法第11條第3項但書所定因執行職務或業務所必須：一、有法令規定或契約約定之保存期限。二、有理由足認刪除將侵害當事人值得保護之利益。三、其他不能刪除之正當事由。」本條第3款規定所稱「其他不能刪除之『正當理由』」係屬不確定法律概念，須依具體個案事實予以認定。本件壽險公司所主張，有關未承保保戶之個人資料，須提供壽險公會、保險犯罪防治中心、檢調機關、法院、稅捐機關、主管機關等單位，為

調查洗錢防制、保險詐欺、稅務查核、扣押當事人財產等用途等節，查上開提供資料事由應係指已與壽險公司成立保險契約之保戶而言，始有該等用途；至於未承保保戶之個人資料，因保險契約尚未成立，未有相關保險交易產生，如前所述，壽險公司原蒐集該等個人資料之特定目的已不存在，後續亦無利用該等資料履行契約之需要，本應依個資法第11條第3項本文規定，刪除、停止處理或利用該等個人資料，尚難認為壽險公司得主張上開事由為執行業務所必須之正當理由，並得無限期留存該等個人資料而不予刪除，否則，任何機關如均得主張未來提供稅務查核、檢調偵查而拒絕刪除，則上開刪除規定豈非形同具文。

▶ **法務部103年9月17日法律字第10303510740號函釋**
所謂「因執行職務或業務所必須」，依本法施行細則第21條規定，係指「一、有法令規定或契約約定之保存期限。二、有理由足認刪除將侵害當事人值得保護之利益。三、其他不能刪除之正當事由。」等情形。故公務機關基於特定目的，於執行法定職務之必要範圍內蒐集個人資料時（本法第15條第1款規定參照），倘符合上開規定之例外情形，縱原蒐集之特定目的消失，尚無須刪除或退還該資料予申請人。又公民投票案提出後，有關之提案及其提案人名冊均為公文書之一部分，依檔案法及文書處理手冊歸檔保管，於保存期限屆滿前屬依法令規定應予保存，自屬執行職務所必須，自無從退還申請人。

▶ **經濟部103年3月28日法律字第10300542570號函釋**
按個人資料保護法（下稱：個資法）之性質為普通法，個人資料之利用如係其他法律明定應公開或提供者，性質上為本法之特別規定，公司法第210條第1項、第2項及第218條第1項既已明定公司董事會應將股東名冊及相關簿冊備置於本公司或股務代理機關，供利害關係人隨時請求查閱或抄錄，則有關提供個人資料之部分，自應優

先適用上開公司法之規定，業經本部102年1月7日經商字第10100727370號函釋在案。又股東名簿涉關股東權益之維護，非公開發行公司之股務代理機構亦應永久保管股東名簿，俾供利害關係人隨時請求查閱或抄錄，尚無個資法第11條第3項所謂「刪除及停止程序」規定之適用。

▶**法務部102年10月2日法律決字第10200199330號函釋**

依個人資料保護法第11條第3項之規定：「個人資料蒐集之特定目的消失或期限屆滿時，應主動或依當事人之請求，刪除、停止處理或利用該個人資料。但因執行職務或業務所必須或經當事人書面同意者，不在此限。」是以，公務人員雖已離職，如其原服務機關所蒐集個人資料之特定目的仍繼續存在（該個人資料屬於依政府資訊公開法第7條所定應公開施政計畫、業務統計及研究報告之一部分），尚不得請求刪除、停止處理或利用該個人資料。

▶**法務部102年1月23日法律字第10200001850號函釋**

寺廟因信眾為求神問事蒐集個人資料，則於其特定目的消失（本法施行細則第20條規定參照）或期限屆滿時，除因執行職務或業務所必須或經當事人書面同意外，應主動或依當事人之請求，刪除、停止處理或利用該個人資料。

◻**實務見解**

▶**臺灣高等法院106年上字第634號民事判決**（資料刪除）

審酌上訴人前開招攬買賣鑽石或旅遊產品之手法，既於事後已經檢察官認無構成詐欺罪嫌，而為不起訴處分，且如僅要求被上訴人將系爭報導內上訴人之姓名加以隱匿，即將系爭報導進行去識別化之結果，亦不致妨礙或影響被上訴人藉由系爭報導所欲達到公眾可獲得充分資訊知悉系爭銷售手法曾衍生消費爭端之目的及保障交易安全之公益性考量；復考以時效性乃為構成新聞價值之

要素之一，上開事件係發生於101年7月26日，距今已經過5年之久，系爭報導所指之消費爭議事件，於案發時雖經多家媒體於新聞網頁為報導並經記載上訴人之姓名，此有被上訴人於原審所提出之新聞資料可稽；惟經本院於言詞辯論期日，以上訴人姓名在搜尋引擎業者GOOGLE、YAHOO，以及自由時報、聯合報、中國時報等三大報之官方網路進行搜尋之結果，已無從搜尋上訴人與系爭事件相結合之相關報導，僅餘被上訴人網站仍可以上訴人姓名為條件搜尋後出現系爭網頁報導，或藉由GOOGLE搜尋網頁下方記載註記「進一步瞭解這項要求的內容」文字得輾轉查得系爭報導之網頁網址等情，亦經載明於筆錄足稽，可徵系爭報導應已因時間之經過逐漸降低其新聞價值性之情，則關於隱私權與新聞自由之衝突，經以本件事件之發展（真實性之檢驗、上訴人業經不起訴處分或判決無罪等）、經過時間之長短（5年），彼此消長之結果，堪認上訴人主張：系爭報導迄今仍揭露足以識別上訴人姓名之個人識別資料，並登載於系爭網頁之系爭報導內，已不法侵害上訴人之人格權（隱私）等語，要屬有據。

▶臺灣士林地方法院103年度湖小字第537號小額民事判決（請求刪除）

個人資料保護法修正施行前即有電腦處理個人資料保護法之規定資為適用，被告於個人資料保護法修正施行前即應完成刪除會員資料相關建置，況且正如被告自認其係一知名之大型賣場，會員眾多，而要求終止會員關係並刪除會員資料之案例不多，再加上原告一再要求，被告本即印象深刻，依約定刪除原告個人資料亦為簡單容易之事，其有過失甚為明顯，是被告所辯系統尚未建置完成尚不足採。

第12條（個人資料遭違法侵害之通知）

公務機關或非公務機關違反本法規定，致個人資料被竊取、洩漏、竄改或其他侵害者，應查明後以適當方式通知當事人。

■ **修正說明**（99.5.26）

一、本條新增。

二、按當事人之個人資料遭受違法侵害，往往無法得知，致不能提起救濟或請求損害賠償，爰規定公務機關或非公務機關所蒐集之個人資料被竊取、洩漏、竄改或遭其他方式之侵害時，應立即查明事實，以適當方式（例如：人數不多者，得以電話、信函方式通知；人數眾多者，得以公告請當事人上網或電話查詢等），迅速通知當事人，讓其知曉。

三、公務機關違反本條規定而隱匿不為通知者，其上級機關應查明後令其改正，如有失職人員，得依法懲處；非公務機關違反本條規定而隱匿不為通知者，其主管機關得依第四十八條第二款規定限期改正，屆期仍不改正者，得按次處以行政罰鍰，併予敘明。

❖ **函令解釋**

▶ **法務部106年1月26日法律字第10503517710號函釋**

公務機關縱已依本法第18條規定辦理安全維護事項，惟仍因違反本法規定，致個人資料遭竊取、洩漏、竄改或其他侵害之情事者，應依本法第12條規定，立即查明事實並採取適當措施通知當事人。

第13條（處理期限或延長）

Ⅰ.公務機關或非公務機關受理當事人依第十條規定之請求，應於十五日內，為准駁之決定；必要時，得予延長，延長之期間不得逾十五日，並應將其原因以書面通知請求人。

II.公務機關或非公務機關受理當事人依第十一條規定之請求，應於三十日內，為准駁之決定；必要時，得予延長，延長之期間不得逾三十日，並應將其原因以書面通知請求人。

■修正說明（99.5.26）

一、條次變更，本條為原條文第十五條移列。

二、第一項修正理由如次：

　　㈠本條規定並非僅限於公務機關有其適用，非公務機關亦包括之。為期明確，爰將原條文第二十六條第一項非公務機關準用本條之規定，予以刪除，並將「公務機關」修正為「公務機關或非公務機關」。

　　㈡當事人依第十條規定，請求查詢、閱覽其個人資料或製給複製本時，資料蒐集機關應儘速處理。原條文規定需在三十日內處理，似嫌過長，對當事人不利，是以將准駁決定之期間，由「三十日」修正為「十五日」。另個人資料種類及數量繁多，如申請人數眾多，十五日恐不及辦理，是以另規定必要時得予延長，但不得逾十五日，且應將延長原因以書面通知請求人，讓其知曉。

三、當事人依第十一條規定，請求更正、補充，或請求刪除、停止蒐集、處理或利用其個人資料，因需較多時間查證該資料之正確性或其請求是否合理，十五日內恐無法處理完畢，爰增訂第二項，將此種情形之准駁決定期間，規定為三十日，必要時得予延長，但不得逾三十日，且應將延長原因以書面通知請求人。

四、當事人向公務機關或非公務機關請求查詢、閱覽、製給複製本，或請求更正、補充、刪除、停止蒐集、處理或利用其個人資料，遭駁回拒絕或未於規定期間內決定時，得依相關法律提起訴願或訴訟，

自不待言。

第14條（使用者付費）

查詢或請求閱覽個人資料或製給複製本者，公務機關或非公務機關得酌收必要成本費用。

■修正說明（99.5.26）

一、條次變更，本條為原條文第十六條移列。

二、本條規定並非僅限於公務機關有其適用，非公務機關亦包括之。為期明確，爰將原條文第二十六條第一項非公務機關準用本條之規定，予以刪除，並將「公務機關」修正為「公務機關或非公務機關」。

三、由於資料種類及蒐集、處理方式繁多，關於查詢、請求閱覽個人資料或製給複製本之費用，宜由各蒐集處理機關視該資料之性質酌予收取為妥，不宜由各機關或中央目的事業主管機關訂定，爰刪除第二項及原條文第二十六條第二項規定，並明定收取之費用以必要成本費用為限。

□實務見解

▶最高行政法院94年判字第133號判決（費用酌收）

稅捐稽徵法第33條第1項第8款規定：「稅捐稽徵人員對於納稅義務人提供之財產、所得、營業及納稅等資料，除對下列人員及機關外，應絕對保守秘密，違者應予處分；觸犯刑法者，並應移送法院論罪：……八、債權人已取得民事確定判決或其他執行名義者。」……〔個資〕法第16條規定：「（第1項）查詢或請求閱覽個人資料或製給複製本者，公務機關得酌收費用。（第2項）前項費用數額由各機關定之。」

綜合稅捐稽徵法第33條第1項第8款、電腦處理個人資料保護法……第16條等規定，得利用查詢或請求閱覽個人資料或製給複製本者，不以當事人（指個人資料

之本人）為限。準此，財政部86年6月27日台財稅第861902498號函：「本部財稅資料中心及各稅捐稽徵機關受理是類債權人查調債務人課稅資料案件，應自86年7月1日起計收服務費，收費標準為每查調一位債務人之一種資料（所得、財產、營業額資料分開計算，各為一項）收費1千元。」及87年2月18日台財稅第871929874號函：「……三、本部受理債權人查調債務人之財產、所得及營業等資料時，係以提供電腦檔上各該項資料為主。依電腦處理個人資料保護法第16條規定……經本部就受理債權人查調債務人財產等資料，運用電腦處理等相關之費用成本分析，以每查調一位債務人之一種資料收取1千元之服務費，尚屬合法合理。」經核於法洵無違誤，難謂有欠缺明確法律授權之情形。又查債權人查調債務人之財產、所得資料，稅捐稽徵機關須就債權人所申請查調之種類調查，不論調查結果有無債務人之財產、所得資料，所提供之實質服務尚無不同，被上訴人主張收取1千元之服務費過高云云，尚無足採。

第二章　公務機關對個人資料之蒐集、處理及利用

第15條（公務機關蒐集或處理個人資料之要件）

公務機關對個人資料之蒐集或處理，除第六條第一項所規定資料外，應有特定目的，並符合下列情形之一者：

一、執行法定職務必要範圍內。

二、經當事人同意。

三、對當事人權益無侵害。

□**修正前條文**（99.5.26公布）

公務機關對個人資料之蒐集或處理，除第六條第一項所規定資料外，應有特定目的，並符合下列情形之一者：

一、執行法定職務必要範圍內。

二、經當事人書面同意。

三、對當事人權益無侵害。

■**修正說明**（104.12.30）

放寬當事人「同意」之方式，不以書面同意為限，爰修正第二款。

❖**函令解釋**

▶**法務部106年4月21日法律字第10503520020號函釋**

按個人資料保護法（下稱個資法）第15條規定：「公務機關對個人資料之蒐集或處理，除第6條第1項所規定資料外，應有特定目的，並符合下列情形之一者：一、執行法定職務必要範圍內。二、經當事人同意。…」上開規定所稱「法定職務」係指於法律、法律授權之命令所定公務機關之職務（個資法施行細則第10條第1款參照）。是以，貴會基於特定目的（例如：電信及傳播監理，代號：144），於執行電信法及船舶無線電臺管理辦法（下稱管理辦法）相關規定所定管理船舶無線電臺（含EPIRB設備）之法定職務必要範圍內，蒐集電臺執照持有者之相關個人資料（管理辦法第19條規定參照），符合上開個資法第15條第1款規定。又貴會蒐集上開管理辦法第19條規定申請書應填具及檢附之相關個人資料以外，有關「EPIRB資訊（如15個字元識別碼）及持有者緊急聯絡人」等資料，如不在前開貴會辦理船舶無線電臺管理及核照之法定職務範圍內，即不得以個資法第15條第1款規定為依據蒐集上開個人資料。至於貴會若欲依個資法第15條第2款「經當事人同意」之方式取得上開緊急聯絡人資料，則應先釐清蒐集之特定目的為何。

▶**法務部106年4月12日法律字第10603504830號函釋**

如基於為防制志願役官兵之毒品危害，於犯罪預防、矯正之特定目的（代號025），符合執行法定職務必要範圍

內，依個資法第15條第1款規定，得委由內政部警政署比對後，蒐集志願役官兵入營前持有或施用第三、四級毒品之紀錄。

▶**法務部106年4月12日法律字第10603501970號函釋**
基於交通行政（代號028）之特定目的，警察機關於舉發違反道路交通管理事件後，依上開規定將該事件必要之相關資料移送公路主管機關，由公路主管機關依相關資料進行裁決，對公路主管機關而言，應認符合個資法第15條第1款規定；對警察機關而言，應認符合個資法第16條本文規定。

▶**法務部104年5月14日字第10403505690號函釋**
警察機關基於「行政裁罰、行政調查」（代號039）之特定目的，於執行道路交通管理處罰條例第7條之1、第7條之2規定之法定職務時，因須調查受舉發人之違規事實，爰蒐集違規行為、違規現場之照片，其內雖含有其他非受舉發人（乘客）之影像，若影像清晰且與其他資料對照、組合、連結後具間接識別可能者，固仍屬個資法所稱個人資料，惟為維持該採證照片之真實性、完整性，其蒐集認屬與執行法定職務有關之必要範圍內，仍符合個資法第15條規定。

▶**法務部104年1月15日法律字第10403500460號函釋**
警察機關為協助救護人員執行緊急救護任務，依前揭規定須查明緊急傷病患身分，或依其所屬各直轄市、縣（市）政府之自治條例，所明定警察機關就身分不明之路倒病人辦理身分調查及製作指紋卡等類此規定（例如：嘉義市遊民安置輔導自治條例第4條第1項第1款、第7條前段及第14條規定參照），而須查明路倒病人身分時，因前揭緊急傷病患或路倒病人係無意識狀態，不能詢問或令其出示身分證明文件（警察職權行使法第7條規定參照），亦無任何方法可供查明其身分情況下，警察

機關為通知其家屬及後續事宜，爰依職權審認，蒐集個案當事人指紋，係為與合法可供利用之指紋資料庫（個人自行捺印指紋資料）進行比對，即能助益辨識前揭緊急傷病患或路倒病人之身分，以換得該個案當事人更重要之生命、身體、健康權利的保護，對其隱私權益之侵害與欲達成目的之利益尚屬衡平，應可認為警察機關基於警政（代號：167）、社會行政（代號：57）等特定目的，於執行上開緊急救護辦法或自治條例所定職務之必要範圍內，對其蒐集指紋個人資料，符合前揭個資法規定。

▶ **法務部103年12月10日法律字第10303513640號函釋**
若係基於災害防救行政之特定目的，考量民眾於災害發生期間因通訊中斷、傷亡、疏散撤離至避難收容處所等因素，致親友無法聯繫，為免造成民眾恐慌，爰開放此系統提供民眾查詢親友資訊。是以，如基於執行法定職務（例如災害防救法第36條第1項第5款「傷亡者之善後照料、災區民眾之安置」或內政部消防署組織條例第3條第9款「關於災害防救業務計畫之擬訂及執行事項」、第10款「關於…全國緊急災害之應變措施」或第24款「其他消防及災害防救事項」）與特定目的（例如：代號045「災害防救行政」或171「其他中央政府機關相關業務」）而建置親友協尋系統，即得於執行該法定職務及特定目的之必要範圍內，蒐集、處理及利用現生存自然人之個人資料（至於已死亡之人尚無本法之適用）。仍建議系統提供之資料內容，以最少範圍之直接或間接識別該個人資料為宜。

▶ **法務部103年10月13日法律字第10303511680號函釋**
倘資訊業者僅研發軟體工具供使用者即個人資料之蒐集者，於資料蒐集後之編輯、建置地籍資料之用，資訊業者本身並無蒐集個人資料者，自與個資法無涉。

▶ **法務部103年8月11日法律決字第10303509410號函釋**
審核認定低收入戶及中低收入戶之資格，基於「027社會
行政」、「040政府福利金或救濟金給付行為」之特定
目的，而為個人資料之蒐集，符合本法第15條第1款之
規定，又其所蒐集之個人資料，係作為審核認定低收入
戶及中低收入戶資格之用，即屬特定目的內之利用，亦
符合本法第16條之規定。來函所述受理人民申請社會救
助案件函轉權責機關辦理時，於公文主旨載明申請人姓
名及申請事項乙節，應屬個人資料之特定目的內利用，
惟應注意本法第5條之規定，不得逾越特定目的之必要範
圍。

▶ **法務部103年7月25日法律字第10303508620號函釋**
個人資料保護法第4、15、16條、癌症防治法第9、13條
等規定參照，公務機關基於衛生行政特定目的，將符合
篩檢資格民眾個人資料，提供所轄癌症篩檢及診斷治療
機構，作為通知癌症篩檢服務使用，似亦符合執行癌症
防治法、該公務機關處務規程所定法定職務，該公務機
關自亦得於執行法定職務必要範圍內，為個人資料利
用。

▶ **法務部103年7月17日法律字第10300598560號函釋**
各政府機關之人事單位，基於人事管理（代號002）或公
務聯繫業務推動（代號175）之特定目的，於執行法定職
務之必要範圍內為蒐集、處理及利用個人資料，符合本
法規定。各政府機關依本法第15條及第16條規定蒐集、
處理或利用個人資料時，應注意所蒐集、處理或利用個
人資料之對象不同，其目的及必要性上亦將有所差別，
例如：對於單位業務主管須緊急聯繫業務，而蒐集單位
業務主管之住宅或行動電話；惟對於一般同仁是否仍有
此需要，宜由各機關自行審慎斟酌。原則上應與原蒐集
目的相符，並於執行法定職務之必要範圍內始得提供。

▶**法務部103年6月25日法律決字第10303506290號函釋**

遺失物交存之警察機關於保管遺失物期間，係居於無因管理之，應負保管義務，其保管方法應與無因管理人同，須以善良管理人之注意義務為之。因此，基於對遺失人之人格權保護及隱私權維護，對於所保管之遺失物含有個人資料之部分，建議宜予移除或其他適當方式處理後再行交付拾得人，以避免發生個人資料洩漏之情事。

▶**法務部103年5月22日法律字第10303506200號函釋**

按個人資料保護法（下稱個資法）屬普通法性質，個別法律（例如：電信法及其具體明確授權訂定之法規命令、103年1月29日修正公布之通訊保障及監察法等）如對個人資料之蒐集、處理或利用另有特別規定，該特別規定應優先適用。

▶**法務部102年10月31日法律字第10203511120號函釋**

執行機關於辦理行政執行案件之法定職務必要範圍內，向醫療機構查調義務人通訊地址，應符合個資法第15條第1款之規定。對於受調查之醫療機構（包括公立及私立醫療機構）而言，提供上開個人資料予執行機關，亦可認符合個資法第16條但書第2款及第20條第1項但書第2款之規定，尚非屬醫療法第72條所定「無故洩漏」之情形。

▶**法務部102年1月7日法律字第10100263360號函釋**

依精神衛生法第7條第1項規定：「直轄市、縣（市）主管機關應由社區心理衛生中心，辦理心理衛生宣導…自殺…防治及其他心理衛生等事項。」、貴局組織規程第4條第3款規定，貴局掌理緊急醫療救護、精神衛生及其他有關事項，則貴局為進行自殺防治工作及死因統計之完整性與正確性，蒐集個人資料者，係執行法定職務必要範圍公共衛生之特定目的（代號012）。

第16條（公務機關不得逾越執行法定職務之必要範圍）

公務機關對個人資料之利用，除第六條第一項所規定資料外，應於執行法定職務必要範圍內為之，並與蒐集之特定目的相符。但有下列情形之一者，得為特定目的外之利用：

一、法律明文規定。

二、為維護國家安全或增進公共利益所必要。

三、為免除當事人之生命、身體、自由或財產上之危險。

四、為防止他人權益之重大危害。

五、公務機關或學術研究機構基於公共利益為統計或學術研究而有必要，且資料經過提供者處理後或經蒐集者依其揭露方式無從識別特定之當事人。

六、有利於當事人權益。

七、經當事人同意。

□修正前條文（99.5.26公布）

公務機關對個人資料之利用，除第六條第一項所規定資料外，應於執行法定職務必要範圍內為之，並與蒐集之特定目的相符。但有下列情形之一者，得為特定目的外之利用：

一、法律明文規定。

二、為維護國家安全或增進公共利益。

三、為免除當事人之生命、身體、自由或財產上之危險。

四、為防止他人權益之重大危害。

五、公務機關或學術研究機構基於公共利益為統計或學術研究而有必要，且資料經過提供者處理後或蒐集者依其揭露方式無從識別特定之當事人。

六、有利於當事人權益。

七、經當事人書面同意。

■修正說明（104.12.30）

一、本條但書第二款及第五款文字酌作修正。

二、放寬當事人「同意」之方式，不以書面同意為限，
　　爰修正本條但書第七款。

❖函令解釋

▶**法務部106年4月21日法律字第10503520020號函釋**

貴會若將船舶無線電臺管理相關資料提供（即「利
用」）予交通部航港局，由其請EPIRB持有者填復登錄
表，涉及上開船舶無線電臺管理相關個人資料之特定目
的外利用，如可協助交通部航港局辦理IBRD資料登錄作
業，以達提升遇險搜救成效、保障我國籍船舶之航行安
全、增進公共利益、維護船舶乘員生命安全之目的，應
可認為符合上開個資法第16條但書第2款至第4款規定，
而得為之。

▶**法務部106年4月12日法律字第10603504830號函釋**

按內政部警政署係為協助偵查犯罪（內政部警政署組織
法第2條第1項第3款規定參照）之目的，蒐集持有或施
用第三、四級毒品之個人資料，如該署經比對甫錄取之
志願役官兵名冊後，提供該資料予貴部用以防制志願役
官兵之毒品危害發生，雖非該署蒐集個人資料之特定目
的，應可認符合個資法第16條第2款「為增進公共利益所
必要」及第3款「為免除當事人之生命、身體、自由或財
產上之危險」，而屬特定目的外之合法利用，惟仍應注
意個資法第5條規定。

▶**法務部106年1月19日法律字第10503517160號函釋**

內政部移民署提供違反大眾捷運法第49條旅客之聯絡地
址予貴公司辦理催繳作業，雖與其原先蒐集之特定目的
不符，惟考量大眾捷運法第49條之立法目的，係因實務
上曾發生旅客冒用不符身分之車票乘車（如一般旅客使
用愛心卡或敬老卡乘車）之情事，爰明定該行為亦應補
繳票價，並支付票價50倍之違約金，以杜絕逃票行為
（該條立法理由參照），故透過法律明定旅客於一定情

形須支付懲罰性違約金，以確保債務之履行，俾促進大眾捷運系統健全發展，以增進公共福利（大眾捷運法第1條規定參照）。因此，倘內政部移民署是為協助貴公司執行上開大眾捷運法第49條之規定，俾實現該法所欲達成之公益目的，應可認符合個資法第16條但書第2款規定。

▶**法務部105年12月21日法律字第10503518090號函釋**

按個人資料保護法第16條但書第7款規定：「經當事人同意」，僅是個人資料於特定目的外利用要件之一，雖能達到避免人格權侵害之方法，惟若同時具有個人資料保護法第16條但書第1款至第6款等其他個人資料之合理利用事由者（例如：「增進公共利益所必要」、「為免除當事人之生命、身體、自由或財產上之危險」、「為防止他人權益之重大危害」等），公務機關基於比例原則與具體情況，仍可於特定目的外利用個人資料，以求法益平衡，並非一律均需取得當事人同意。

▶**法務部105年11月2日法律字第10503516410號函釋**

戶政機關依稅捐稽徵法第30條規定，應稅捐稽徵機關之要求提供課稅有關戶籍資料，以利稅捐稽徵機關之核課及徵起，應符合個資法第16條第1款「法律明文規定」，而得為特定目的外利用。

▶**法務部105年8月3日法律字第10503512050號函釋**

貴署來函所稱能先期掌握違紀員警加強督導考核，達成「整飭官箴、杜絕貪腐」之目的，雖可認為符合個資法第16條但書第2款「增進公共利益所必要」之規定，而得為特定目的外利用，惟查，個人資料之利用，應尊重當事人之權益，依誠實及信用方法為之，不得逾越特定目的之必要範圍，個資法第5條定有明文，是個人資料之利用，除應符合個資法第16條之利用規定，並應符合個資法第5條比例原則之規定。準此，警察機關為查察員警風

紀狀況，避免所屬員警有違紀案件發生，而將經列管之不妥當場所之所有受臨檢民眾之個人資料與所屬員警資料庫進行比對，此種全部、通案、預先之比對機制，恐有違反比例原則之虞，建請貴署審慎再酌。

▶**法務部105年7月18日法律字第10503510230號函釋**
再按個資法第16條但書第3款規定：「公務機關對個人資料之利用…。但有下列情形之一者，得為特定目的外之利用：…三、為免除當事人之生命、身體、自由或財產上之危險。」是健保署為辦理全民健康保險業務，基於全民健康保險之特定目的（代號：031），蒐集醫事機構申報全民健康保險之保險對象醫療費用資料，原應於蒐集之特定目的必要範圍內為利用，惟如將前揭資料中有關失蹤人口之就醫日期及就醫之醫事機構地址等資料提供予貴署，以助益貴署儘速查明失蹤人口之行蹤，俾能免除失蹤人口之生命、身體、自由或財產上危險，應可認為符合個資法第16條但書第3款規定，而得為特定目的外之利用。

▶**法務部105年5月4日法律字第10503507830號函釋**
貴部所蒐集民眾國民身分證相片影像資料，係基於戶政之特定目的，經報案人（失蹤人口之家長、家屬或親屬等）同意公開查尋失蹤人口後，貴部將國民身分證相片影像檔資料提供予貴部警政署作為協助尋獲失蹤人口使用，係屬特定目的外之利用行為，其利用如能協助尋獲失蹤人口，且可免除當事人生命、身體、自由或財產上之危險，應符合個資法第16條但書第2款及第3款規定。

▶**法務部105年2月15日法律決字第10503503300號函釋**
次按鄉鎮市調解條例第19條第3項規定：「調解委員、列席協同調解人及經辦調解事務之人，對於調解事件，除已公開之事項外，應保守秘密。」乃因調解事件常涉及他人隱私或其他在調解會中斡旋不宜公開之事項，為保

全當事人之名譽或其他權益，爰明定調解委員、列席協同調解人及經辦調解事務之人之保密義務（本部95年6月28日法律決字第0950022777號函參照）。惟並非指公務機關不得依個資法為目的外利用。

▶**法務部104年8月17日法律字第10403509030號函釋**

為保障消費者購買預售屋之權益，避免消費者受到各種行銷手法影響，忽略預售屋買賣契約中潛藏之交易風險，擬利用預售屋實價申報登錄資料內之預售屋買受人聯絡電話，對交屋未滿3年之預售屋買賣定型化契約履約品質進行消費者滿意度調查，該等個人資料之利用行為雖與原蒐集之特定目的不同，但其利用之目的是作為貴部日後加強監督管理預售屋買賣定型化契約之政策參考，以保護消費者權益，促進定型化契約之公平化，應符合個資法第16條但書第2款「為…增進公共利益」之情形，而得為特定目的外之利用。

▶**法務部104年7月17日法律字第10403508890號函釋**

按公務機關對個人資料之利用，應於執行法定職務必要範圍內為之，並與蒐集之特定目的相符；另依法律明文規定、經當事人書面同意，得為特定目的外之利用，個人資料保護法（下稱個資法）第16條但書定有明文。上開規定所稱「法律」，指法律或法律具體明確授權之法規命令（個資法施行細則第9條規定參照）。是貴部欲依個資法第16條但書第1款之「法律明文規定」辦理提供，應以「法律」或「法律具體明確授權之法規命令」為據，如援引來函所稱財政部訂頒之「國有非公用土地提供袋地通行作業要點」第6點第2項規定，因該作業要點係屬「行政規則」，自不得資為辦理依據。

▶**法務部104年6月5日法律字第10400092740號函釋**

勞工保險局因執行法定職務，基於「勞工保險」之特定目的（代號031），保有全國勞工個人工作期間之勞工保

險投保紀錄等個人資料，並非為勞資職業災害爭議訴訟之目的而蒐集，故如為勞資職業災害爭議訴訟而利用，屬特定目的外之利用，應有本法第16條但書各款情形之一始為適法。本件來函所述情事，透過勞工個人勞工保險資料，主動發函美國○○○股份有限公司（R00）污染事件之受害勞工告知參加訴訟相關事宜，此雖屬特定目的外之利用，惟因係有利於當事人（勞工）權益，符合本法第16條第6款情事，應屬適法。

▶ **勞動部104年2月2日勞動法制字第1040052985號函釋**
債權人執憑強制執行法第4條第1項各款執行名義之一，向機關查詢債務人之個人資料，限於強制執行程序進行中，並應提出法院命債權人查報之相關證明，方得向機關提出申請查詢債務人之財產狀況等資料。機關據此提供債務人財產狀況資料予債務人做為陳報執行法院使用之個人資料目的外利用行為，應認符合個人資料保護法第16條但書第2款及第4款之規定。

▶ **法務部103年12月27日法律字第10303515150號函釋**
按檢察機關為通知刑事案件偵查結果所為起訴、不起訴處分或緩起訴處分之偵查結果公告，係因執行刑事偵查所生後續相關事務，應屬「個人資料保護法之特定目的及個人資料之類別」所列「刑事偵查」（代號025）之特定目的範圍。又檢察機關掌理上開檢察行政之監督事項，係廣義司法行政事項，應屬「個人資料保護法之特定目的及個人資料之類別」所列「其他司法行政」（代號174）之特定目的範圍。

▶ **法務部103年12月3日法律字第10303514010號函釋**
癌症防治醫療機構提報民眾自費癌症篩檢資料予貴署或所委託之學術研究機構之行為，屬於個人資料之利用行為，…癌症防治法第11條規定：「為建立癌症防治相關資料庫，癌症防治醫療機構應向中央主管機關所委託之

學術研究機構，提報下列資料：……五、其他因推廣癌症防治業務所需資料。」及醫療機構提報癌症防治資料作業辦法第2條第1項規定，中央主管機關為建立癌症篩檢資料庫，得請醫療機構提報癌症篩檢者相關基本資料、篩檢資料、診斷資料及其他因推廣癌症防治業務所需資料。依上開規定，癌症防治醫療機構提報民眾自費癌症篩檢資料予貴署或所委託之學術研究機構之行為，屬特定目的範圍外利用，符合個資法第16條及第20條規定。

▶**法務部103年12月1日法律字第10303513840號函釋**

公務機關所蒐集之個人資料，提供立法委員作為監督公務機關施政使用時，雖屬特定目的外之利用，惟係為落實民意機關之監督，符合「為增進公共利益之必要」，公務機關並無違反個資法；而依個資法規定得為特定目的外利用者，僅係限制利用之解除，並不等於該涉及個人資料之政府資訊即應公開或提供，是否公開或提供仍應依政資法予以檢視判斷，必亦無政資法第18條限制公開情形，始得公開或提供；從而，得否公開或提供該政府資訊，涉及具體個案事實認定，應由政府資訊保有機關就「公開資訊欲增進之公益或保護人民生命、身體、健康有必要」與「不公開資訊所保護該私人之隱私、權利、競爭地位或其他正當利益」間，個案權衡判斷之。如「公開資訊欲增進之公益」大於「不公開欲保護之私益」，或為保護人民生命、身體、健康有必要者，自得公開之。

▶**法務部103年11月17日法律字第10303513050號函釋**

個人資料保護法第2、16條、個人資料保護法施行細則第6條規定參照，該細則所稱「內部之資料傳送」目的係為建立個人資料檔案所為，非該法規範的「利用」行為；又公務機關或非公務機關內部如為利用個人資料所為個

人資料傳送，則資料遞送行為應屬個人資料「利用」而適用該法第16條規定。

▶ **法務部103年11月4日法律字第10303510410號函釋**
　按依本法第16條第5款或第20條第項第款規定，用於統計或學術研究之個人資料，經提供者處理後或蒐集者依其揭露方式無從再識別特定個人，則該筆經提供者處理後之資料或蒐集者所揭露之資料，既非「得以直接或間接方式識別該個人之資料」，自無本法之適用（本部101年7月30日法律字第10103106010號函參照）。又該資料係屬政府資訊公開法（下稱政資法）所稱之「政府資訊」（政資法第3條參照），而依政資法第5條及第18條之規定，政府資訊除有限制或禁止公開者外，應主動公開或應人民申請提供之；至於主動公開之方式，則包括透過電信網路傳送或其他方式供公眾線上查詢（政資法第8條第1項第2款參照）。而政資法就提供政府資訊做為加值營業使用或公布於網站上供直接下載使用部分，無相關限制。

▶ **法務部103年9月22日法律字第10303510920號函釋**
　基於與消費者間之買賣契約關係，而於必要範圍內蒐集消費者之個人資料，自得於其特定目的（例如代號148「網路購物及其他電子商務服務」）範圍內，利用其個人資料。而宅配公司如係單純受業者委託辦理產品配送事宜，其於委託範圍內利用個人資料，視同業者之利用行為。

▶ **法務部103年9月17日法律字第10303510780號函釋**
　公務機關如為辦理相關業務，且基於業務之特定目的（例如國稅局基於「095財稅行政」）蒐集旨揭個人資料，符合前開個資法第15條第1款規定，惟仍應注意個資法第5條規定，其蒐集不得逾越特定目的之必要範圍，並應與蒐集之目的具有正當合理之關聯。

▶**法務部103年8月12日法律字第10303508750號函釋**

各直轄市、縣（市）主管機關基於「社會行政」（代號057）之特定目的，於執行審核身心障礙者生活補助費發給之法定職務必要範圍內，本得向相關機關（構）蒐集（查調）個人資料，個資法並非規定一律須經當事人書面同意，方得蒐集。

公務機關及非公務機關對個人資料之利用，原則上應於蒐集之特定目的必要範圍內為之，但如分別符合個資法第16條但書及第20條第1項但書各款所定事由之一（例如：法律明文規定、增進公共利益等），仍得為特定目的外之利用，即提供資料予其他機關，亦非一律須經當事人書面同意。相關機關為落實身心障礙者經濟安全保障之實現，使經濟弱勢之身心障礙者及早獲得生活補助，並避免資格審核不正確，影響國家社會福利資源之合理分配，從而配合主管機關審核身心障礙者生活補助費資格之所需，提供申請人及其家戶成員之財稅資料予查詢機關，應可認為係符合上開「增進公共利益」之規定，得為特定目的外之利用。

▶**法務部103年8月11日法律決字第10303509410號函釋**

審核認定低收入戶及中低收入戶之資格，基於「027社會行政」、「040政府福利金或救濟金給付行為」之特定目的，而為個人資料之蒐集，符合本法第15條第1款之規定，又其所蒐集之個人資料，係作為審核認定低收入戶及中低收入戶資格之用，即屬特定目的內之利用，亦符合本法第16條之規定。來函所述受理人民申請社會救助案件函轉權責機關辦理時，於公文主旨載明申請人姓名及申請事項乙節，應屬個人資料之特定目的內利用，惟應注意本法第5條之規定，不得逾越特定目的之必要範圍。

▶**法務部103年7月17日法律字第10300598560號函釋**

各政府機關之人事單位，基於人事管理（代號002）或公

務聯繫業務推動（代號175）之特定目的，於執行法定職務之必要範圍內為蒐集、處理及利用個人資料，符合本法規定。各政府機關依本法第15條及第16條規定蒐集、處理或利用個人資料時，應注意所蒐集、處理或利用個人資料之對象不同，其目的及必要性上亦將有所差別，例如：對於單位業務主管須緊急聯繫業務，而蒐集單位業務主管之住宅或行動電話；惟對於一般同仁是否仍有此需要，宜由各機關自行審慎斟酌。原則上應與原蒐集目的相符，並於執行法定職務之必要範圍內始得提供。

▶**法務部103年6月26日法律字第10303507480號函釋**

悠遊卡刷卡交易資料提供後，如無法以直接或間接方式識別特定個人者，尚非本法所稱之個人資料，即無適用本法餘地。惟蒐集者如將前開資料與其他資料對照、組合、連結而得識別特定個人，則屬本法所稱之個人資料而有本法適用。公務機關基於公民營（辦）交通運輸、公共運輸及公共建設（代號029）之特定目的，得於執行上開法定職務必要範圍內，蒐集有關悠遊卡刷卡交易之個人資料，以作為公車運輸規劃及管理之參考。悠遊卡公司將悠遊卡刷卡交易相關個人資料提供予公務機關，並作為協助公務機關執行規劃及管理大眾運輸系統法定職務必要範圍之特定目的外利用，可認為符合本法第20條第1項第2款規定「為增進公共利益」情形。

▶**法務部103年6月19日法律字第10303507040號函釋**

公務機關基於特定目的，執行法定職務必要範圍內，得對個人資料蒐集、處理之；如須由他人提供上開個人資料者，保有該個人資料之其他公務機關，得審酌例如「法律明文規定」、「為增進公共利益」、「為免除當事人之生命、身體、自由或財產上之危險」或「為防止他人權益之重大危害」等事由，而為特定目的外之利用（比對提供資訊），惟上開蒐集、處理及利用過程，應注意誠實信用及比例原則之規定，並採取個人資料安全

之保護措施。公務機關如函送下落不明兒童名單請各地方政府衛生局（所）及中央健康保險署比對預防接種與就醫紀錄，該比對結果並非瞭解預防接種或醫療詳細內容，僅蒐集兒童與母親「就醫診療院所名稱與地址」，以便查訪兒童行蹤，地方政府基於社會行政（代號027）之特定目的，得對該兒童及主要照顧者（母親）個人資料蒐集、處理之；各地方政府衛生局（所）及貴部中央健康保險署保有兒童與母親之「就醫診療院所名稱與地址」之資料，依前開說明四所述，並衡酌兒少法第70條規定，提供給社會福利主管機關，符合個資法第16條但書第1款至第4款特定目的外利用之事由。

▶ **法務部103年5月22日法律字第10303506200號函釋**

按個人資料保護法（下稱個資法）屬普通法性質，個別法律（例如：電信法及其具體明確授權訂定之法規命令、103年1月29日修正公布之通訊保障及監察法等）如對個人資料之蒐集、處理或利用另有特別規定，該特別規定應優先適用。

▶ **法務部103年5月6日法律字第10303505730號函釋**

公務機關對於個人資料之利用，原則應於執行法定職務必要範圍內為之，並與蒐集之特定目的相符，例如：大院基於廉政行政（代號：128）之特定目的，所蒐集請託關說案件資料，得為同一特定目的，於執行法定職務（例如：政風機構人員設置管理條例第4條第2款規定之廉政預防措施之推動及執行）之必要範圍內，為特定目的內之利用。否則，應符合個資法第16條但書各款所列情形之一，始得為特定目的外之利用；並應注意其手段有助於目的之達成，選擇對人民權益損害最少之方式，對人民權益造成之損害不得與欲達成目的之利益顯失衡平，且其利用不得逾越特定目的之必要範圍，應與蒐集之目的具有正當合理之關聯。

▶法務部103年4月16日法律字第10303504040號函釋

各地方政府為為協助學校辦理學生輔導並協同推介就業或參加職訓及就業輔導工作，具有「就業安置、規劃與管理（代號117）」之特定目的，並符合執行法定職務必要範圍內之要件，自得為個人資料之蒐集、處理及特定目的內之利用。

故公務機關依本法第16條規定對個人資料之利用，應於執行法定職務必要範圍內為之，並與蒐集之特定目的相符，但如有該條但書所列各款情形之一者，則得為特定目的外之利用；倘個人資料之提供者為私立學校，係屬非公務機關，依本法第20條第1項之規定，非公務機關對個人資料之利用，應於蒐集之特定目的必要範圍內為之，但如有該條第1項但書所列各款情形之一者，亦得為特定目的外之利用。準此，貴縣各高中職學校為協助畢業學生就業，提供學生個人資料予貴府，如符合本法第16條或第20條第1項但書各款要件之一（如：「為增進公共利益」、「有利於當事人權益」或「當事人書面同意」），即得為特定目的外之利用。

又於從事個人資料之蒐集、處理及利用時，仍應注意比例原則，不得逾越特定目的之必要範圍，並應與蒐集之目的具有正當合理之關聯。

▶法務部103年4月9日法律字第10303503970號函釋

蓋為促進資料合理利用，以統計或學術研究為目的時，應得准許特定目的外利用個人資料，惟為避免寬濫，爰限制公務機關或學術研究機構基於公共利益且有必要，始得為之，另該用於統計或學術研究之個人資料，經提供者處理後或蒐集者依其揭露方式，應無從再識別特定當事人，始足保障當事人之權益（個資法第16條修正理由參照）。來函所詢「研究生個人」因非屬「公務機關或學術研究機構」，自未能該當前揭規定。

▶**法務部103年3月26日法律字第10303503650號函釋**

性侵害犯罪防治法中央主管機關（包括受其委託蒐集、處理或利用個人資料之內政部警政署刑事警察局），基於犯罪預防之特定目的，且為執行性侵害犯罪防治法第9條及其授權訂定之性侵害加害人檔案資料管理及使用辦法第3條所定建立全國性侵害加害人檔案資料法定職務之必要範圍內，得蒐集性侵害加害人指紋之個人資料。

若將其中涉及性侵害加害人之指紋資料，個別提供予內政部警政署（刑事警察局），作為協助防治性侵害犯罪之特定目的外利用，可認為符合個資法第16條第1項第2款規定「為增進公共利益」情形，並應注意其手段有助於目的之達成，選擇對人民權益損害最少，且對人民權益造成之損害不得與欲達成目的之利益顯失衡平。

▶**法務部103年2月24日法律字第10300511510號函釋**

政府資訊之提供，如有侵害個人隱私、職業上秘密等者，應不予提供，但有公益上之必要或經當事人同意者，不在此限。至所謂「對公益有必要」，應由主管機關就「提供個人資料所欲增進之公共利益」與「不提供個人資料所保護之隱私權益或營業上秘密」間比較衡量判斷之。

警察機關如應道路交通事故當事人或利害關係人申請而提供來函所詢之錄影資料，如為「得以間接方式識別」之個人資料，應與蒐集之特定目的相符，且屬執行上開法定職務必要範圍內，符合個資法第16條規定，惟仍應注意個資法第5條規定，其利用不得逾越特定目的之必要範圍，並應蒐集之目的具有正當合理之關聯。

▶**法務部103年2月20日法律字第10303502200號函釋**

公務機關如係執行本細則第10條所列法規所規定之職務，而有蒐集或處理個人資料之必要者，符合本法第15條之規定。

地方法院提供當事人之個人資料予其他公務機關，尚非屬於「法院審判業務」（代碼056）之特定目的範圍內，故為特定目的外之利用，應有本法第16條但書第1項各款情形之一，始得為之。提供個人資料如係為協助其他機關執行其法定職務，應可認屬符合本法第16條但書第2款所定「為增進公共利益」之情形而得提供。

▶**法務部103年2月12日法律字第10203511500號函釋**

如行政機關在個人資料保護法施行前，依電腦處理個人資料保護法等「經當事人書面同意」規定蒐集或處理個人資料，在電腦處理個人資料保護法施行後，得繼續為處理及特定目的內利用。若需為特定目的外利用，則應依修正後第16條但書規定為之，又蒐集、處理或利用，應尊重當事人權益，並依誠實及信用方法為之。

▶**法務部103年1月29日法律字第10303501350號函釋**

債務人所查詢旨揭債權人查調紀錄或軌跡資料，如得以直接或間接方式識別特定個人者，即屬本法所稱之個人資料。惟前開查詢資料所歸屬之債權人或債務人，如非現生存之自然人（例如為公司法人或已死亡之人），並無本法規定之適用。

公務機關對個人資料之利用，應於執行法定職務必要範圍內為之，並與蒐集之特定目的相符，但如符合同條但書所定情形之一者，得為特定目的外之利用。查債權人依法查調債務人之所得及財產資料，如債權人為現生存之自然人，原屬其個人之社會活動，該查調紀錄並非債權人與債務人共享之個人資料，稅捐稽徵機關應依本法第16條規定內容，按個案事實審認得否提供。

▶**法務部102年12月26日法律字第10203514550號函釋**

為增進公共利益，且為避免債權人權利之重大危害，應認相關機關在債權人持旨揭文件申請查詢債務人財產狀況資料時，相關機關提供債務人財產狀況資料予債權人

做為陳報執行法院使用之個人資料目的外利用行為，符合本法第16條但書第2款及第4款之規定。

▶**法務部102年10月31日法律字第10203511120號函釋**

執行機關於辦理行政執行案件之法定職務必要範圍內，向醫療機構查調義務人通訊地址，應符合個資法第15條第1款之規定。對於受調查之醫療機構（包括公立及私立醫療機構）而言，提供上開個人資料予執行機關，亦可認符合個資法第16條但書第2款及第20條第1項但書第2款之規定，尚非屬醫療法第72條所定「無故洩漏」之情形。

▶**法務部102年7月5日法律字第10203507360號函釋**

「納稅服務及國稅各項課稅資料之運用」等事項，係屬各地區國稅局之法定職掌之一（財政部各地區國稅局組織通則第2條規定參照）。是以，各地區國稅局倘基於稅務行政之特定目的，於「納稅服務及國稅各項課稅資料運用」之法定職務必要範圍內，將納稅義務人配偶及受扶養親屬之所得及扣除額等課稅資料提供予納稅義務人本人，即符合本法第16條本文特定目的內利用個人資料之規定，無須另外取得當事人書面同意。

▲**法務部102年6月28日法律字第10203506920號函釋**

本件依貴府來函所述，貴府為調查違反本法案件，釐清受調查公司所述近5年並無僱用任何謝姓員工之內容是否屬實，而調閱該公司相關勞工保險資料，則勞工保險機關將其所保有之勞工保險個人資料，提供相關主管機關作為辦理調查有無違反本法之證據資料，有助於維護一般人民之個人資料權利，符合個資法第16條但書第2款「為增進公共利益」之情形，自得為特定目的外之利用。

▶**法務部102年4月11日法律字第10203502320號函釋**

監理單位為辦理計程車業每月用油折讓作業，提供○○

石油股份有限公司有關計程車之車輛在籍資料及車主名稱，且僅供辦理用油折讓作業之用，以降低計程車業者營業之用油成本，平穩計程車收費費率，應可認屬合於本法第16條第1項但書第2款「增進公共利益」或第6款「有利於當事人權益」之情形。

▶ **法務部103年12月22日法律字第10303514560號函釋**
如將國軍人員之個人懲罰紀錄提供予他行政機關轉提供予民間企業，係屬特定目的外利用個人資料，須符合個人資料保護法第16條但書各款之一規定方得利用。又民間企業查詢有關個人隱私之政府資訊時，應由行政機關視該資訊是否為檔案，非屬檔案者，除對公益有必要或為保護人民生命、身體、健康有必要或經當事人同意者外，應限制公開或不予提供。

提供民間企業諮詢求職者於服役期間之個人懲罰紀錄乙節，是否指貴部先提供旨揭資料予另一行政機關，再由該機關將該資料提供予民間企業查詢？如是，則貴部將國軍人員之個人懲罰紀錄提供予他行政機關轉提供予民間企業，作為民間徵才考量用途，尚非屬於原蒐集該懲罰紀錄之人事管理（代號002）特定目的範圍內，而屬特定目的外利用，如不符合本法第16條但書第1款至第6款規定事由，即應採同條但書第7款「當事人書面同意」之方式。而蒐集旨揭紀錄之他行政機關，其蒐集、處理及利用該個人資料，亦應分別符合本法第15條及第16條等規定。

▶ **法務部103年12月10日法律字第10303513640號函釋**
若係基於災害防救行政之特定目的，考量民眾於災害發生期間因通訊中斷、傷亡、疏散撤離至避難收容處所等因素，致親友無法聯繫，為免造成民眾恐慌，爰開放此系統提供民眾查詢親友資訊。是以，如基於執行法定職務（例如災害防救法第36條第1項第5款「傷亡者之善後照料、災區民眾之安置」或內政部消防署組織條例第3條

第9款「關於災害防救業務計畫之擬訂及執行事項」、第10款「關於…全國緊急災害之應變措施」或第24款「其他消防及災害防救事項」）與特定目的（例如：代號045「災害防救行政」或171「其他中央政府機關相關業務」）而建置親友協尋系統，即得於執行該法定職務及特定目的之必要範圍內，蒐集、處理及利用現生存自然人之個人資料（至於已死亡之人尚無本法之適用）。仍建議系統提供之資料內容，以最少範圍之直接或間接識別該個人資料為宜。

▶**法務部103年12月3日法律字第10303514010號函釋**

因個資法第6條尚未施行，目前關於醫療或健康檢查之個人資料，除法律另有規定外，仍依一般個人資料規定辦理。

個人資料保護法第15、16、20條、衛生福利部國民健康署組織法第條、癌症防治法第11條、醫療機構提報癌症防治資料作業辦法第2條規定參照，公務機關請癌症防治醫療機構提報民眾自費篩檢資料，係為推動及執行癌症防治業務，蒐集篩檢資料應屬執行法定職務必要範圍；又該機構提報民眾自費癌症篩檢資料予公務機關或所委託學術研究機構行為，屬特定目的範圍外利用，符合上述個人資料保護法規定。

☐**實務見解**

▶**最高法院105年台上字第1615號刑事判決**

（特定目的外利用）

通信（聯）紀錄及使用者資料，屬足資識別該個人之資料，依84年8月11日公布之電腦處理個人資料保護法（99年5月26日修正公布名稱為個人資料保護法）第3條第1款規定為「個人資料」。該法第7條規定：「公務機關對個人資料之蒐集或電腦處理，非有特定目的，並符合左列情形之一者，不得為之：一、於法令規定職掌必要範圍

內者。二、經當事人書面同意者。三、對當事人權益無侵害之虞者。」又公務機關對個人資料之利用，應於法令職掌必要範圍內為之，並與蒐集之特定目的相符。有法定所列情形之一者，始得為特定目的外之利用。亦為該法第8條所明定。是倘司法警察於未有犯罪嫌疑存在之情況下，依上揭規定，自不得虛以偵查犯罪之名義，而濫行私人目的之偵查，調取載有個人資料之電信使用者資料及通聯紀錄。

▶**臺北高等行政法院105年訴字第1225號判決**
（特定目的外利用）
同法第16條規定：「公務機關對個人資料之利用，除第6條第1項所規定資料外，應於執行法定職務必要範圍內為之，並與蒐集之特定目的相符。但有下列情形之一者，得為特定目的外之利用：一、法律明文規定。……」據此，被告所屬役政署為落實替代役實施條例第5條第4項之規範目的，並避免侵犯參與役別甄選役男之人格權，乃依前揭個人資料保護法等規定，取據渠等役男同意書並函請刑事警察局辦理查核，於法並無不合，尚無原告所稱被告所屬役政署擅自擬定同意書，係越權變更役別限制條件之情事。

▶**臺灣雲林地方法院104年簡字第23號刑事判決**
（特定目的外利用）
被告為執行爆竹煙火管理條例第20條之內容，而蒐集、處理及利用相關個人資料，在其職掌範圍內，實已符合個人資料保護法第15條第1款、第16條所規定之「執行法定職務必要範圍內」要件，且係為達防範災害之發生、確保公共安全目的之立法意旨，況被告因考量爆竹煙火之管理若僅提供代號，而未有實際姓名登記等管制手段，將造成無法辨別出貨對象，而有規避管制之情事，登記出貨對象姓名或名稱、地址（如住居所、事務所或

營業所）、電話已屬較輕微之手段，且並非要求提供「特種（敏感性）個人資料」，故本條例施行細則第9條之1規定以適當方式管制出貨爆竹煙火已到達一定數量者，應為登記，以達維護人民生命財產，確保公共安全之目的，難謂無該當個資法第16條第1項但書第2款「為增進公共利益」之例外事由，是以本條例施行細則第9條之要求相關義務人申報其爆竹煙火成品之流向，並無違反個資法之相關規定。

▶臺灣桃園地方法院103年交字第54號判決
（特定目的外利用）

桃園縣監視錄影系統設置管理自治條例第1條明定立法目的：「桃園縣為規範監視錄影系統之設置管理，以維護社會秩序與公共安全，並保障人民權益，特制定本自治條例」；第3條規定本自治條例之主管機關為桃園縣政府，管理機關為縣政府警察局。縣政府警察局並得將辦理會勘、查驗及調閱事項委由轄區警察分局執行之。第5條規定監視錄影系統應設置於治安要點、重要路口、治安死角及其他有維護公共安全及預防犯罪必要之區域。足認此監視錄影系統之使用目的主要在「維護公共安全及預防犯罪」，亦即其用途在「犯罪偵防」，此與一般用以取締超速或闖越紅燈之自動照相系統設備，同具有攝錄功能的設備不同，其設置管理機關亦不同。簡言之，犯罪偵防的「刑事警察」與負責交通安全管理的交通警察，屬「行政警察」亦不同。從而該自治條例亦規定他機關調閱的依據在第15條：「監視錄影系統之攝錄影音資料應予保密。本府警察局為維護治安或公務使用之必要，得調閱、複製之。除本自治條例已有規範者外，其他政府機關因公務需要，函經本府同意後，亦得調閱、複製之」。換言之，此處「維護治安或公務使用之必要」，必須與犯罪偵防有關之目的，至於取締交通違規則不在此目的之範圍，否則任何機關豈非均得以「公

務使用之必要」調閱監視錄影，只消在辦公室一一翻找畫面，找出交通違規者，以「逕行舉發」方式舉發，一勞永逸？

是治安警察提供交通警察關於原告於系爭路口的車行資料，做為本件處罰之事實依據，自屬就治安所需所蒐集之個人資料，為「特定目的外之利用」。依據個人資料保護法公務機關對個人資料為特定目的外之利用，必須符合第16條明定的7款例外事由之一。殊不論桃園縣監視錄影系統設置管理自治條例並非中央「法律」，且該條例第15條不能作為法律依據，業如前述，至於所謂「為維護國家安全」流於空泛，至少闖紅燈難以論列其中，而本案亦無「為免除當事人之生命、身體、自由或財產上之危險」可言，更無有造成他人權益重大危害之防止問題。是僅於不確定法律概念之「增進公共利益」？

本院以為，隱私權係受憲法第22條所保障不可或缺之基本權利。而就個人自主控制個人資料之資訊隱私權而言，乃保障人民決定是否揭露其個人資料、及在何種範圍內、於何時、以何種方式、向何人揭露之決定權，並保障人民對其個人資料之使用有知悉與控制權及資料記載錯誤之更正權。固然如大法官釋字第603號解釋意旨所言，憲法對資訊隱私權之保障並非絕對，國家得於符合憲法第23條規定意旨之範圍內，以「法律」明確規定對之予以適當之限制。另參見釋字第443號解釋理由書：「憲法第7條、第9條至第18條、第21條及第22條之各種自由及權利，則於符合憲法第23條之條件下，得以法律限制之。至何種事項應以法律直接規範或得委由命令予以規定，與所謂規範密度有關，應視規範對象、內容或法益本身及其所受限制之輕重而容許合理之差異：諸如剝奪人民生命或限制人民身體自由者，必須遵守罪刑法定主義，以制定法律之方式為之：涉及人民其他自由權利之限制者，亦應由法律加以規定，如以法律授權主管

機關發布命令為補充規定時，其授權應符合具體明確之原則；若僅屬與執行法律之細節性、技術性次要事項，則得由主管機關發佈命令為必要之規範，雖因而對人民產生不便或輕微影響，尚非憲法所不許」。足見資訊隱私權屬憲法第22條保障之基本權利，原則上受絕對法律保留原則之限制，亦即應以國會制定之法律始得限制或侵害之，如「以法律授權主管機關發佈命令為補充規定時，其授權應符合具體明確之原則」。如釋字第603號解釋即明言：「國家基於特定重大公益之目的而有大規模蒐集、錄存人民指紋、並有建立資料庫儲存之必要者，則應以法律明定其蒐集之目的，其蒐集應與重大公益目的之達成，具有密切之必要性與關聯性，並應明文禁止法定目的外之使用。主管機關尤應配合當代科技發展，運用足以確保資訊正確及安全之方式為之，並對所蒐集之指紋檔案採取組織上與程式上必要之防護措施，以符憲法保障人民資訊隱私權之本旨」。

所謂「為增進公共利益者」，屬極為空泛的不確定法律概念。更遑論本件闖越紅燈並未造成任何人車生命、身體或財產損害。試問：行政機關會承認其任何行政作為非為增進公共利益之必要嗎？正如許宗力、曾有田大法官於釋字第603號解釋共同提出之協同意見書所言：電腦處理個人資料保護法（即個人資料保護法前身）第8條明文容許政府機關對個人資訊得為特定目的外之使用，且所規定特定目的外使用之要件，諸如「有正當理由而僅供內部使用者」、「為維護國家安全」與「為增進公共利益者」等，也極為空泛、概括，實際上幾乎與空白授權無異，有使資訊隱私權有關「禁止為法定目的外之使用」之要求淪為具文之嫌。試想，主管機關原先主張後又否認之「刑事偵查與維護治安」目的，均可輕易在「有正當理由」、「為維護國家安全」與「為增進公共利益者」等不確定法律概念的掩護下重新敗部復活，可

見過於空泛、概括之使用目的規定，相較於完全沒有規定，對個人資訊隱私權之危險性並不遑多讓。是系爭規定在目的審查階段，就已難以在憲法保障人民資訊隱私權面前站得住腳。

綜上所述，被告機關無法提出政府機關所設置，限於犯罪偵防目的的監視系統，何以得提供給執行交通勤務之警察，作為本案裁罰依據的目的外使用的法律依據，更無法證明其等所為符合個人資料保護法第16條所定的例外事由，其取得之監視錄影，即屬違法取得，衡其對於人民隱私權屬重大之侵害，自難以經由比例原則之衡量而獲致合法之結論，自難作為本案裁罰事實之依據。

▶臺北高等行政法院103年訴更一字第120號判決
（特定目的外利用）

按個人資料中有部分資料性質較為特殊或具敏感性，如任意蒐集、處理或利用，恐會造成社會不安或對當事人造成難以彌補之傷害。是以，1995年歐盟資料保護指令（95/4 6/EC）、德國聯邦個人資料保護法第13條及奧地利聯邦個人資料保護法等外國立法例，均有特種（敏感）資料不得任意蒐集、處理或利用之規定。我國個資法第6條於99年5月26日修正時，經審酌我國國情與民眾之認知，爰規定有關醫療、基因、性生活、健康檢查及犯罪前科等五類個人資料，其蒐集、處理或利用應較一般個人資料更為嚴格，須符合所列要件，始得為之，以加強保護個人之隱私權益。新個資法第6條第1項但書第4款於104年12月30日修正時更明定例外得蒐集、處理或利用之要件，亦即公務機關或學術研究機構基於醫療、衛生或犯罪預防之目的，為統計或學術研究必要，經常會蒐集、處理或利用有關病歷、醫療、基因、性生活、健康檢查及犯罪前科之個人資料，如依其統計或研究計畫，當事人資料經過匿名化處理，或其公布揭露方式無從再識別特定當事人者，應無侵害個人隱私權益之虞，

基於資料之合理利用，促進學術研究發展，自得允許之。另新個資法為促進資料合理利用，以統計或學術研究為目的，應得准許特定目的外利用個人資料，惟為避免寬濫，爰限制公務機關或學術研究機構基於公共利益且有必要，始得為之。另該用於統計或學術研究之個人資料，經提供者處理後或蒐集者依其揭露方式，應無從再識別特定當事人，始足保障當事人之權益，因此新個資法第16條第5款亦明定前開情形得為特定目的外之利用。再依新個資法第1條規定：「為規範個人資料之蒐集、處理及利用，以避免人格權受侵害，並促進個人資料之合理利用，特制定本法。」開宗明義地揭櫫新個資法係規範民眾個人資料之蒐集、處理及利用行為，其立法目的有二，其一為個人隱私權之保護，避免人格權受侵害，另一促進個人資料之合理利用。個人對自身資訊固應有處理與利用之自主權利，但基於個人資料的有用性，個人資料之合理利用，同係個資法的立法目的之一，是以個人資料的自主權利或資訊自決權，自不免存在著他人合理利用範圍，所以新個資法立法目的在於個人資料的「保護」，而非個人資料的「保密」，當個人權益與重大公共利益相衝突時，個人資訊的自主決定權應須有所退讓。因此，如何確保個人資料之保護，又能合理利用個人資料，促進社會進步，使兩者保持平衡，始符合新個資法之立法宗旨。準此個人對自身醫療或健康資料之自主權，非不得因醫（疫）學研究之公益目的需要而受合理之限制，據此本件被告之利用行為是否適法，非單一法益之考量，而須進行前述利益衡量，當公共利益顯大於個人資料之保護而有必要時，公務機關即得蒐集、處理或利用個人資料。

經查，被告有鑑於我國目前全民健保納保率達到99%以上，使得健保資料成為醫藥衛生相關領域研究中具有代表性的實證資料，其研究成果可作為醫藥衛生政策的參

考，為重要的研究資源；故自87年起，委託參加人國衛院推動「全民健康保險研究資料庫」之建置，經過兩年籌備，自89年起提供學界健保資料庫加值服務，以利相關研究。其對學術界提供「一般申請」與「特殊需求」兩類服務，「一般申請」係提供4種制式光碟片加值資料檔，包括基本資料檔、系統抽樣檔、特定主題分檔、承保抽樣歸人檔等；「特殊需求」則由研究人員依研究計畫提出擷取條件，其工作人員自加值資料庫擷取特定資料後提供。又參加人衛福部依國民健康資訊建設計畫（National Health Informatics Project, NHIP）」，成立「衛生福利資料科學中心」，其建置目標係將個別健康資料予以加值，產生具應用價值之集體資訊，以促進公共衛生決策品質、相關學術研究及醫療保健服務業等相關產業研發創新之參據，用以增進全民福祉等情，有相關網頁資料附卷可稽（見前審卷一第232至249頁、前審卷二第175至190頁）。可知被告將原告之個人健保資料提供予參加人國衛院建置「全民健康保險研究資料庫」及參加人衛福部建置「衛生福利資料科學中心」，係為學術研究之目的，且具公共利益，至為明確。且被告將所掌之全民健保資料，委託參加人國衛院建置「全民健康保險研究資料庫」對外提供學術研究利用，其目的既係基於提升國內醫療品質、促進國內醫療研究等公益目的，而國內醫藥衛生研究人員亦確實多運用該資料庫資料，發表大量學術研究成果並刊載於國內外期刊（見前審卷一第291至308頁、本院卷一第288至291頁），學界申請研究踴躍，激盪研究能量，以103年向「衛生福利資料科學中心」所申請之最新資料（見本院卷一第292至298頁）觀之，被告所為利用行為確實已促成諸多學術研究成果並刊載於國內外期刊。此外，前開國內醫療衛生及全民健保發展之成果乃全民所得共享，此參「財訊」週刊所刊載「兩千三百萬人健保資料找到肝癌解

藥」之標題（見前審卷一第311至313頁），亦足見其確有助於國內醫療衛生及全民健保發展此一行政目的之達成，就此應有該當於所謂「適當性原則」。被告就所掌「健保資料」為利用前均已經層層加密程序而使該資料無從識別特定之當事人（詳如後述），對於當事人之隱私已有相當保障，故被告業已依侵害最小之手段達成行政目的，就此應有該當於所謂「必要性原則」，所欲追求之公益遠大於個資之保護私益而有必要，就此應有該當於比例原則。次按依參加人衛福部組織法第2條規定：「本部（衛生福利部）掌理下列事項：一、衛生福利政策、法令、資源之規劃、管理、監督與相關事務之調查研究、管制考核、政策宣導、科技發展及國際合作。……。十二、其他有關衛生福利事項。」可知參加人衛福部之法定職掌並非如原告所言限於「全民健保財務之政策規劃、管理及監督」一端，舉凡與衛生福利政策、法令、資源之規劃、管理、監督與相關事務之調查研究或其他一切與衛生福利有關之事項，而有辦理統計之必要時，均為統計法第3條所稱參加人衛福部應辦理之統計，而屬參加人衛福部法定職掌。從而，為辦理衛生福利相關事項之統計，參加人衛福部即可本於法定職掌請求被告提供健保資料，無需如原告所主張須限於「全民健保財務之政策規劃、管理及監督」之範圍。而參加人衛福部所建置「衛生福利資料科學中心」係依據「國民健康資訊建設計畫」而來，主要目的係為將所蒐集之健康資料，於去識別化後，提供一平台與政府機關及學術單位予以加值利用以產生具應用價值之集體資訊，用以促進公共衛生決策品質、相關學術研究及醫療保健服務業等相關產業研發創新之參據，用以增進公共利益與全民福祉。足見，參加人衛福部基於學術、醫療研究之目的，本需有全民健保之實際統計資料，以便解讀該等統計數字所呈現之科學上意義，凡此均足見被告之利用

行為具有必要性亦符合比例原則，自符合新個資法第6條第1項但書第4款及第16條但書第5款之要件。原告雖主張參加人國衛院於網站上有區分提供學術單位及非學術單位利用，即係有提供商業利用云云，經查，前開類別僅為申請人類別之區分，無論係何種申請類別，其所申請資料均仍應用於學術研究之目的，原告遂將「非學術研究類」與「商業利用」劃上等號，尚非可採。

▶**最高法院102年台上字第1640號刑事判決**（保密義務）
且查：（一）、內政部警政署93年9月8日警署刑紀字第0000000000號函頒訂之「警察機關受理及查詢刑案資料作業規定」第2點明文「本署電腦刑案資料，以提供警察機關偵防犯罪需要，司法、軍法機關審判量刑參考，以及其他政府機關或公、民營事業機構等相關業務法令規定需要之查詢，非有法令依據者，一律不得對外受理刑案資料之查詢提供」，有內政部警政署99年7月27日警署資字第0000000000號函所附前揭規定可按。曹○○身為警員，既配有專屬之帳號及密碼可登入系統查詢個人資料，即有遵守上開規定及個人資料保護法之義務，非屬上開規定目的而為查詢並提供個人資料予該個人以外之人，均屬洩漏國防以外之秘密，並不以專職負責保管維護該系統之人員始有保密之義務。

▶**臺灣臺中地方法院101年重訴字第474號民事裁定**
（特定目的外利用）
按「下列各款文書，當事人有提出之義務：一、該當事人於訴訟程序中曾經引用者。二、他造依法律規定，得請求交付或閱覽者。三、為他造之利益而作者。四、商業帳簿。五、就與本件訴訟有關之事項所作者。前項第五款之文書內容，涉及當事人或第三人之隱私或業務秘密，如予公開，有致該當事人或第三人受重大損害之虞者，當事人得拒絕提出。但法院為判斷其有無拒絕提出

之正當理由，必要時，得命其提出，並以不公開之方式行之」、「聲明書證係使用第三人所執之文書者，應聲請法院命第三人提出，或定由舉證人提出之期間。民事訴訟法第342條第2項及第3項之規定，於前項聲請準用之。文書為第三人所執之事由及第三人有提出義務之原因，應釋明之」。

查本件原告陳○○起訴主張：伊從未將其所持有第三人○○○○○股份有限公司股份移轉被告劉○○、劉○○、劉○○、宋○○，竟出現其移轉股份與劉○○、劉○○、劉○○、宋○○之證券交易稅繳款書等文件等語。被告則抗辯：原告名下之股份係基於第三人前董事長劉○○之財產分配等語。是兩造聲請命第三人提出如主文所示之股東名冊（含股東更替及持股變動資料）、股息分配情形與陳○○股份讓與劉○○、劉○○、劉○○、宋○○之讓渡通知文件等，顯與本件訴訟有無理由有關，且為股東得聲請閱覽之資料，符合上開民事訴訟法第344條第1項規定之事由，渠等之聲請非無理由，第三人依法有提出文書義務之原因。

▶臺北高等行政法院101年訴字第585號判決
（特定目的外利用）

本件性平會調查小組歷次調查紀錄之錄音，含有參與者之聲紋及情感活動等內容，內容涉及個人隱私，且技術上尚無法將錄音資料分離，錄音光碟之閱覽複製的提供，屬公務機關對於保有個人資料之利用，依個人資料保護法第16條規定，應於執行法定職務必要範圍內為之，並與蒐集之特定目的相符；如為特定目的外之利用，應符合個人資料保護法第16條但書各款情形之一，始得為之。惟無論係特定目的範圍內或特定目的外之利用，均應遵循同法第5條規定，不得逾越特定目的之必要範圍（最高行政法院103年度判字第53號判決意旨參照）。查本件性平會已將歷次對相關人約談的調查內容

記載於調查報告（見刑案士檢99年偵字第13945號偵查卷第266-281頁），並已為原告調閱（見本院卷第239至247頁），而原告以違反A女意願，與A女為性交行為之事實，又明確如前，經本院審酌錄音資料無法分離，且兼顧當事人權益及保護他人之個人隱私等情，原告聲請閱覽複製性平會調查小組歷次調查紀錄之錄音光碟，核無必要，不能准許。

第17條（提供民眾查閱之公開事項）

公務機關應將下列事項公開於電腦網站，或以其他適當方式供公眾查閱；其有變更者，亦同：

一、個人資料檔案名稱。

二、保有機關名稱及聯絡方式。

三、個人資料檔案保有之依據及特定目的。

四、個人資料之類別。

■ **修正說明**（99.5.26）

一、條次變更，本條為原條文第十條移列。

二、鑑於目前國人使用網際網路極為普遍，因此公務機關依原條文規定應公告事項，如能張貼公開於機關電腦網站，將更有利於民眾查閱，惟慮及城鄉差距及電腦使用普及率等等因素，仍保留其他供公眾查閱之適當方式，例如：刊登政府公報等。

三、為便利人民行使第三條所列權利，爰於第二款後段增列「及聯絡方式」五字。

四、為求行政程序之簡便，爰刪除第三款、第六款至第十款等無公開必要之款次；原條文第四款及第五款依序移列為第三款及第四款。

五、原條文第二項有關個人資料類別之訂定，已於本法第五十三條規定，爰予刪除。

❖函令解釋

▶**法務部101年1月31日法律字第10100004930號函釋**
依現行法（註：電腦處理個人資料保護法）第11條第7款
所定「關於公務機關之人事、勤務、薪給、衛生、福利
或其相關事項者」，於新法施行前固得不公開；惟於新
法施行後，是類個人資料檔案，除有政府資訊公開法第
18條所定各款不予公開之事由，或其他法律規定限制公
開之情形外，自應依新法第17條規定，將個人資料檔案
名稱、保有機關名稱等事項公開於電腦網站，或以其他
適當方式供公眾查閱。

第18條（個人資料檔案之安全維護）
公務機關保有個人資料檔案者，應指定專人辦理安全維護事
項，防止個人資料被竊取、竄改、毀損、滅失或洩漏。

■修正說明（99.5.26）
一、條次變更，本條為原條文第十七條移列。
二、原條文之「依相關法令」應屬贅言，爰予刪除。

❖函令解釋

▶**法務部106年1月26日法律字第10503517710號函釋**
公務機關縱已依本法第18條規定辦理安全維護事項，惟
仍因違反本法規定，致個人資料遭竊取、洩漏、竄改或
其他侵害之情事者，應依本法第12條規定，立即查明事
實並採取適當措施通知當事人。

□實務見解

▶**臺灣高等法院93年上易字第563號刑事判決**
（安全維護事項）
依刑法第132條規定，公務員洩漏或交付關於中華民國國
防以外應秘密之文書、圖畫、消息或物品者，處三年以
下有期徒刑。而稱國防以外應秘密，係指洩漏或交付國

防秘密罪所保護之國防應秘密以外之就國家政務或事務上之觀點應保護之秘密而言，舉凡內政、外交、司法、財政、經濟、監察、考試等國家政務與事務上應行保密之一切文書、圖書、消息或物品，均可成為本罪之客體。惟電腦處理個人資料保護法第17條規定「公務機關保有個人資料檔案者，應指定專人依相關法令辦理安全維護事項，防止個人資料被竊取、竄改、毀損、滅失或洩漏。」固明定個人之資料應防止洩漏，惟如有違反此一規定而洩漏個人資料之情形，仍應視其是否與國家政務或事務有利害關係，而定其是否該當於刑法第132條之要件。亦即違反電腦處理個人資料保護法第17條規定，並不當然構成違反刑法第132條之要件。

▶ **臺灣高等法院85年上易字第1527號刑事判決**
（安全維護事項）

按車籍資料含有個人資料：姓名、身分證統一編號及地址等，依電腦處理個人資料保護法第17條規定「公務機關保有個人資料檔案者，應指定專人依相關法令辦理安全維護事項，防止個人資料被竊取、竄改、毀損、滅失或洩漏」故含有個人資料之車籍資料，公路監理機關應防止其洩漏（參見卷附交通部85年4月18日交路85字第019427號函）可徵「查詢車輛認可資料」屬應防洩密之資料，而台北縣警察局亦以85年7月13日85北警交字第97249號函覆本院指明如查詢內容屬電腦處理之個人資料，則須遵守電腦處理個人資料保護法之相關規定，以避免侵害人民隱私權益，亦同此認定。

第三章 非公務機關對個人資料之蒐集、處理及利用

第19條（非公務機關蒐集或處理個人資料之要件）

I.非公務機關對個人資料之蒐集或處理，除第六條第一項所規定資料外，應有特定目的，並符合下列情形之一者：

一、法律明文規定。

二、與當事人有契約或類似契約之關係，且已採取適當之安全措施。

三、當事人自行公開或其他已合法公開之個人資料。

四、學術研究機構基於公共利益為統計或學術研究而有必要，且資料經過提供者處理後或經蒐集者依其揭露方式無從識別特定之當事人。

五、經當事人同意。

六、為增進公共利益所必要。

七、個人資料取自於一般可得之來源。但當事人對該資料之禁止處理或利用，顯有更值得保護之重大利益者，不在此限。

八、對當事人權益無侵害。

II.蒐集或處理者知悉或經當事人通知依前項第七款但書規定禁止對該資料之處理或利用時，應主動或依當事人之請求，刪除、停止處理或利用該個人資料。

□**修正前條文**（99.5.26公布）

I.非公務機關對個人資料之蒐集或處理，除第六條第一項所規定資料外，應有特定目的，並符合下列情形之一者：

一、法律明文規定。

二、與當事人有契約或類似契約之關係。

三、當事人自行公開或其他已合法公開之個人資料。

四、學術研究機構基於公共利益為統計或學術研究而有

必要，且資料經過提供者處理後或蒐集者依其揭露
方式無從識別特定之當事人。

五、經當事人書面同意。

六、與公共利益有關。

七、個人資料取自於一般可得之來源。但當事人對該資
料之禁止處理或利用，顯有更值得保護之重大利益
者，不在此限。

II.蒐集或處理者知悉或經當事人通知依前項第七款但書
規定禁止對該資料之處理或利用時，應主動或依當事
人之請求，刪除、停止處理或利用該個人資料。

■**修正說明**（104.12.30）

一、非公務機關基於「與當事人有契約或類似契約之關
係」蒐集或處理個人資料時，非公務機關本即應依
第二十七條第一項規定採取適當之安全措施，防止
個人資料被竊取、竄改、毀損、滅失或洩漏，惟為
明確計，爰修正第一項第二款。

二、第一項第四款及第六款文字酌作修正。

三、放寬當事人「同意」之方式，不以書面同意為限，
爰修正第一項第五款。

四、查現行公務機關依第十五條第三款規定，於蒐集或
處理當事人之個人資料時，得於特定目的及「對當
事人權益無侵害」之情形下，合法蒐集、處理當事
人之個人資料。惟非公務機關卻無相同規定可資適
用，致實務上非公務機關於特定情形下欲蒐集個人
資料反而窒礙難行，例如：請新任職員工或公司客
戶填寫緊急連絡人資料，上述情況對於緊急連絡人
權益並無侵害，目前實務常以另行取得緊急連絡人
當事人書面同意之方式為之，不僅造成困擾，亦增
加作業成本負擔，爰增訂第一項第八款。

❖**函令解釋**

▶**法務部106年5月10日法律字第10603505040號函釋**

個資法第19條第1項規定：「非公務機關對個人資料之
蒐集或處理，除第6條第1項所規定資料外，應有特定目
的，並符合下列情形之一者：1、法律明文規定。…5、
經當事人同意。6、為增進公共利益所必要。」上開第1
項規定所稱法律，指法律或法律具體明確授權之法規命
令（個資法施行細則第9條規定參照）。

▶**法務部106年2月8日法律字第10603500600號函釋**

健身中心業者（下稱業者）如因「消費者、客戶管理與
服務」之特定目的（代號090），基於與當事人有契約
或類似契約之關係，在履行契約事務之必要範圍內，蒐
集、處理消費者（會員）之個人資料（例如：辨識個人
之聯絡資訊、辨識財務之信用卡號碼資訊等），並於原
蒐集之特定目的必要範圍內利用者，並無違反本法。

▶**法務部105年11月14日法律字第10503516670號函釋**

○○單車公司告知會員蒐集個人資料之類別為姓名、電
話、電子郵件地址、信用卡號及電子票證號碼，並未有
「使用公共自行車之交通違規資料」乙項，故尚難僅以
服務條款第6點（1）載有「您如違反中華民國法律或本
服務條款規定，…，本公司得基於前述事由變更、終
止、暫停或中斷您使用本服務及服務內容」等字，即認
○○單車公司業經會員同意蒐集或處理其使用公共自行
車之交通違規資料。

▶**金融監督管理委員會105年11月4日金管保綜字第
10502118950號函釋**

保險代理人公司受保險公司委託蒐集、處理或利用個人
資料時，於個資法適用範圍內，視同該委託之保險公
司，並以該委託之保險公司為權責機關。爰保險公司倘
已依保險法第177條之1規定取得當事人書面同意蒐集、

處理或利用特種個資，保險代理人公司應無需再踐行上開規定取得當事人書面同意之程序。

▶ **法務部105年10月18日法律決字第10503515770號函釋**
法人為履行與其他法人間之契約或接觸磋商等類似契約關係，而蒐集、處理或利用「法人業務上之必要連繫個人資料」，例如法人代表人或員工處理法人業務之必要連絡方式資料，應屬符合個人資料保護法（下稱個資法）第19條第1項第2款規定之合理蒐集，無須另外取得當事人書面同意。

▶ **法務部105年8月23日法律字第10503512280號函釋**
查志願服務法第9條第1項規定：「為提昇志願服務工作品質，保障受服務者之權益，志願服務運用單位應對志工辦理下列教育訓練：一、基礎訓練。二、特殊訓練。」故志願服務運用單位，無論係公務機關基於「社會行政」（代號057）或非公務機關基於「社會服務或社會工作」（代號058）之特定目的，係依志願服務法第9條明文規定，應辦理志工教育訓練，本得向受訓志工，於必要範圍蒐集、處理個人資料，個資法並非規定一律須經當事人同意，方得蒐集。

▶ **法務部105年4月28日法律字第10503505850號函釋**
縱使計程車駕駛人係直接向計費表製造商購買計費表，而與計費表製造商有買賣契約之關係，計費表製造商原則上僅能基於履行買賣契約事務之特定目的及要件之必要範圍內，蒐集購買該表之計程車駕駛人必要之個人資料（例如：代號C001：辨別個人之聯絡資訊、代號C002：辨識財務之信用卡號碼資訊等）。倘若計費表製造商於計費表內建APP程式之衍生功能，強制蒐集、處理或利用計程車駕駛人之行車軌跡、營業收入、錄影錄音等可直接或間接識別特定個人之資料，此一個人資料之蒐集行為，尚難認與計費表買賣契約間具有正當合理

之關聯，已逾越買賣契約特定目的之必要範圍，故廠商如於該計費表產品預設強制蒐集計程車駕駛人之行車軌跡、營業收入、錄影錄音等個人資料功能之程式軟體，則該計費表製造商對於該資料之蒐集、處理或利用顯然已違反計程車駕駛人之「隱私合理期待」，而與個資法第5、第19條之規定有違。

▶ **法務部104年11月5日法律字第10403514100號函釋**
因民眾於公職人員選舉開票所就開票工作人員執行職務之現場狀況予以錄影，係為確認開票程序是否符合公職人員選舉罷免法規定，乃自然人基於正當性目的所進行個人資料之蒐集，且與公共利益有關，符合個資法第19條第1項第6款規定。

▶ **法務部103年9月22日法律字第10303510920號函釋**
本件○○○○股份有限公司（下稱業者）基於與消費者間之買賣契約關係，而於必要範圍內蒐集消費者之個人資料，自得於其特定目的（例如代號148「網路購物及其他電子商務服務」）範圍內，利用其個人資料。而宅配公司如係單純受業者委託辦理產品配送事宜，其於委託範圍內利用個人資料，視同業者之利用行為。

▶ **法務部103年5月9日法律字第10303505660號函釋**
網路販酒業者依兒童及少年福利與權益保障法第43條及菸酒管理法第31條規定，須於契約成立前或契約成立後確認消費者之年齡，如認其性質係屬保護功能之附隨義務，則業者於締結契約前或履行契約時，為履行該附隨義務而有蒐集、處理消費者個人資料之必要者，得認符合本法第19條第2款「與當事人有契約或類似契約之關係」之要件。

▶ **法務部103年5月1日法律字第10303504470號函釋**
政黨基於「團體對會員或其他成員名冊之內部管理（代號052）」及「契約、類似契約或其他法律關係事務

（代號069）」之特定目的，於符合「與當事人有契約關係」（章程係共同／合同行為，與契約同屬所謂「多方契約」）時，得蒐集該等會員之個人資料，並於蒐集之「特定目的必要範圍內」利用。

▶**法務部103年4月1日法律決字第10300058290號函釋**
受益人申請身故保險金時，保險公司因需調查被保險人死亡及與履行契約之事實，爰蒐集被保險人之除戶戶籍謄本，其雖內含有非客戶之其他戶籍成員之個人資料，惟為維持該文件（除戶戶籍謄本）資料之真正性、完整性，似仍屬與契約內容有關之必要蒐集範圍。

▶**法務部102年12月5日法律決字第10200683900號函釋**
就業服務法第5條第2項第2款規定，雇主招募或僱用員工，不得有下列情事：「二、違反求職人或員工之意思，留置其國民身分證、工作憑證或其他證明文件，或要求提供非屬就業所需之隱私資料。」又上開隱私資料包括個人生活資訊，係指信用紀錄、犯罪紀錄、懷孕計畫或背景調查等。另雇主要求求職人或員工提供隱私資料，應尊重當事人之權益，不得逾越基於經濟上需求或維護公共利益等特定目的之必要範圍，並應與目的間具有正當合理之關聯（就業服務法施行細則第1條之1參照）。如有違反上述規定，則依就業服務法第67條第1項處以罰鍰。是以，本件「同意書」第1點載明公司得蒐集、處理、利用及保有員工個人資料類別乙情，應先視有無違反就業服務法第5條第2項第2款規定：「違反求職人或員工之意思，留置其國民身分證、工作憑證或其他證明文件，或要求提供非屬就業所需之隱私資料。」規定，尚不得僅據該書面同意書而予以免責。

▶**法務部102年11月28日法律字第10203513210號函釋**
公務機關基於特定目的，並於執行法定職務之必要範圍內為蒐集、處理及利用個人資料，無須再經當事人書面同意。

▶**法務部102年11月19日法律字第10203512780號函釋**
企業間依企業併購法或金融機構合併法進行併購，如轉讓之資產包含被併購公司與第三人間之契約及相關權利義務，則如企業併購前該被併購公司蒐集、處理及利用該第三人（即契約相對人）之個人資料，已符合個資法第19條第1項第2款「與當事人有契約或類似契約之關係」之要件，嗣因被併購公司上開契約之權利義務事項業由併購公司承受，併購公司即得於原蒐集之特定目的內為處理、利用個人資料，存續之併購公司取得消滅之被併購公司合法保有之個人資料，非屬「由第三人提供個人資料」之情形。

▶**法務部102年10月17日法律決字第10200655250號函釋**
個資法第19條第5款所稱書面同意，指當事人經蒐集者告知本法所定應告知事項後，所為允許之書面意思表示。

▶**法務部102年10月14日法律字第10203510680號函釋**
律師法第23條規定：「律師於接受當事人之委託、法院之指定或政府機關之囑託辦理法律事務後，應探究案情，搜求證據。」準此，律師因受當事人委任而辦理訴訟或非訟業務，基於法律服務或為履行與當事人間之委任契約關係之特定目的，為維護當事人權益爭取勝訴判決，而透過該案或另案（包含民、刑事）當事人所提供之相關筆錄或事證，可認係屬律師法所稱「探求案情、搜求證據」之範疇，而符合個資法第19條第1項第1款規定所稱「法律明文規定」之情形。因此，律師執行訴訟業務，援用另案筆錄事證涉及第三人之個人資料者，得依上開個資法及律師法之相關規定蒐集、處理，並於蒐集之特定目的必要範圍內利用該個人資料。

▶**金融監督管理委員會102年6月26日金管證投字第1010060478號函釋**
為期投信事業及人員瞭解前開規定，基金經理人及全權委託投資經理人均應於任職時向公司申報該等資料。投

信事業依本會要求將所建置之人事資料交付臺灣證券交易所股份有限公司及財團法人中華民國證券櫃檯買賣中心，係為確保人員符合前開法律規定，以保障基金投資人權益，避免利益衝突。爰上開情形，符合個人資料保護法第19條第1項第1款「法律明文規定」或第6款「與公共利益有關」之情形，自得依其特定目的蒐集或處理，並依個人資料保護法第20條第1項本文規定，於蒐集之特定目的必要範圍內利用，或依同項但書第1款「法律明文規定」或第2款「為增進公共利益」規定，為特定目的外之利用。

▶ **金融監督管理委員會保險局102年6月13日保局（綜）字第10210909580號函釋**

金融控股公司遵循上開法律、法規命令及依法律及法規命令所為補充性行政函釋，建置「子公司業務及客戶資料庫」，係為執行法律及法規命令所定之義務，以管理集團風險，並保障客戶權益。爰上述情形，符合個人資料保護法第8條第2項第2款「履行法定義務所必要」之情形，依該法第8條第2項及第9條第2項規定，得免向當事人為告知；且符合該法第19條第1項第1款「法律明文規定」及第6款「與公共利益有關」之情形，非必須經當事人書面同意。

▶ **內政部102年5月7日內授營建管字第1020182411號函釋**

「按中央法規標準法第16條第1項前段規定：『法規對其他法規所規定之同一事項而為特別之規定者，應優先適用之。』次按個人資料保護法（以下簡稱本法）之性質為普通法，其他特別法有關個人資料蒐集或利用之規定，依特別法優於普通法之法理，自應優先適用各該特別規定。惟若無特別規定，則適用本法（個人資料保護法第2條修正理由參照）。復按公寓大廈管理條例（下稱本條例）第35條規定：『利害關係人於必要時，得請求閱覽或影印規約、公共基金餘額、會計憑證、會計帳

簿、財務報表、欠繳公共基金與應分攤或其他應負擔費用情形、管理委員會會議紀錄及前條會議紀錄（按：區分所有權人會議紀錄），管理負責人或管理委員會不得拒絕。』準此，本條例中有關個人資料利用之規定，應優先於本法而適用。本件來函所詢，利害關係人於必要時，請求閱覽或影印區分所有權人會議紀錄（按：依貴部96年5月21日內授營建管字第09600800379號函，區分所有權人會議紀錄包含本條例第34條第2項規定之簽名簿及代理出席之委託書），管理負責人或管理委員會依本條例第35條規定提供閱覽或影印，而涉及對個人資料之利用，自應優先適用該條規定，……」故公寓大廈管理條例第35條利害關係人於必要時，得請求影印區分所有權人會議紀錄與個人資料保護法並無牴觸。

▶ **金融監督管理委員會102年1月23日金管銀法字第10100369210號函釋**

銀行留存客戶身分證明文件及建立開戶影像檔主要係依「銀行對疑似不法或顯屬異常交易之存款帳戶管理辦法」第12條所規定應建立明確之認識客戶政策及作業程序。前開管理辦法係「銀行法」第45條之2第3項授權本會訂定之法規命令，依「個人資料保護法施行細則」第9條之規定，符合本項所稱「法律明文規定」之條件。

▶ **法務部101年11月21日法律字第10100113630號函釋**

農會係公益社團法人，除有依法令或受委託行使公權力之情形外，當應適用本法有關非公務機關之規定。如係依「基層農會會員資格審查及認定辦法」第6條規定，農會平時應辦理會員會籍清查及異動登記，則應係基於「法人對會員之內部管理」（代號052）之特定目的，且符合本法第19條第1項第2款「與當事人有契約或類似契約關係」，而得蒐集會員戶籍資料，並得依本法第20條規定，於蒐集之特定目的「必要範圍內」為利用。

▶法務部103年1月22日法檢字第10304504440號函釋

公會基於「團體對會員或其他成員名冊之內部管理」（代號052）及「契約、類似契約或其他法律關係」（代號069）之特定目的，自得依個資法第19條蒐集所屬會員之個人資料，並依個資法第20條第1項本文規定，於蒐集之特定目的必要範圍內利用。個人資料之蒐集、處理或利用，應尊重當事人之權益，依誠實及信用方法為之，不得逾越特定目的之必要範圍，並應與蒐集之目的具有正當合理之關聯。因此，於蒐集、處理及利用個人資料時，仍應受「必要範圍」及「正當合理關聯」之限制。

▶法務部102年8月26日法律字第10203509420號函釋

民眾依統一發票給獎辦法向行政機關請求發給獎金，應屬公法法律關係。而民眾委託營業人「代客兌獎」或「代表領獎人持中獎發票向代發獎金金融機構兌領獎金」時，營業人與領獎人間係屬委託代為兌領獎金之委任契約關係。因此，營業人基於委任契約法律關係事務之特定目的，並與當事人有委託代為兌領獎金之委任契約關係，即得於其特定目的之必要範圍內蒐集、處理及利用當事人之個人資料。

❏實務見解

▶臺灣士林地方法院98年訴字第1078號民事判決

（違法蒐集）

銀行法第32條、第33條僅是規定銀行不得為無擔保授信之對象及限制擔保授信之對象，以防範銀行利害關係人利用職務之便，承作不當授信，而非授權銀行得向聯徵中心查詢利害關係人之信用資料。因此，銀行法並未規定被告（金融機構）得於原告擔任董事、監察人之公司申請貸款前，向聯徵中心查詢原告擔任董事及監察人之信用資料。雖然被告以82年7月12日臺財融字第821165024號函、85年12月17日臺融局字第85556881號

函、86年5月6日臺財融字86620894號函、88年2月11日臺財融字第88706271號函等財政部所發布之行政解釋，做為符合電腦處理個人資料保護法第18條第5款之主張。然法院認為，前述之行政解釋並不具法律或法規命令之效力，故被告主張之依據，無法律或由法律明確授權之法規命令為依據，足認其查詢行為不符合電腦處理個人資料保護法第18條第5款之規定。被告於原告擔任董事、監察人或經理人之企業均未向其申請貸款之情況下，即預先向聯徵中心查詢原告擔任董事及監察人之資料，顯已侵害原告之資訊隱私權。

▶**臺灣高等法院93年上易字第1896號刑事判決** (違法蒐集)

被告等人為促進所屬公司經營之法拍屋業務交易，除自公務機關，包含各地方法院網站上之法拍屋公告欄、報紙上之公告、司法院之網站、地政機關、關貿網路公司之網站等，蒐集關於法拍屋債務人之地址，戶籍、身分證統一編號、房屋所有自住或承租情形、房屋種類、房屋上之貸款及抵押權設定情形、拍賣情形、地籍謄本或不動產電子謄本、法拍標的物面積，等資料後，建檔、輸入、編輯、儲存於公司之文字部份資料庫外，甚至自行請工讀生至各地以數位攝影之方式拍攝法拍屋之外觀、周遭環境後，將攝影所得資料輸入電腦，彙整為相片資料庫，並利用其中一位被告取得發明專利之「不動產廣告買賣之影像輔助系統」，結合文字資料庫與照片資料庫，在被告等人所屬之公司網頁上呈現（但不包括債務人之出生年月日）。上述資料之結合，實足以讓第三人清楚瞭解債務人的詳細資料，於社會上弱勢債務人之保護，甚屬薄弱，足生損害於債務人，渠等亦有違法性之認識甚明。

惟這些資料僅於網站中提供客戶瀏覽、知悉及使用，並未為特定目的範圍外之使用，故難認為被告等人有違電腦處理個人資料保護法第23條之規定。

▶臺灣桃園地方法院87年易字第1161號刑事判決
（違法蒐集）

被告等未經同意，私自架設錄音設備，竊聽他人家庭及社會活動等個人資料，係違反電腦處理個人資料保護法第18條第1款、第2款非公務機關對個人資料之蒐集，非有特定目的，並經當事人同意、與當事人有契約或類似契約之關係而對當事人權益無侵害之虞，不得為之之規定，致生損害於他人，均係犯電腦處理個人資料保護法第33條之罪。

▶臺灣高等法院86年上易字第1265號刑事判決（違法蒐集）

被告未經同意，亦無蒐集資料之特定目的，即擅自侵入原告住宅私自架設錄音設備，竊聽他人家庭及社會活動等個人資料，且未具備經當事人書面同意、與當事人有契約或類似契約之關係而對當事人權益無侵害之虞等要件，致生損害於原告，已違反電腦處理個人資料保護法第18條第1款、第2款非公務機關對個人資料之蒐集，並係犯電腦處理個人資料保護法第33條、刑法第306條第1項之罪。

▶臺灣桃園地方法院86年訴字第1768號刑事判決
（違法蒐集）

被告係徵信社員工，於民國85年5月29日，因該徵信社受客戶之委託，調查訴外人之家庭狀況及活動資料，被告遂與不詳姓名、年籍、住居所綽號「阿飛」之成年男子基於意圖營利之犯意聯絡，由被告駕駛其所有之小客車攜帶錄音機（內置錄音帶）二台，前往訴外人住所前電線桿上，未得訴外人之書面同意，被告與綽號「阿飛」即以接線至錄音機方式竊聽訴外人使用之電話，並予以錄音，以此蒐集訴外人之個人活動資料，致生損害於訴外人。查被告所為係違反電腦處理個人資料保護法第18條第1款、第2款非公務機關對個人資料之蒐集，非有特定目的，並經當事人書面同意、與當事人有契約或類似

契約之關係而對當事人權益無侵害之虞，不得為之之規定，致生損害於訴外人，係犯同法第33條之罪。

第20條（非公務機關利用個人資料之除外情形）

I.非公務機關對個人資料之利用，除第六條第一項所規定資料外，應於蒐集之特定目的必要範圍內為之。但有下列情形之一者，得為特定目的外之利用：

一、法律明文規定。

二、為增進公共利益所必要。

三、為免除當事人之生命、身體、自由或財產上之危險。

四、為防止他人權益之重大危害。

五、公務機關或學術研究機構基於公共利益為統計或學術研究而有必要，且資料經過提供者處理後或經蒐集者依其揭露方式無從識別特定之當事人。

六、經當事人同意。

七、有利於當事人權益。

II.非公務機關依前項規定利用個人資料行銷者，當事人表示拒絕接受行銷時，應即停止利用其個人資料行銷。

III.非公務機關於首次行銷時，應提供當事人表示拒絕接受行銷之方式，並支付所需費用。

□ **修正前條文**（99.5.26公布）

I.非公務機關對個人資料之利用，除第六條第一項所規定資料外，應於蒐集之特定目的必要範圍內為之。但有下列情形之一者，得為特定目的外之利用：

一、法律明文規定。

二、為增進公共利益。

三、為免除當事人之生命、身體、自由或財產上之危險。

四、為防止他人權益之重大危害。

五、公務機關或學術研究機構基於公共利益為統計或學

術研究而有必要，且資料經過提供者處理後或蒐集者依其揭露方式無從識別特定之當事人。

六、經當事人書面同意。

II.非公務機關依前項規定利用個人資料行銷者，當事人表示拒絕接受行銷時，應即停止利用其個人資料行銷。

III.非公務機關於首次行銷時，應提供當事人表示拒絕接受行銷之方式，並支付所需費用。

■修正說明（104.12.30）

一、第一項但書第二款及第五款文字酌作修正。

二、放寬當事人「同意」之方式，不以書面同意為限，爰修正第一項但書第六

三、非公務機關對於個人資料為特定目的外利用時，若客觀上有具體特定情況能證明係有利於當事人權益者，應可允許之，爰增訂第一項但書第七款。

❖函令解釋

▶金融監督管理委員會保險局106年3月2日保局（壽）字第10610900680字函釋

重申保險業辦理電話行銷業務，應依「保險業辦理電話行銷業務應注意事項」、「個人資料保護法」及本會99年12月27日金管保理字第09902663901號函等相關規定，於電話行銷前告知民眾如何取得電話，及詢問是否願意接受行銷，如消費者表達拒絕接受行銷時，應立即結束通話，以維護消費者權益，請轉知所屬會員公司辦理，請查照。

▶法務部106年1月26日法律字第10603501350號函釋

查洗錢防制法第7條第1項及第8條第1項規定，金融機構對於達一定金額以上之通貨交易及疑似犯同法第11條之罪之交易，應確認客戶身分及留存交易憑證，並應向法

務部調查局申報（105年12月28日修正、106年6月28日施行之洗錢防制法第7條及第8條擴大客戶審查義務及交易紀錄保存義務範圍及於所有交易）。而上開「客戶審查義務」之踐履方式，本質上須透過資訊協助建置，並透過定期更新資訊以達洗錢防制目的。又如由各金融機構各自建置查詢系統，不僅對於規模較小之金融機構造成沉重負擔，亦不符經濟效益。是本件金融機構利用集保公司統一建置之資訊系統，將保有之客戶資料與洗錢防制名單進行比對，乃在發揮洗錢防制名單資料庫之最大效應，俾得以落實洗錢防制之要求，應可認符合本法第20條第1項但書第2款「增進公共利益所必要」，而得為原契約目的必要範圍外之利用，集保公司於此受託範圍內之行為，自亦符合上開規定。

▶**法務部104年8月28日法律字第10403510570號函釋**

有關法院命第三人提出文書之文書內容若涉及個人資料保護法所稱個人資料者，依強制執行法第30條之1準用民事訴訟法第347條至第349條規定，該第三人負有提供所涉個人資料之義務，係法律明文規定，符合個資法第20條第1項第1款「法律明文規定」特定目的外利用要件，非公務機關應依民事訴訟法規定，向法院提出上開文書。

▶**法務部104年2月24日法律字第10403502010號函釋**

查上開但書第2款（按：個人資料保護法第20條第1項但書第2款）所稱「增進公共利益」，依實務見解，係指為社會不特定多數人可以分享之利益而言，惟此屬不確定法律概念，須依具體個案事實分別認定之。本件水利署請○○公司提供各水井用電量紀錄之目的既係在於推估水井用水量，以利推動地層下陷防治工作，係具有可以由不特定多數人所分享之利益，可認符合增進公共利益，而屬適法行為。

▶**法務部103年12月3日法律字第10303514010號**

癌症防治醫療機構提報民眾自費癌症篩檢資料予貴署或
所委託之學術研究機構之行為，屬於個人資料之利用行
為，…癌症防治法第11條規定：「為建立癌症防治相關
資料庫，癌症防治醫療機構應向中央主管機關所委託之
學術研究機構，提報下列資料：……五、其他因推廣癌
症防治業務所需資料。」及醫療機構提報癌症防治資料
作業辦法第2條第1項規定，中央主管機關為建立癌症篩
檢資料庫，得請醫療機構提報癌症篩檢者相關基本資
料、篩檢資料、診斷資料及其他因推廣癌症防治業務所需
資料。依上開規定，癌症防治醫療機構提報民眾自費癌症
篩檢資料予貴署或所委託之學術研究機構之行為，屬特定
目的範圍外利用，符合個資法第16條及第20條規定。

▶**法務部103年11月4日法律字第10303510410號函釋**

按依本法第16條第5款或第20條第1項第5款規定，用於
統計或學術研究之個人資料，經提供者處理後或蒐集者
依其揭露方式無從再識別特定個人，則該筆經提供者處
理後之資料或蒐集者所揭露之資料，既非「得以直接或
間接方式識別該個人之資料」，自無本法之適用（本部
101年7月30日法律字第10103106010號函參照）。又該資
料係屬政府資訊公開法（下稱政資法）所稱之「政府資
訊」（政資法第3條參照），而依政資法第5條及第18條
之規定，政府資訊除有限制或禁止公開者外，應主動公
開或應人民申請提供之；至於主動公開之方式，則包括
透過電信網路傳送或其他方式供公眾線上查詢（政資法
第8條第1項第2款參照）。而政資法就提供政府資訊做為
加值營業使用或公布於網站上供直接下載使用部分，無
相關限制。

▶**法務部103年11月17日法律字10303513050號函釋**

個人資料保護法第2、16條、個人資料保護法施行細則第

6條規定參照，該細則所稱「內部之資料傳送」目的係為
建立個人資料檔案所為，非該法規範的「利用」行為；
又公務機關或非公務機關內部如為利用個人資料所為個
人資料傳送，則資料遞送行為應屬個人資料「利用」而
適用該法第16條規定。

▶**法務部103年11月4日法律字第10303510410號函釋**
按依本法第16條第5款或第20條第1項第5款規定，用於統
計或學術研究之個人資料，經提供者處理後或蒐集者依
其揭露方式無從再識別特定個人，則該筆經提供者處理
後之資料或蒐集者所揭露之資料，既非「得以直接或間
接方式識別該個人之資料」，自無本法之適用。

▶**法務部103年9月22日法律字第10303510920號函釋**
基於與消費者間之買賣契約關係，而於必要範圍內蒐集
消費者之個人資料，自得於其特定目的（例如代號148
「網路購物及其他電子商務服務」）範圍內，利用其個
人資料。而宅配公司如係單純受業者委託辦理產品配送
事宜，其於委託範圍內利用個人資料，視同業者之利用
行為。

▶**法務部103年9月2日法律字第10300631830號函釋**
第19條規定，非公務機關對個人資料之蒐集或處理，應
有特定目的，並符合法定情形之一（例如：法律明文規
定、與公共利益有關等），並依第20條第1項應於蒐集之
特定目的必要範圍內利用該等個人資料。若為特定目的
外利用，則應符合個資法第20條但書各款事由之一，並
應與蒐集之目的具有正當合理之關聯（個資法第5條參
照）。又依個資法規定得合法蒐集個人資料時，並非即
賦予蒐集者得強行取得個人資料，仍應視有無其他法律
規定為依據。

▶**法務部103年8月12日法律字第10303508750號函釋**
公務機關及非公務機關對個人資料之利用，原則上應於

蒐集之特定目的必要範圍內為之，但如分別符合個資法第16條但書及第20條第1項但書各款所定事由之一（例如：法律明文規定、增進公共利益等），仍得為特定目的外之利用，即提供資料予其他機關，亦非一律須經當事人書面同意。相關機關為落實身心障礙者經濟安全保障之實現，使經濟弱勢之身心障礙者及早獲得生活補助，並避免資格審核不正確，影響國家社會福利資源之合理分配，從而配合主管機關審核身心障礙者生活補助費資格之所需，提供申請人及其家戶成員之財稅資料予查詢機關，應可認為係符合上開「增進公共利益」之規定，得為特定目的外之利用。

▶ **法務部103年6月26日法律字第10303507480號函釋**

公務機關基於公民營（辦）交通運輸、公共運輸及公共建設（代號029）之特定目的，得於執行上開法定職務必要範圍內，蒐集有關悠遊卡刷卡交易之個人資料，以作為公車運輸規劃及管理之參考。悠遊卡公司將悠遊卡刷卡交易相關個人資料提供予公務機關，並作為協助公務機關執行規劃及管理大眾運輸系統法定職務必要範圍之特定目的外利用，可認為符合本法第20條第1項第2款規定「為增進公共利益」情形。

▶ **法務部103年4月16日法律字第10303504040號函釋**

各地方政府為為協助學校辦理學生輔導並協同推介就業或參加職訓及就業輔導工作，具有「就業安置、規劃與管理（代號117）」之特定目的，並符合執行法定職務必要範圍內之要件，自得為個人資料之蒐集、處理及特定目的內之利用。

故公務機關依本法第16條規定對個人資料之利用，應於執行法定職務必要範圍內為之，並與蒐集之特定目的相符，但如有該條但書所列各款情形之一者，則得為特定目的外之利用；倘個人資料之提供者為私立學校，係屬非公務機關，依本法第20條第1項之規定，非公務機關

對個人資料之利用，應於蒐集之特定目的必要範圍內為之，但如有該條第1項但書所列各款情形之一者，亦得為特定目的外之利用。準此，貴縣各高中職學校為協助畢業學生就業，提供學生個人資料予貴府，如符合本法第16條或第20條第1項但書各款要件之一（如：「為增進公共利益」、「有利於當事人權益」或「當事人書面同意」），即得為特定目的外之利用。

▶**法務部103年1月22日法檢字第10304504440號函釋**
公會基於「團體對會員或其他成員名冊之內部管理」（代號052）及「契約、類似契約或其他法律關係」（代號069）之特定目的，自得依個資法第19條蒐集所屬會員之個人資料，並依個資法第20條第1項本文規定，於蒐集之特定目的必要範圍內利用。個人資料之蒐集、處理或利用，應尊重當事人之權益，依誠實及信用方法為之，不得逾越特定目的之必要範圍，並應與蒐集之目的具有正當合理之關聯。因此，於蒐集、處理及利用個人資料時，仍應受「必要範圍」及「正當合理關聯」之限制。

▶**法務部102年11月19日法律字第10203512780號函釋**
企業間依企業併購法或金融機構合併法進行併購，如轉讓之資產包含被併購公司與第三人間之契約及相關權利義務，則如企業併購前該被併購公司蒐集、處理及利用該第三人（即契約相對人）之個人資料，已符合「與當事人有契約或類似契約之關係」之要件，嗣因被併購公司上開契約之權利義務事項業由併購公司承受，併購公司即得於原蒐集之特定目的內為處理、利用個人資料，存續之併購公司取得消滅之被併購公司合法保有之個人資料，非屬「由第三人提供個人資料」之情形。

▶**法務部102年10月31日法律字第10203511120號函釋**
執行機關於辦理行政執行案件之法定職務必要範圍內，向醫療機構查調義務人通訊地址，應符合個資法第15條第

1款之規定。對於受調查之醫療機構（包括公立及私立醫療機構）而言，提供上開個人資料予執行機關，亦可認符合個資法第16條但書第2款及第20條第1項但書第2款之規定，尚非屬醫療法第72條所定「無故洩漏」之情形。

▶**法務部102年10月2日法律字第10203509640號函釋**
汽車維修廠商基於履行契約之特定目的，自得於契約約定之範圍內，合理蒐集、處理及利用客戶之個人資料。至汽車維修廠商如欲就已蒐集之客戶個人資料，為契約履行特定目的外之利用者（例如行銷、客戶關懷服務等），則須另具有個資法第20條第1項但書所列各款情事之一，方得為之。

▶**法務部102年8月26日法律字第10203509420號函釋**
民眾依統一發票給獎辦法向行政機關請求發給獎金，應屬公法法律關係。而民眾委託營業人「代客兌獎」或「代表領獎人持中獎發票向代發獎金金融機構兌領獎金」時，營業人與領獎人間係屬委託代為兌領獎金之委任契約關係。因此，營業人基於委任契約法律關係事務之特定目的，並與當事人有委託代為兌領獎金之委任契約關係，即得於其特定目的之必要範圍內蒐集、處理及利用當事人之個人資料。

▶**法務部102年8月7日法律字第10203508840號函釋**
僅有車牌號碼、里程數及保養紀錄等車輛資料，且無法以直接或間接方式識別特定個人者，尚非本法所稱之個人資料。惟蒐集者如將上開車輛資料與其他資料對照、組合、連結而得識別特定個人，則屬本法所稱之個人資料而有本法適用。各地方縣、市政府所欲蒐集之車輛資料如屬個人資料，就汽車原廠而言，應屬特定目的外之利用。又其利用如係因貴府執行消費者保護法定職務而提供必要之車輛資料，應符合本法第20條第1項第2款所定「為增進公共利益」之情形。

▶ **法務部102年7月3日法律字第10203507180號函釋**

非公務機關原則應於蒐集資料之特定目的內利用個人資料；如非屬特定目的內利用，應有本法第20條第1項但書各款所列情形之一，始得為特定目的外利用。至於該條第1項但書第2款所稱「增進公共利益」，依實務見解，係指為社會不特定多數人可以分享之利益而言，惟此屬不確定法律概念，須依具體個案事實分別認定之。

▶ **法務部103年3月18日法律字第10303501900號函釋**

非公務機關利用個人資料從事商品行銷時，無論係特定目的內或特定目的外之利用，本法賦予當事人拒絕接受行銷之權利，以保障其免受行銷之打擾；當事人表達拒絕接受行銷之意思表示時，非公務機關應即停止再利用其個人資料進行行銷，爾後亦不得再利用其個人資料進行行銷。

▶ **法務部102年7月5日法律字第10203507340號函釋**

台○公司之核心業務為提供電力、收取電費，故用戶可合理期待其個人資料用於寄送帳單及前述有正當合理關聯之行銷行為，就此部分應不需再取得當事人書面同意。然若寄送其他公司業務廣告等，非台○公司與用戶契約或類似契約有關之商品或服務資訊，則仍應符合本法第20條第1項但書各款之一規定，始得為特定目的外之利用。

☐ **實務見解**

▶ **臺灣高等法院106年上字第178號民事判決**（合法利用）

被上訴人為○○社區103年區分所有權人會議之召集人，為辦理召集區分所有權人會議之社區公眾事務，依上開公寓大廈管理條例第30條規定張貼系爭通知書以為公告，使社區住戶知悉區分所有權人會議討論議案及選舉管理委員等事項，其於系爭提案中載明上訴人之姓名、住所、區分所有權利等個人資料，供其他區分所有權人

識別提案討論之對象，知悉渠等係何一住戶、區分所有權人之身分，做為區分所有權人參與討論、決議應獲悉之重要資訊，與蒐集之目的間有正當合理之關聯，就乙○○等2人個人資料之保護與○○社區公共利益加以權衡，上開個人資料之揭露未逾蒐集上開個人資料之目的及必要範圍，且公告地點均在社區內，屬住戶經常利用之電梯或固定張貼之公告欄，係公告○○社區公共事務之適當位置，公告事項及期間與公寓大廈管理條例規定大致相當，已如前述，自屬合法利用，亦未違反誠信原則。

▶**臺灣高等法院105年上字第1387號民事判決**（合法利用）
倘郵寄過程遺失，尚須透過郵局輾轉退給○○公司，由○○公司與聯繫上訴人後再行寄送，未能送達上訴人之風險增加，矧系爭郵件上載有上訴人手機號碼，即可透過該手機號碼聯繫上訴人受領之，手機號碼之記載顯有助於達成順利寄送贈品之任務，應屬被上訴人蒐集上訴人個人資料目的範圍內之合理使用。況系爭郵件確順利送交上訴人收受，為不爭之情，郵寄過程僅郵務人員及上訴人社區管理員經手，可知並無處理寄送及收受必要過程以外之其他第三人介入、接觸而知悉系爭郵件信封所載之上訴人手機號碼，上訴人復未說明並舉證其因此受有如何之損害，權衡○○公司為寄送贈品所採取方法與上訴人所稱權益損害加以判斷，並無顯失均衡情形，自仍屬在被上訴人蒐集目的必要範圍內之利用。

▶**104年勞裁字第49號**（特定目的外利用）
惟查申請人請求相對人提供3,319名具舊制年資工會會員是否仍在任職，相對人僅須告知3,319名具舊制年資工會會員是否為其員工，此部分資料實與個人資料保護法無涉。況相對人明知申請人會員代表大會103年年底決議授權工會團體協約代表針對結清年資及業務員新制度進行團體協約之協商（見第1次調查會議紀錄第6頁），申請

人既已獲得會員代表大會授權處理結清年資議題，其依團體協約法規定請求相對人提供結清舊制年資之會員相關資料，自無須重複取得個別會員之書面同意。縱認申請人請求3,319名具舊制年資工會會員與相對人簽訂業務代表合約之時間、6個月平均薪資等資料屬個人資料保護法之個人資料範疇，惟相對人提供前開資料予申請人，顯然未逾相對人蒐集目的必要範圍，蓋工會會員年資、薪資均為申請人執行其法定職責之資料，申請人又為企業工會，相對人既基於管理目的而保有工會會員前開資料，基於與工會於公司協商勞動條件調整之必要，本不應排除與工會分享前開資料之可能。退步言之，縱認提供資料予工會非屬雇主蒐集之特定目的必要範圍內，惟依個人資料保護法第20條第1項第7款規定，雇主於有利於當事人權益情形下得為特定目的外之利用。依工會基於保障會員權益而依法提出團體協約協商，雇主提供涉及工會會員個人資料之協商必要資料予工會，有助於團體協約協商並促成勞動條件之改善，有利於個資當事人權益，實無違反個人資料保護法之虞。

▶**臺灣高等法院臺中分院104年重上更（一）字第17號民事判決**（特定目的外利用）
上訴人社員代表之選舉，與公共利益有關，且凡上訴人之社員入社後於上訴人存款時，皆應填具存摺存款約定書，該約定書第14條約定：「本存款戶同意貴社及財團法人金融聯合徵信中心，依營業登記項目或章程所定業務需要等特殊目的，得蒐集、電腦處理、國際傳遞及利用本存戶個人資料」（原審卷第203頁），足見依選聘辦法及上訴人章程規定，選舉人名冊於上訴人各分社公開陳列，並不違反系爭選舉當時之電腦處理個人資料保護法。

▶**臺灣高等法院103年上字第876號民事判決**（合法利用）
查上訴人與新光人壽間有系爭保險契約之關係，新光人

壽為履行系爭保險契約關於給付生存保險金之約定，取
得上訴人銀行帳戶號碼等個人資料，而孫育才為新光人
壽保戶服務課服務人員，陳○○為新光人壽業務服務人
員，渠等為新光人壽履行系爭保險契約之使用人，渠等
為處理新光人壽遲延給付上訴人系爭保險100年度生存
保險金所生之遲延利息34元，利用上訴人銀行帳戶等個
人資料，由陳○○以個人帳戶匯款該金額至上訴人帳戶
等情，並未逾越新光人壽為履行系爭保險契約之特定目
的，且孫○○及陳○○對於上訴人個人資料之利用，亦
與新光人壽因履行系爭保險契約而蒐集之目的具有正當
關連，合於個資法之規定。

▶ **臺灣士林地方法院103年度湖小字第537號小額民事
判決**（拒絕行銷）

是被告既已收受原告終止會員關係之書面通知，並於101
年7月2日以電子郵件告知原告會員關係終止，而刪除原
告各項資料，且不得再享有收到特力屋股份有限公司及
特力愛家卡之相關型錄、活動、優惠訊息及無法提供會
員電子報之訂閱、網路購物相關活動及優惠等網路會員
權益，又關於原告個人資料之保護於101年10月1日前有
電腦處理個人資料保護法，而後有個人資料保護法，均
已規定慕詳，被告顯難委為不知。又原告於同年10月間
即向經濟部檢舉，並由經濟部於同年12月10日以經商字
第00000000000號函被告，此有該函附卷可參，且為被告
不爭執，是原告於被告寄發後4個月即採取相關作為，
難謂其行使本件損害賠償請求權，違反誠實信用原則或
與有過失可言。從而，被告此部分所辯，亦不足據。從
而，被告顯已違反個人資料保護法而不法利用原告之個
人資料，原告因被告不法侵害行為，致其資訊隱私權受
到損害，其精神上自受有相當之痛苦，而得請求非財產
上之損害賠償，是原告依民法第184條、第195條及個人
資料保護法第29條、第28條規定，請求被告對於其因此

所受損害，負賠償責任，核屬有據。

▶臺灣臺北地方法院103年度北小字第1360號民事判決
（不法利用）

被告既未證明曾經原告書面同意，竟將依上開法令所蒐集之「號碼可攜集中式資料庫」中原告個人資料檔案，有關電話號碼之電信業者別，傳輸予其他第三人，顯有不法利用原告個人資料之情形。被告雖辯稱伊僅單純傳輸電信業者別名稱，電話號碼係原告自行提供其友人，係屬公開資訊，通傳會並曾要求電信業者提供「57016」專線以供消費者查詢電話號碼之電信業者別，以節省電話費用，自屬合理利用，並符公共利益目的云云，惟查原告雖提供其電話電碼予其友人，但並無證據證明原告亦曾提供其電信業者別名稱，被告既明知利用系爭軟體程式所傳輸電話號碼之電信業者別名稱予第三人，將與該手機聯絡簿中所載之其他個人資料如姓名、出生年月日、聯絡方式（電話號碼）、職業、住址、特徵、社會活動資料等相互組合、連結而得以間接識別該特定自然人，自有不當揭露、利用該自然人個人資料之認識，而故意不法侵害其人格權。通傳會雖曾要求電信業者提供「57016」專線以供消費者查詢電話號碼之電信業者別，但該以「57016」專線查詢電話號碼之電信業者別，乃係為用戶號碼移出時單純提供是否網內或網外之查詢服務，並未與該自然人用戶其他個人資料相結合或連結情形，不具識別性，而與系爭軟體之上揭利用個人資料有別，二者尚有不同。而「號碼可攜集中式資料庫」，乃係各電信業者共同依「號碼可攜服務管理辦法」規定，為通報、查詢、更新、交換，因轉換至其他電信事業，仍保留原使用電話號碼之用戶個人資料正確性之相互通報、協調、測試及查核、管理必要之特定目的而蒐集，被告將該「號碼可攜集中式資料庫」中原告個人資料檔案，有關電話號碼之電信業者別，傳輸予其他第三人，

雖辯稱係提供其他第三人判別網內或網外，以節省其電話費用等情，但已逾越上開蒐集特定目的之必要範圍，亦與公共利益無關，且難謂係有合理關連之利用，被告所辯均不足採，自屬不法利用原告之個人資料而侵害其人格權。

▶**臺灣高等法院102年勞上易字第61號民事判決**
（安全措施）

惟上訴人以大眾訂購型錄商品方式取得之客戶姓名及聯絡資料，係屬一般性之人別資料，並非分析客戶背景、喜好需求或市場取向等資訊，難認單純之客戶名單及通訊資料有何營業祕密性可言。至姓名及聯絡方式屬客戶之個人資料，依個人資料保護法第27條第1項之規定，非公務機關未採行適當之安全措施，防止個人資料被竊取、竄改、毀損、滅失或洩漏，依同法第29條規定負損害賠償責任，或遭主管機關依同法第48條處以罰鍰，顯係要求非公務機關應採行適當安全措施保護客戶個人資料，與上訴人在離職交接清冊第1條約定離職員工對客戶個人資料負永遠保密責任，究屬兩事。況上訴人並無法舉證證明被上訴人離職後有何違反離職交接清冊第1條約定之事實存在，前已詳述，自無庸再審酌該條款效力問題。是上訴人據此請求被上訴人給付100萬元本息云云，為無理由，不應准許。

▶**臺灣臺北地方法院99年簡上字第35號民事判決**
（特定目的外利用）

當事人雖主張被告銀行未依據「金融同業間遭歹徒詐騙案件通報要點」之規定即「通報單位鍵入之通報案件，務必審核正確」、「各通報單位對其通報案件得視案情需要更正或刪除」，以及違反電腦處理個人資料保護法第26條準用第13條之規定，然查，上開通報要點係規範聯徵中心之會員機構與非會員機構，如其所屬之分支機構如發現遭歹徒詐騙情事時，應依據該通報要點之規

定，向聯徵中心通報，此觀諸上開通報要點第4點「通報作業：金融機構所屬分支機構如發現遭歹徒詐騙情事時，下略）應依下列方式像金融聯合徵信中心通報」，應甚為明確，與被上訴人係依據前揭作業要點，向聯合信用卡中心所為之通報，並不相同，又被告係以填具緊急案件通報單之方式為通報，核其情狀亦與上開法文所指稱之電腦資料之維護，有所不同。是當事人前揭主張，即非可採。

▶ **臺灣高等法院97年上易字第483號民事判決**
（特定目的外利用）
基於誠實信用及禁止權利濫用原則，就訴訟相關之當事人個人資料，提出於司法檢調機關，乃其所應容忍之事，從而被告等人提供訴訟相關之當事人個人資料間接交予他人提出於調查局，並不具違法性，當事人又未證明此部分個人資料有遭期貨公司非法輸出或洩漏予他人或無權責機關，難認權利受有侵害。

▶ **臺灣臺北地方法院97年訴字第4462號民事判決**
（特定目的外利用）
聯徵中心係為建置全國性信用資料庫，提供會員電腦連線及離線之信用資訊查詢服務而設立，其參與之會員銀行依該中心規約第9條之規定，有資料報送之義務，即應將包括授信戶授信餘額及其相關資料於期限內報送該中心建檔處理。被告既為聯徵中心之會員銀行，自有將其授信戶授信情形據實申報予聯合徵信中心建檔之義務。且原告向被告申辦信用貸款並簽立小額信用貸款申請書，該申請書第1條即約明：「小額信用貸款之申請人（即原告）……同意遠東國際商業銀行（即被告）依其營業登記項目或章程所定業務等特定目的，得將申請人個人資料提供貴行（即被告）、財團法人金融聯合徵信中心、台灣票據交換所及其他經財政部指定之機構為查

詢、蒐集、電腦處理、國際傳遞及利用…」；第8條並約明：「申請人瞭解未按時依約繳款，貴行得將申請人資料陳報並登錄於財團法人金融聯合徵信中心。此登錄將影響申請人未來申辦其他貸款之權利」，因此如有關於原告逾期、催收或呆帳紀錄等相關授受信用之交易資料，依約被告均得提供予聯徵中心建檔。

▶臺灣高等法院96年重上字第428號民事判決
（特定目的外利用）

金融業基於特定目的並符合電腦處理個人資料保護法第3條第7款第2目有關之法規及其他法律有特別規定者，得對個人資料之蒐集或電腦處理，同法第18條、第3條第7款第2目定有明文。次按非公務機關對個人資料之利用，應於蒐集之特定目的必要範圍內為之。但為增進公共利益者，得為特定目的外之利用，同法第23條第1款亦有明文。另依據中華民國銀行公會訂立，經財政部金融局以92年12月22日台融局（二）第0928011709號函核定之「金融同業間遭歹徒詐騙案件通報要點」規定，各金融機構與財團法人金融聯合徵信中心構成通報圈，如發現遭歹徒詐騙情事，無論歹徒是否得逞，應立即循各金融機構內部通報系統，通報金融機構並向金融聯合徵信中心通報。

而為維護社會治安及協助偵查犯罪之需要，受警察機關請求而為特定目的外之利用，而提供、蒐集或電腦處理個人資料，符合「為增進公共利益」之規定。因此，被上訴人依上訴人之身份證號碼，查詢相關資料，符合電腦處理個人資料保護法中為增進公共利益而蒐集與利用之規定。

▶臺灣臺北地方法院96年重訴字第1274號民事判決
（利用）

依據新光銀行貸款申請書約定事項第6條約定：申請人及連帶保證人同意並授權誠泰行銷公司與誠泰銀行得蒐

集、利用及電腦處理其個人資料，並向聯徵中心及票據交換所為等機構為基本信用照會，且同意誠泰行銷公司與誠泰銀行得將其取得之申請人、連帶保證人之基本資料、帳務資料、信用資料、投資資料等個人資料相互提供揭露、提供予其所屬關係企業或受其委託處理事務之人，供其蒐集、利用及電腦處理等情，有申請人申請書為憑，應認新光銀行係經當事人書面同意。

▶**臺灣高雄地方法院簡易庭94年雄國簡字第4號民事判決**（利用）

再按電腦處理個人資料保護法，在於規範電腦處理個人資料，以避免人格權受到侵害，並促進個人資料之合理利用。本件案件之承辦法官所為調查管轄權之有無而列印其全戶戶籍資料，並准予辯護人閱覽卷宗之行為，核無不法，已如前述，且附於卷宗內作為裁判之依據，亦屬審判職務所必需，自難謂有何違反電腦處理個人資料保護法上開規定可言。

第21條（非公務機關為國際傳輸個人資料之限制）

非公務機關為國際傳輸個人資料，而有下列情形之一者，中央目的事業主管機關得限制之：

一、涉及國家重大利益。

二、國際條約或協定有特別規定。

三、接受國對於個人資料之保護未有完善之法規，致有損當事人權益之虞。

四、以迂迴方法向第三國（地區）傳輸個人資料規避本法。

■**修正說明**（99.5.26）

一、條次變更，本條為原條文第二十四條移列。

二、「傳遞」二字究指內部之傳送（處理行為）亦或提供給外部第三人（利用行為），易滋疑義。爰將「國際傳遞及利用」修正為「國際傳輸」，並將

　　「國際傳輸」於第二條第六款明定其定義，包括資料之處理與利用，以資明確。
三、將「左列」修正為「下列」，以符合法制用語。
四、鑑於違反本條限制規定，將受有第四十一條規定之刑罰與第四十七條規定之行政罰，本條所定國際傳輸之限制，宜由中央目的事業主管機關為之，較為妥適，爰作修正。
五、中央目的事業主管機關發現有本條所列各款情形之一，應限制非公務機關國際傳輸個人資料者，得視事實狀況，以命令或個別之行政處分限制之，併予敘明。
六、第四款文字配合修正，增列（地區）二字。

❖函令解釋

▶**法務部102年12月3日法律字第10203513000號函釋**
本法第2條第6款規定，國際傳輸係指將個人資料作跨國（境）之處理或利用。本法第21條係對於非公務機關為國際傳輸個人資料之限制規定，於公務機關不適用之。有關公務機關對於個人資料之國際傳輸，除本法第6條第1項所規定資料外，應依本法第15條、第16條規定為之，尤應注意本法第5條規定，不得逾越特定目的之必要範圍，並應與蒐集之目的具有正當合理之關聯。

▶**國家通訊傳播委員會101年9月25日通傳通訊字第10141050780號函釋**
「限制通訊傳播事業經營者將所屬用戶之個人資料傳遞至大陸地區」衡酌大陸地區之個人資料保護法令尚未完備，通訊傳播事業於國際傳遞及利用個人資料時，應考量接受國家或地區對個人資料有完善之保護法令，爰依「電腦處理個人資料保護法」第24條第3款規定，限制通訊傳播事業經營者將所屬用戶之個人資料傳遞至大陸地區。

▶法務部94年8月26日法律字第0940029553號函釋

至本法有關「國際傳遞」之規定，其立法目的係為落實個人資料保障之落實，避免跨境個人資料流通失控，故就我政府法權未及地域之跨境傳遞予以規範管理。準此，機關（公務或非公務）將個人資料傳輸至我國法權未及之地域，即屬本法所稱之「國際傳遞」，從而向大陸地區傳輸個人資料，自為本法所定之「國際傳遞」。

第22條（行政監督之權責及保密義務）

I.中央目的事業主管機關或直轄市、縣（市）政府為執行資料檔案安全維護、業務終止資料處理方法、國際傳輸限制或其他例行性業務檢查而認有必要或有違反本法規定之虞時，得派員攜帶執行職務證明文件，進入檢查，並得命相關人員為必要之說明、配合措施或提供相關證明資料。

II.中央目的事業主管機關或直轄市、縣（市）政府為前項檢查時，對於得沒入或可為證據之個人資料或其檔案，得扣留或複製之。對於應扣留或複製之物，得要求其所有人、持有人或保管人提出或交付；無正當理由拒絕提出、交付或抗拒扣留或複製者，得採取對該非公務機關權益損害最少之方法強制為之。

III.中央目的事業主管機關或直轄市、縣（市）政府為第一項檢查時，得率同資訊、電信或法律等專業人員共同為之。

IV.對於第一項及第二項之進入、檢查或處分，非公務機關及其相關人員不得規避、妨礙或拒絕。

V.參與檢查之人員，因檢查而知悉他人資料者，負保密義務。

■修正說明（99.5.26）

一、條次變更，本條為原條文第二十五條移列。

二、第一項修正理由如次：

　　(一)按適用本法之非公務機關，業已取消行業別之限制，亦即任何自然人、法人或團體均有本法之適用。基於落實保護個人資料隱私權益之立法意

旨，自宜設立專責機關為主管機關，但在未設立專責機關之前，由何機關為本法之主管機關，在認定與權責劃分上，實有窒礙之處。查現今社會中個人資料已為各個行業不可或缺之資訊，上至銀行、電信公司，下至私人診所、錄影帶店均會蒐集顧客之個人資料並建立檔案，成為經營該業務重要之一環。由於各個行業均有其目的事業主管機關，有屬中央者，有屬地方者，而個人資料之蒐集、處理或利用，與該事業之經營關係密切，應屬該事業之附屬業務，自宜由原各該主管機關，一併監督管理與其業務相關之個人資料保護事項，較為妥適。因此，本修正條文不作有關「本法之主管機關」定義性規定，至於原條文規定「目的事業主管機關」應辦理之事項，於各條文中，直接修正由「中央目的事業主管機關或直轄市政府、縣（市）政府」辦理，以資明確，避免爭議。

㈡為落實個人資料之保護，應賦予監督機關有命令、檢查及處分權，爰修正第一項，規定中央目的事業主管機關或直轄市、縣（市）政府為執行資料檔案安全維護、業務終止資料處理方法、國際傳輸限制或其他例行性業務檢查而認有必要或有違反本法規定之虞時，得派員攜帶執行職務證明文件，進入該非公務機關檢查或要求說明、提供相關證明資料，以強化監督機關之權責。

三、檢查人員發現非公務機關違反本法規定，如將所有儲存媒介物設備予以查扣，恐有違比例原則，爰於第二項規定，檢查時發現得沒入或可為證據之個人資料或檔案，而有扣留或複製之必要者，得予扣留或複製之。此外，以電腦儲存之資料檔案，其消磁、刪除或移轉非常快速，如檢查時未能即時扣留

或複製，該違法資料或證據極易被湮滅或消除，檢查機關亦得要求應扣留或複製物之所有人、持有人或保管人提出或交付，且於遇有無正當理由拒絕提出、交付或抗拒扣留或複製者，得強制為之，但應採取對該非公務機關權益損害最少之方法，以避免違反比例原則，例如：得複製檔案時，即無需予以扣留。

四、被檢查之個人資料檔案，有可能以不同方式儲存於各種類型媒介物，如未具有相當專業知識，勢必無法達成檢查目的，爰於第三項規定檢查機關得率同資訊、電信或法律等專業人員共同進行檢查。

五、原條文第二項，配合第一項文字修正後，移列為第四項。

六、為確保個人資料之隱私性，避免資料當事人二度受到傷害，增訂第五項明定因檢查而知悉他人資料者，應負保密義務，不得洩漏。

❖函令解釋

▶法務部103年4月11日法律字第10303504400號函釋

同時涉及多個目的事業主管機關之不同職掌權限，且可能涉及其各自主管之不同規範，各目的事業主管機關依個資法第27條規定，訂定個人資料檔案安全維護計畫或業務終止後個人資料處理方法之標準時，可共同訂定上開標準，再分別就各自監督管理之職掌範圍內，輔導所管人民團體處理個人資料保護事項；或各目的事業主管機關亦可採取分別訂定上開標準之方式，惟其標準宜具有一致性，故相關目的事業主管機關宜於權限範圍內互相協助（行政程序法第19條第1項規定），先行共同研商獲得共識後，再分別訂定相關法規。

▶法務部102年12月26日法律字第10203513720號函釋

按個人資料保護法（下稱個資法）第6條、第21至22條、

第24至27條、第41條、第47至49條、第52至53條及第56條規定以觀，個資法對於非公務機關個人資料保護之監管，係採分散式管理，由非公務機關之中央目的事業主管機關執行。由於各行業均有其目的事業主管機關，而個人資料之蒐集、處理或利用，與該事業之經營關係密切，應屬該事業之附屬業務，自宜由原各該主管機關一併監督管理與其業務相關之個人資料保護事項，較為妥適（個資法第22條立法說明第2點參照）。

▶ **法務部102年10月17日法律字第10203511420號函釋**
非公務機關是否因採取之個人資料保護安全措施不足，導致發生個人資料外洩事件，而有違反本法第27條第1項之虞，目的事業主管機關自得依本法第22條第1項之規定對於該非公務機關進行檢查，並得命相關人員為必要之說明、配合並提供相關資料，以查明該非公務機關所採取之措施是否符合本法、本法施行細則第12條及個資作業辦法之規定，並限期該非公務機關改正，屆期未改正，即得依本法第4條及第25條等規定予以查處。

第23條（扣留物或複製物之標示、保管及發還）
Ⅰ.對於前條第二項扣留物或複製物，應加封緘或其他標識，並為適當之處置；其不便搬運或保管者，得命人看守或交由所有人或其他適當之人保管。
Ⅱ.扣留物或複製物已無留存之必要，或決定不予處罰或未為沒入之裁處者，應發還之。但應沒入或為調查他案應留存者，不在此限。

■**修正說明**（99.5.26）

一、本條新增。

二、第一項明定扣留物或複製物應加具識別之標示，並為適當之處理，以確保其安全。

三、扣留物或複製物除應沒入或因調查他案而有留存之

必要者，應繼續扣留外，如無必要留存，或決定不予處罰或未為沒入之裁處者，應即發還，以保障民眾權益。爰為第二項規定。

第24條（不服聲明異議之權利及救濟）

I.非公務機關、物之所有人、持有人、保管人或利害關係人對前二條之要求、強制、扣留或複製行為不服者，得向中央目的事業主管機關或直轄市、縣（市）政府聲明異議。

II.前項聲明異議，中央目的事業主管機關或直轄市、縣（市）政府認為有理由者，應立即停止或變更其行為；認為無理由者，得繼續執行。經該聲明異議之人請求時，應將聲明異議之理由製作紀錄交付之。

III.對於中央目的事業主管機關或直轄市、縣（市）政府前項決定不服者，僅得於對該案件之實體決定聲明不服時一併聲明之。但第一項之人依法不得對該案件之實體決定聲明不服時，得單獨對第一項之行為逕行提起行政訴訟。

■修正說明（99.5.26）

一、本條新增。

二、當事人或物之所有人、持有人、保管人、利害關係人，對檢查或扣留、複製資料檔案行為認有違法或不當時，應有表示不服聲明異議之權利，以為救濟，爰增訂第一項。

三、增訂第二項，明定對於當事人等聲明之異議，執行檢查之機關認有理由者，應立即停止或變更其行為；認無理由者，得繼續執行。但因當事人等得於日後對此檢查或其他強制、扣留或複製行為，提起救濟，是以經其請求時，應將聲明異議之理由製作紀錄交付之，不得拒絕。

四、第三項明定當事人等對於聲明異議之決定不服時，僅得於對該案件之實體決定聲明不服時一併聲明

之，不得單獨提起救濟；至於當事人等依法不得對該案件之實體決定聲明不服時，則可單獨對第一項之檢查、扣留、複製或其他強制行為，逕行提起行政訴訟，以保障其權利。

第25條（違反規定之裁處）

Ⅰ.非公務機關有違反本法規定之情事者，中央目的事業主管機關或直轄市、縣（市）政府除依本法規定裁處罰鍰外，並得為下列處分：

一、禁止蒐集、處理或利用個人資料。

二、命令刪除經處理之個人資料檔案。

三、沒入或命銷燬違法蒐集之個人資料。

四、公布非公務機關之違法情形，及其姓名或名稱與負責人。

Ⅱ.中央目的事業主管機關或直轄市、縣（市）政府為前項處分時，應於防制違反本法規定情事之必要範圍內，採取對該非公務機關權益損害最少之方法為之。

■**修正說明**（99.5.26）

一、本條新增。

二、中央目的事業主管機關或直轄市、縣（市）政府，發現非公務機關蒐集、處理或利用個人資料有違反本法規定之情形者，除依法裁處罰鍰外，自應採取必要之處分，以保護當事人之權益不被繼續侵害。為期處分種類明確起見，爰於第一項規定得為之處分包括：禁止蒐集、處理或利用個人資料；命令刪除該違法蒐集處理之個人資料檔案；對違法蒐集或處理之個人資料予以沒入或命銷燬；公布姓名、名稱與負責人及違法情形等。

三、中央目的事業主管機關或直轄市、縣（市）政府在作前項之處分時，應注意該非公務機關之權益，採取對其損害最少之方式為之，不得逾越必要範圍，以符合比例原則，爰為第二項之規定。

❖函令解釋

▶法務部102年1月7日法律字第10100698020號函釋

按本法第25條第1項規定：「非公務機關有違反本法規定之情事者，中央目的事業主管機關或直轄市、縣（市）政府除依本法規定裁處罰鍰外，並得為下列處分：一、禁止蒐集、處理或利用個人資料。二、命令刪除經處理之個人資料檔案。三、沒入或命銷燬違法蒐集之個人資料。四、公布非公務機關之違法情形，及其姓名或名稱與負責人。」準此，非公務機關有違反本法規定者，除依各該規定裁處罰鍰外，中央目的事業主管機關或直轄市、縣（市）政府另得為本條項各款之處分，而非指應先有罰鍰處分後，始得為本條項各款之處分。

第26條（公布檢查結果）

中央目的事業主管機關或直轄市、縣（市）政府依第二十二條規定檢查後，未發現有違反本法規定之情事者，經該非公務機關同意後，得公布檢查結果。

■修正說明（99.5.26）

一、本條新增。

二、檢查結果雖未發現有違法情事，中央目的事業主管機關或直轄市、縣（市）政府（檢查機關），經徵得被檢查之非公務機關同意，仍得公布檢查結果，以昭公信，爰為本條規定。

❖函令解釋

▶法務部105年4月7日法律字第10503503350號函釋

經濟部「網際網路零售商品之公司行號個資保護行政檢查小組」辦理情形及結果之公告，得依前揭個資法規定辦理外，另非公務機關經檢查為未違法且不同意公布檢查結果者，自不得依前揭規定公布其名稱及相關檢查結果詳細資訊。至於其他不牴觸個資法第26條規定意旨而

為前揭檢查小組所持有之資訊，如無政府資訊公開法（下稱政資法）第18條第1項限制不予公開情形者，仍得依該法規定公開之。

第27條（個人資料檔案安全維護計畫及業務終止處理方法）

Ⅰ.非公務機關保有個人資料檔案者，應採行適當之安全措施，防止個人資料被竊取、竄改、毀損、滅失或洩漏。

Ⅱ.中央目的事業主管機關得指定非公務機關訂定個人資料檔案安全維護計畫或業務終止後個人資料處理方法。

Ⅲ.前項計畫及處理方法之標準等相關事項之辦法，由中央目的事業主管機關定之。

■**修正說明**（99.5.26）

一、條次變更，本條為原條文第二十六條移列。

二、第一項修正理由如次：

　　㈠非公務機關準用原條文第十二條、第十三條、第十五條、第十六條第一項規定，已分別於修正文第十條、第十一條、第十三條及第十四條明定之，爰刪除原條文第一項有關上開規定之準用及第二項規定。

　　㈡非公務機關雖不再準用公務機關「指定專人依相關法令辦理安全維護事項」之規定，惟對於所保有之個人資料檔案，仍應負安全保管責任，爰參考丹麥個人資料處理法第四十一條，規定非公務機關應採行適當之安全維護措施，防止個人資料被竊取、竄改、毀損、滅失或洩漏。

三、由於非公務機關行業別限制取消，原條文第二十條第五項業已刪除。然某些行業如銀行、電信、醫院、保險等，因保有大量且重要之個人資料檔案，其所負之安全保管責任應較一般行業為重，爰增訂第二項規定，授權中央目的事業主管機關得指定特

定之非公務機關，要求其訂定個人資料檔案安全維護計畫或業務終止後個人資料處理方法，以加強管理，確保個人資料之安全維護。

四、前項規定非公務機關訂定個人資料檔案安全維護計畫或業務終止後個人資料處理方法，宜有相關規範，以為依循，爰增訂第三項規定，授權由中央目的事業主管機關訂定辦法。

❖函令解釋

▶法務部105年4月20日法制字第10502506140號函釋

依行政院104年2月10日「消費者個資外洩事件處理機制」研商會議結論二略以，各中央目的事業主管機關應針對轄下所有特許行業，依個人資料保護法第27條規定訂定相關個資檔案安全維護計畫及辦法；上開相關辦法就業者對於當事人之通知義務事項，應明定其通知內容包含「個資外洩之事實、業者所採取之因應措施及所提供之諮詢服務專線」等。

▶法務部105年2月4日法律字第10503502080號函釋

非公務機關依中央目的事業主管機關訂定之安全維護標準辦法訂定其安全維護計畫或處理方法後，未依其計畫或方法所定事項履行者，其目的事業主管機關應依個案具體情形審酌該非公務機關有無違反個資法第27條第1項規定，亦即其所違反之行為是否構成未採行適當安全措施，防止個人資料被竊取、竄改、毀損、滅失或洩漏之情形；若是，自可依個資法第48條第4款規定論處。

▶法務部105年1月27日法律字第10503501810號函釋

非公務機關發生個人資料被竊取、洩漏、竄改或其他侵害之事故，應查明事實通知當事人之規定部分，係為執行本法第12條所定法定義務；其中涉及非公務機關通報主管機關機制之規定部分，係各該目的事業主管機關為及早瞭解個人資料外洩事故，適時協助非公務機關採取

適當之應變措施，以控制事故對當事人之損害，屬執行個人資料保護之細節性事項，且並無未為通報即逕予裁罰之規定。

▶**法務部104年10月21日法律字第10303512310號函釋**

非公務機關之代表人、管理人或其他有代表權人，監督義務之範圍，並不僅以訂定本法第27條第2項規定之個人資料檔案安全維護計畫或業務終止後個人資料處理方法，即為已足。尚須就具體個案，視非公務機關之規模大小與組織、所違反本法規定條文之內容與意義、個人資料數量多寡、機敏性之風險程度、監督可能性等因素而定。

▶**法務部104年3月30日法律字第10403503590號函釋**

中央目的事業主管機關訂定安全維護標準辦法如規定非公務機關就個人資料外洩應予通報，因該通報並非法定義務，非公務機關如發生個人資料外洩事件時，其目的事業主管機關仍應就該非公務機關有無違反個人資料保護法（以下簡稱個資法）第27條第1項或未依第27條第2項訂定安全維護計畫或處理方法，依個案具體情形審酌是否符合個資法第48條第4款之處罰構成要件，目的事業主管機關不得僅因非公務機關未依安全維護標準辦法所定通報機制向目的事業主管機關為通報，即逕予裁罰。

▶**國家發展委員會103年12月31日發資字第1031501471號函釋**

一、查現行各機關針對身分證編號遮蓋欄位不一致，民眾個人資料易遭有心人士蒐集後直接或間接識別個人資料，恐有遭不當使用之虞。

二、為強化個資保護，各機關爾後如需於函文、網站及郵件表單等顯示民眾身分證編號者，請將其後4碼（即第7碼至第10碼）進行遮蓋，並以「*」取代，如另有特殊性用途需遮蓋其他碼或顯示全碼者，則依相關規定辦理。

□**實務見解**

▶**臺灣高等法院102年勞上易字第61號民事判決**
（安全維護）

惟上訴人以大眾訂購型錄商品方式取得之客戶姓名及聯
絡資料，係屬一般性之人別資料，並非分析客戶背景、
喜好需求或市場取向等資訊，難認單純之客戶名單及通
訊資料有何營業祕密性可言。至姓名及聯絡方式屬客戶
之個人資料，依個人資料保護法第27條第1項之規定，
非公務機關未採行適當之安全措施，防止個人資料被竊
取、竄改、毀損、滅失或洩漏，依同法第29條規定負損
害賠償責任，或遭主管機關依同法第48條處以罰鍰，顯
係要求非公務機關應採行適當安全措施保護客戶個人資
料，與上訴人在離職交接清冊第1條約定離職員工對客戶
個人資料負永遠保密責任，究屬兩事。況上訴人並無法
舉證證明被上訴人離職後有何違反離職交接清冊第1條約
定之事實存在，前已詳述，自無庸再審酌該條款效力問
題。是上訴人據此請求被上訴人給付100萬元本息云云，
為無理由，不應准許。

第四章　損害賠償及團體訴訟

第28條（公務機關違法之損害賠償）

Ⅰ.公務機關違反本法規定，致個人資料遭不法蒐集、處理、利
用或其他侵害當事人權利者，負損害賠償責任。但損害因天
災、事變或其他不可抗力所致者，不在此限。

Ⅱ.被害人雖非財產上之損害，亦得請求賠償相當之金額；其名
譽被侵害者，並得請求為回復名譽之適當處分。

Ⅲ.依前二項情形，如被害人不易或不能證明其實際損害額時，
得請求法院依侵害情節，以每人每一事件新臺幣五百元以上
二萬元以下計算。

IV.對於同一原因事實造成多數當事人權利受侵害之事件，經當事人請求損害賠償者，其合計最高總額以新臺幣二億元爲限。但因該原因事實所涉利益超過新臺幣二億元者，以該所涉利益爲限。

V.同一原因事實造成之損害總額逾前項金額時，被害人所受賠償金額，不受第三項所定每人每一事件最低賠償金額新臺幣五百元之限制。

VI.第二項請求權，不得讓與或繼承。但以金額賠償之請求權已依契約承諾或已起訴者，不在此限。

■修正說明（99.5.26）

一、條次變更，本條爲原條文第二十七條移列。

二、第一項將原條文「致當事人權益受損害者」等文字，修正爲「致個人資料遭不法蒐集、處理、利用或其他侵害當事人權利者」，使其與國家賠償法第二條第二項及民法第一百八十四條第一項規定用語一致。

三、基於有損害始有賠償之法理，當事人能證明之損害均得請求賠償，且本法規範有不足者，亦得依民法相關規定爲之。例外於當事人不易或不能證明其實際損害額之情形時，始有規範每人每一事件賠償金額上、下限之必要。另考量個人資料之價值性及當事人行使請求權、出庭作證之意願，擬參酌法院辦理民事事件證人鑑定人日費旅費及鑑定費支給標準第三點「證人、鑑定人到場之日費，每次依新臺幣伍佰元支給」之規定，並兼顧法院在個案之裁量權限及防止有心人士興訟，將賠償金額下限往下修正爲伍佰元，以便法院爲個案審理及判決。又上限部分亦配合下限降低。

四、違法侵害個人資料事件，可能一個行爲有眾多被害人或造成損害過於鉅大，爲避免賠償額過鉅無法負

擔並為風險預估與控管，原條文第四項遂規定合計賠償最高總額以新臺幣二千萬元為限。惟現今公務機關或非公務機關蒐集、處理、利用或國際傳輸個人資料之情形日漸普遍，為加重個人資料蒐集者或持有者之責任，促其重視維護個人資料檔案安全之措施，並使被害人能受到較高額度之賠償，且總額限制之金額過低時，恐將產生實務操作之困難，爰修正第四項規定，將賠償總額新臺幣二千萬元之限制，提高為新臺幣二億元。另基於同一原因事實違法侵害個人資料事件，如其所涉利益超過新臺幣二億元者，自不宜再以該金額限制之，而以該所涉利益為限。

五、同一原因事實造成之被害人數過多或部分被害人實際損害嚴重，致損害總額超過第四項所定總額限制之新台幣二億元或所涉利益時，為避免第三項規定之賠償下限與第四項規定之賠償總額限制產生矛盾，爰增訂第五項規定，使其不受第三項所定每人每一事件最低賠償金額新台幣五百元之限制，以配合第四項對於單一原因事實賠償總額限制之規定。

六、第二項及第五項未修正。

❖函令解釋

▶法務部104年10月23日法律字第10403513240號函釋

貴局委託○○電收公司蒐集、處理或利用國道高速公路電子收費系統之行車紀錄資料，…該公司如有違反本法規定之情形，應由貴局依本法第28條及第31條規定負國家賠償責任，尚與本法第29條非公務機關應負損害賠償之情形無涉。

第29條（非公務機關違法之損害賠償）

Ｉ.非公務機關違反本法規定，致個人資料遭不法蒐集、處理、利用或其他侵害當事人權利者，負損害賠償責任。但能證明其無故意或過失者，不在此限。

Ⅱ.依前項規定請求賠償者，適用前條第二項至第六項規定。

■修正說明（99.5.26）

一、條次變更，本條為原條文第二十八條移列。

二、將原條文第一項「致當事人權益受損害者」等文字修正為「致個人資料遭不法蒐集、處理、利用或其他侵害當事人權利者」，修正理由同前條理由二。

三、原條文第二項配合前條款次修正而調整文字。

□實務見解

▶臺灣高等法院105年訴易字第6號民事判決

（侵權行為損害賠償請求）

被告於100年11月19日，在不詳地點，利用電腦設備連結網際網路後，無故輸入原告身分證號碼等個人資料，登入慈濟醫院預約門診掛號系統，查悉原告已於100年11月15日晚間9時7分由醫師預約於100年11月23日下午身心科門診（看診號36號）掛號之個人資料後，未經原告同意，取消該次預約門診掛號；於100年11月21日前某日，在不詳地點，輸入原告身分證字號等個人資料，登入三總醫院網路預約門診掛號系統，查悉原告預約於100年11月21日胸腔內科門診之掛號後，亦予取消；被告以此方式變更原告預約門診掛號之電磁記錄，致生損害於原告之事實，業據原告於刑事案件審理時指訴蔡詳，復有三總醫院103年10月21日院三資管字第0000000000號函、慈濟醫院104年3月16日慈新醫文字第1040376號函暨檢附之電腦查詢資料、掛號單、機語音留言畫面照片2幀、100年11月21、22日三總醫院醫療費用收據、語音留言譯文

及光碟附刑事卷可憑，此據本院調卷查核明確，且被告上開行為業經本院104年度上訴字第2594號刑事判決有罪確定在案，應可認原告主張被告以輸入、編輯、刪除等方式，違法蒐集、處理其醫療之個人資料，違反個資法規定，致生損害於其人格權等情，應可認為真實。

▶**臺灣士林地方法院103年度湖小字第537號小額民事判決**
（損害賠償金額計算）

個人資料保護法第29條第2項準用第28條第3項規定所稱之「每一事件」，應以被害人個資遭「行為人不法蒐集、處理、利用之次數」計算，而「非」以被害人之個資件數計算；此觀法條明文以「事件」計算，而非以「被害人之個資件數（數量）」計算，且於非公務機關不法利用個人資訊隱私權所保障之個人資料範圍時，即構成一次對於個人資訊隱私權之侵害，而個人資料保護法第28條第4項亦規定，基於同一原因事實應對當事人負損害賠償責任者，其合計最高總額以200,000,000元為限。由此推知，縱非公務機關基於建立、維護會員資料庫之同一原因目的而就會員關係終止後，於不同時期寄送促銷廣告電子郵件，亦屬不同之侵害事件，僅因其原因事實相同，故以200,000,000元為最高損害賠償之金額。是原告主張被告自101年10月1日至同年12月11日止，侵害其隱私權達16次，即屬可採。又原告未能舉證證明其計算損害賠償之依據為何，是原告資訊隱私權遭受侵害所蒙受精神上之痛苦，有損害範圍不能證明之情形，參諸前揭法條說明，自應回歸個資法第29條第2項準用第28條第3項規定，以每一事件500元以上20,000元以下酌定賠償數額。

▶**臺灣士林地方法院98年訴字第1078號民事判決**
（損害賠償金額計算）

按資訊隱私權乃個人自主控制個人資料之權利，其目的

不僅在於維護個人之尊嚴、保護個人自主決定其私生活，亦在於避免個人時時處於透明與被監視之隱憂中，是於非公務機關侵入個人資訊隱私權所保障之個人資料範圍時，即構成一次對於個人資訊隱私權之侵害。且電腦處理個人資料保護法第27條第4項亦規定，基於同一原因事實應對當事人負損害賠償責任者，其合計最高總額以2,000萬元為限。由此推知，縱非公務機關基於建立、維護授信限制對象資料庫之同一原因目的而於不同時期探知個人同一類型之資料，亦屬不同之侵害事件，僅因其原因事實相同，故以2,000萬元為最高損害賠償之金額。

按非公務機關違反電腦處理個人資料保護法規定，致當事人權益受損害者，應負損害賠償責任；依前項規定請求賠償者，適用同法第27條第2項至第5項之規定；被害人雖非財產上之損害，亦得請求賠償相當之金額；前2項損害賠償總額，以每人每一事件2萬元以上10萬元以下計算。但能證明其所受之損害額高於該金額者，不在此限，電腦處理個人資料保護法第28條第1項本文、第2項、第27條第2項前段、第3項分別定有明文。原告因被告之不法侵害行為，致其資訊隱私權受到損害，其精神上自受有相當之痛苦，而得請求非財產上之損害賠償。本院審酌被告查詢原告擔任董事及監察人之個人資料係為建立、維護授信限制對象資料庫，且擔任董事及監察人之個人資料尚非關於個人生理特徵等具有高度人別識別功能及私密性之資訊等一切情狀，認原告因被告一次查詢行為所得請求之非財產上損害以2萬元為適當。故原告得請求被告賠償非財產上損害共計34萬元（計算式：20,000×17=340,000）。

第30條（請求損害賠償之時效）

損害賠償請求權，自請求權人知有損害及賠償義務人時起，因二年間不行使而消滅；自損害發生時起，逾五年者，亦同。

■修正說明（99.5.26）

條次變更，本條為原條文第二十九條移列，內容未修正。

□實務見解

▶臺灣高等法院96年重上字第285號民事判決

（消滅時效）

上訴人於92年10月18日或93年3月9日即已知悉被上訴人侵害其個資權利之事實，卻遲至95年11月14日才向原審聲請支付命令請求損害賠償，行使損害賠償請求權時顯已超過電腦處理個人資料保護法第29條規定，其損害賠償請求權已因2年間未行使而罹於時效。上訴人雖主張其因入監服刑失去自由應可排除上開時效之規定及本件自損害發生時起，請求權未逾5年，而仍得行使相關權利。但：上訴人縱在監服刑，仍得依法親自或委託他人行使其損害賠償請求權，且在監服刑並非時效中斷或不完成之法定事由。再者，電腦處理個人資料保護法第29條規定自損害發生時起逾5年時，權利請求之時效即消滅，係指自損害發生時起，上訴人雖不知有損害或賠償義務人時，如時效已逾5年者，仍不得請求之情形。本件上訴人屬於已知有損害及賠償義務人之情形，自無電腦處理個人資料保護法第29條後段規定之適用。

第31條（公務、非公務機關損害賠償之適用法）

損害賠償，除依本法規定外，公務機關適用國家賠償法之規定，非公務機關適用民法之規定。

■**修正說明**（99.5.26）

條次變更，本條為原條文第三十條移列，內容未修正。

❖**函令解釋**

▶**法務部104年10月23日法律字第10403513240號函釋**

貴局委託○○電收公司蒐集、處理或利用國道高速公路電子收費系統之行車紀錄資料，…該公司如有違反本法規定之情形，應由貴局依本法第28條及第31條規定負國家賠償責任，尚與本法第29條非公務機關應負損害賠償之情形無涉。

第32條（團體訴訟之符合要件）

依本章規定提起訴訟之財團法人或公益社團法人，應符合下列要件：

一、財團法人之登記財產總額達新臺幣一千萬元或社團法人之社員人數達一百人。

二、保護個人資料事項於其章程所定目的範圍內。

三、許可設立三年以上。

■**修正說明**（99.5.26）

一、本條新增。

二、為鼓勵民間公益團體能參與個人資料之保護並方便被害民眾行使本法規定之損害賠償請求權，爰於本章增訂團體訴訟相關規定，期能發揮民間團體力量，共同推動個人資料保護工作。

三、目前社會上公益性民間團體甚多，良莠不齊，如均可以為被害民眾提起團體訴訟，恐會發生濫訴情形，或衍生其他弊端。對於得依本法規定提起團體訴訟之財團法人或公益社團法人，須符合本條所定要件，始得為之。

第33條（損害賠償訴訟之管轄權）

Ⅰ.依本法規定對於公務機關提起損害賠償訴訟者，專屬該機關所在地之地方法院管轄。對於非公務機關提起者，專屬其主事務所、主營業所或住所地之地方法院管轄。

Ⅱ.前項非公務機關為自然人，而其在中華民國現無住所或住所不明者，以其在中華民國之居所，視為其住所；無居所或居所不明者，以其在中華民國最後之住所，視為其住所；無最後住所者，專屬中央政府所在地之地方法院管轄。

Ⅲ.第一項非公務機關為自然人以外之法人或其他團體，而其在中華民國現無主事務所、主營業所或主事務所、主營業所不明者，專屬中央政府所在地之地方法院管轄。

■**修正說明**（99.5.26）

　一、本條新增。

　二、有關侵害個人資料之損害賠償訴訟，不論單一事件單一受害人，或同一原因事實造成多數當事人權利受侵害，亦不論其請求權依據，皆採專屬管轄，爰參考民事訴訟法第一條及非訟事件法第二條規定增訂本條，以利實務操作。

第34條（損害賠償團體訴訟裁判費減免）

Ⅰ.對於同一原因事實造成多數當事人權利受侵害之事件，財團法人或公益社團法人經受有損害之當事人二十人以上以書面授與訴訟實施權者，得以自己之名義，提起損害賠償訴訟。當事人得於言詞辯論終結前以書面撤回訴訟實施權之授與，並通知法院。

Ⅱ.前項訴訟，法院得依聲請或依職權公告曉示其他因同一原因事實受有損害之當事人，得於一定期間內向前項起訴之財團法人或公益社團法人授與訴訟實施權，由該財團法人或公益社團法人於第一審言詞辯論終結前，擴張應受判決事項之聲明。

III.其他因同一原因事實受有損害之當事人未依前項規定授與訴
　　訟實施權者,亦得於法院公告曉示之一定期間內起訴,由法
　　院併案審理。

IV.其他因同一原因事實受有損害之當事人,亦得聲請法院為前
　　項之公告。

V.前二項公告,應揭示於法院公告處、資訊網路及其他適當處
　　所;法院認為必要時,並得命登載於公報或新聞紙,或用其
　　他方法公告之,其費用由國庫墊付。

VI.依第一項規定提起訴訟之財團法人或公益社團法人,其標的
　　價額超過新臺幣六十萬元者,超過部分暫免徵裁判費。

■修正說明（99.5.26）

一、本條新增。

二、第一項至第二項係參考證券投資人及期貨交易人保
　　護法第二十八條第一項至第三項之規定,及民事訴
　　訟法擴大選定當事人法理,明定財團法人或公益社
　　團法人須由二十人以上受有損害之當事人授與訴訟
　　實施權後,得以自己之名義提起損害賠償訴訟,及
　　在訴訟程序中,有關撤回訴訟實施權之授與、擴張
　　應受判決事項之聲明與授與等事項之規定。

三、為使團體訴訟制度能確實發揮其應有之功能,並利
　　於法院審理,宜一併建立公告曉示及併案審理機
　　制,爰修正第二項並增訂第三項規定。

四、其他因同一原因事實受有損害之當事人,宜使其亦
　　得聲請法院為公告曉示,俾維護其權益,爰增訂第
　　四項。

五、公告方式及其費用負擔,宜有明文,俾免爭議,且
　　為避免法院公告處不敷使用,爰仿消費者債務清理
　　條例第十四條第一項規定,增訂第五項。

六、第六項規定係為鼓勵民眾能多利用本條規定之團體

訴訟機制，請求損害賠償，並落實保護當事人之立
法意旨，爰參考民事訴訟法第七十七條之二十二第
一項規定，明定提起團體訴訟裁判費之暫免徵收方
式。

第35條（撤回訴訟之當然停止）

I. 當事人依前條第一項規定撤回訴訟實施權之授與者，該部分
訴訟程序當然停止，該當事人應即聲明承受訴訟，法院亦得
依職權命該當事人承受訴訟。

II. 財團法人或公益社團法人依前條規定起訴後，因部分當事人
撤回訴訟實施權之授與，致其餘部分不足二十人者，仍得就
其餘部分繼續進行訴訟。

■修正說明（99.5.26）

一、本條新增。

二、第一項明定當事人撤回訴訟實施權，法院應停止該
部分之訴訟程序，當事人應即聲明承受訴訟，法院
亦得命當事人承受訴訟，以兼顧當事人原已起訴之
權益（如中斷時效）。

三、基於訴訟安定及誠信原則，爰於第二項明定財團法
人或公益社團法人提起本條訴訟後，縱因部分當事
人撤回訴訟實施權，致其人數未達二十人，仍得就
其餘部分繼續進行訴訟。

第36條（損害賠償請求權）

各當事人於第三十四條第一項及第二項之損害賠償請求權，
其時效應分別計算。

■修正說明（99.5.26）

一、本條新增。

二、眾多之個人資料遭受侵害，各當事人之損害賠償請
求權時效，不盡相同。爰參考證券投資人及期貨交

易人保護法第三十條及消費者保護法第五十條第四項，明定其時效應分別計算，以期公平並免爭議。

第37條（訴訟行為之限制）

Ⅰ.財團法人或公益社團法人就當事人授與訴訟實施權之事件，有為一切訴訟行為之權。但當事人得限制其為捨棄、撤回或和解。

Ⅱ.前項當事人中一人所為之限制，其效力不及於其他當事人。

Ⅲ.第一項之限制，應於第三十四條第一項之文書內表明，或以書狀提出於法院。

■**修正說明**（99.5.26）

一、本條新增。

二、財團法人或公益社團法人為當事人提起團體訴訟時，原則上有為一切訴訟行為之權。但有關捨棄、撤回或和解事項，影響當事人權益甚鉅，當事人自得限制之。另當事人中一人所為之限制效力及其方式，亦有規範必要，以資明確。爰參考證券投資人及期貨交易人保護法第三十一條，增訂本條規定。

第38條（自行提起上訴之要件及時期）

Ⅰ.當事人對於第三十四條訴訟之判決不服者，得於財團法人或公益社團法人上訴期間屆滿前，撤回訴訟實施權之授與，依法提起上訴。

Ⅱ.財團法人或公益社團法人於收受判決書正本後，應即將其結果通知當事人，並應於七日內將是否提起上訴之意旨以書面通知當事人。

■**修正說明**（99.5.26）

一、本條新增。

二、第一項明定當事人得自行提起上訴之要件及時期。

三、第二項明定財團法人或公益社團法人應將訴訟結果及是否提起上訴之意旨，儘速以書面方式通知當事

人,俾當事人及早採行因應措施,以保障其權益。

第39條(不得請求訴訟所得之報酬)

I.財團法人或公益社團法人應將第三十四條訴訟結果所得之賠償,扣除訴訟必要費用後,分別交付授與訴訟實施權之當事人。

II.提起第三十四條第一項訴訟之財團法人或公益社團法人,均不得請求報酬。

■修正說明(99.5.26)

一、本條新增。

二、財團法人或公益社團法人為當事人提起團體訴訟,係為了多數受害人之利益,而非為其自身利益。是以,該訴訟如勝訴而得到賠償,扣除訴訟必要費用後,自應分別交付授與訴訟實施權之當事人,且不得請求報酬,以避免有趁機圖利之情事。爰參考證券投資人及期貨交易人保護法第三十三條及消費者保護法第五十條,增訂本條。

第40條(訴訟代理人)

依本章規定提起訴訟之財團法人或公益社團法人,應委任律師代理訴訟。

■修正說明(99.5.26)

一、本條新增。

二、財團法人或公益社團法人依第三十四條第一項規定提起團體訴訟者,應委任律師代理訴訟,除期能加強該訴訟品質外,並符合民事訴訟法第六十八條第一項本文,有關訴訟代理人應委任律師之規定。爰參考消費者保護法第四十九條第二項前段,增訂本條規定。

第五章　罰　則

> **第41條（罰則）**
> 意圖為自己或第三人不法之利益或損害他人之利益，而違反第六條第一項、第十五條、第十六條、第十九條、第二十條第一項規定，或中央目的事業主管機關依第二十一條限制國際傳輸之命令或處分，足生損害於他人者，處五年以下有期徒刑，得併科新臺幣一百萬元以下罰金。

□**修正前條文**（99.5.26公布）

Ⅰ.違反第六條第一項、第十五條、第十六條、第十九條、第二十條第一項規定，或中央目的事業主管機關依第二十一條限制國際傳輸之命令或處分，足生損害於他人者，處二年以下有期徒刑、拘役或科或併科新臺幣二十萬元以下罰金。

Ⅱ.意圖營利犯前項之罪者，處五年以下有期徒刑，得併科新臺幣一百萬元以下罰金。

■**修正說明**（104.12.30）

照協商條文通過。

❖**函令解釋**

▶**法務部103年1月10日法律字第10203510850號函釋**

個人資料之蒐集、處理及利用，分屬不同之行為態樣，故同一事件中，個別行為人之蒐集、處理及利用行為是否符合本法相關規定，應分別檢視；倘有違反者，並由具有管轄權限之機關予以裁罰。又中央目的事業主管機關與直轄市政府、縣（市）政府間之權責劃分，應依各該主管機關原對該事業監管權責之業務分工決之。

❑**實務見解**

▶**最高法院106年台非字第56號刑事判決**

（意圖為利益或損害利益）

依前述修法經過而觀，新法並未採納行政院關於刪除舊法第1項處罰規定，除罪化之提案，而係採用李○○等28人提案，增加「意圖為自己或第三人不法之利益或損害他人之利益」之犯罪構成要件，並加重其法定本刑。新法係以行為人「意圖為自己或第三人不法之利益或損害他人之利益」而違反第41條所列各該規定、命令或處分，足生損害於他人為要件，並不以舊法第2項「意圖營利」而違反者為限。是行為人意圖為自己或第三人不法之利益或損害他人之利益，而實行舊法第1項所定之各該構成要件行為，仍應構成犯罪。行為人所為，如該當於新、舊法所定犯罪構成要件之行為，自有刑法第2條第1項規定之適用。

▶最高法院105年台非字第225號刑事判決（意圖犯）

個人資料保護法第41條第1項規定：「違反第6條第1項、第15條、第16條、第19條、第20條第1項規定，或中央目的事業主管機關依第21條限制國際傳輸之命令或處分，足生損害於他人者，處2年以下有期徒刑、拘役或科或併科新臺幣20萬元以下罰金。」，第2項規定：「意圖營利犯前項之罪者，處5年以下有期徒刑，得併科新臺幣1百萬元以下罰金。」；然於104年12月30日修正公布，並於105年3月15日施行之同法第41條已修正為：「意圖為自己或第三人不法之利益或損害他人之利益，而違反第6條第1項、第15條、第16條、第19條、第20條第1項規定，或中央目的事業主管機關依第21條限制國際傳輸之命令或處分，足生損害於他人者，處5年以下有期徒刑，得併科新臺幣1百萬元以下罰金。」。足見該條對於違反同法第6條第1項、第20條第1項規定，增列「意圖為自己或第三人不法之利益或損害他人之利益」為處罰要件，對無該項意圖之違反上開規定行為，已廢止其刑罰。

▶**臺灣高等法院94年上訴字第2203號刑事判決**（競合）

刑法第318條之1之罪及違反電腦處理個人資料保護法第33條之罪二罪間，屬普通法與特別法之法規競合關係，依特別法優於普通法之原則，應優先適用後者之罰則規定。

▶**臺灣高等法院93年上易字第1896號刑事判決**（意圖犯）

本案被告5人所為，積極利用各該法拍屋債務人之詳細資料結合，以作為輸入網站內供會員瀏覽，使債務人個人資料明確、特定為第三人所知悉，渠等「利用」個人資料之犯行，甚屬明確。而渠等意圖營利，洵以上網即可查看法拍屋債務人外觀照片、法拍屋內部格局、法拍屋債務人個人資料為標榜，雖其陳稱係為促進法拍屋業務之成交，惟被告等人對於債務人個人資料之取得，不僅是來自公務機關公開資料而已，甚且有自行拍攝債務人非公開資料之法拍屋外觀情形，相互結合，實足以讓第三人清楚瞭解債務人的詳細資料，於社會上弱勢債務人之保護，甚屬薄弱，足生損害於債務人，渠等亦有違法性之認識甚明。

▶**臺灣高等法院臺南分院92年上訴字第882號刑事判決**（意圖犯）

電腦處理個人資料保護法第33條之罪，以「意圖營利」為構成要件，因此被告未依合法程序，查詢他人刑案或車籍資料，並提供給他人之行為，若衡諸情事，認為乃基於爭訟或宿怨所為，或基於朋友關係無償而代為查詢回覆之情形，又無證據顯示被告係出於營利之意圖而代為查詢並洩漏上開資料，或因為洩漏上述資料獲得不法之對價，則難認其違反電腦處理個人資料保護法第33條之罪。

> **第42條（罰則）**
>
> 意圖為自己或第三人不法之利益或損害他人之利益，而對於個人資料檔案為非法變更、刪除或以其他非法方法，致妨害個人資料檔案之正確而足生損害於他人者，處五年以下有期徒刑、拘役或科或併科新臺幣一百萬元以下罰金。

■ **修正說明**（99.5.26）

一、條次變更，本條為原條文第三十四條移列。

二、本條立法意旨在於處罰以非法方式妨害個人資料檔案正確性之行為。原條文之「輸出」二字，易誤解為傳輸個人資料檔案，即使未妨害該個人資料檔案之正確性亦得處罰，爰予刪除「輸出」二字。另將致生損害結果文字略作修正，以資明確。

三、為期本條刑責與偽造文書罪及妨害電腦使用罪平衡起見，爰將刑度修正提高為「五年以下有期徒刑、拘役或科或併科新臺幣一百萬元以下罰金。」

▢ **實務見解**

▶ **臺灣高等法院臺南分院95年上訴字第1456號刑事判決**（資料正確性）

電腦處理個人資料保護法第34條之構成要件係「意圖為自己或第三人不法之利益或損害他人之利益，而對個人資料檔案為非法輸出、干擾、變更、刪除或以其他非法方法妨害個人資料之正確，致生損害於他人者」，因此被告僅將乙之全戶戶籍資料下載列印，並未妨害乙等人資料檔案之正確，即無法論以上述之罪。惟被告當時為臺南縣佳里鎮戶政事務所戶籍員（現已去職），本有以個人帳號、密碼登入戶政役政網路系統，並查詢他人戶籍資料之權限，業經被告供承在卷；而被告確有利用其職務權限，調閱乙之全戶戶籍資料及丙相驗屍體證明書，加以影印等節，復據被告坦認不諱，核與告訴人證述情

節符合，並有被告所列印之上開資料在卷可查，是以被告犯刑法第318條之1之罪，利用電腦或相關設備知悉他人秘密之事實，亦堪認定。

第43條（國外犯罪之適用）

中華民國人民在中華民國領域外對中華民國人民犯前二條之罪者，亦適用之。

■修正說明（99.5.26）

一、本條新增。

二、違法侵害個人資料之行為，並不限於在我國境內始足為之，為強化對個人資料之保護，爰增定本條規定。

三、參考日本行政機關保有個人資訊保護法第五十六條、獨立行政法人等保有個人資訊保護法第五十三條規定。

第44條（罰則）

公務員假借職務上之權力、機會或方法，犯本章之罪者，加重其刑至二分之一。

■修正說明（99.5.26）

條次變更，本條為原條文第三十五條移列，文字酌作修正。

第45條（告訴乃論）

本章之罪，須告訴乃論。但犯第四十一條之罪者，或對公務機關犯第四十二條之罪者，不在此限。

□修正前條文（99.5.26公布）

本章之罪，須告訴乃論。但犯第四十一條第二項之罪者，或對公務機關犯第四十二條之罪者，不在此限。

■修正說明（104.12.30）

配合第四十一條之修正，酌修本條但書規定。

□實務見解

▶臺灣高等法院臺中分院97年上訴字第2408號刑事判決
（告訴乃論）

另被告所犯附表編號2部分，雖另可能涉犯刑法第318條之1之洩漏利用電腦設備而知悉之秘密罪、電腦處理個人資料保護法第33或第34條之罪，然分別依據刑法第319條、電腦處理個人資料保護法第36條，均須告訴乃論，本案因未據被害人於法定期間內提出告訴，故均無從審究，附此敘明。

▶臺灣臺北地方法院95年訴字第581號刑事判決
（告訴乃論）

本件告訴人甲○○告訴被告丙○○等人妨害電腦使用等案件，起訴書認被告丙○○等8人均違反電腦個人資料保護法第18條，而涉犯同法第33條處罰之罪嫌，被告丙○○、戊○○、壬○○、己○另犯刑法第359條之罪嫌，被告丙○○另犯刑法第318條之1罪嫌，依電腦個人資料保護法第36條、刑法第319條、第363條之規定，須告訴乃論。茲因告訴人甲○○與被告丙○○等8人達成和解，告訴人甲○○於95年7月7日、96年1月10日具狀撤回對被告丙○○等人之告訴，此有撤回告訴狀二份在卷足憑，揆諸前開說明，本件爰不經言詞辯論，逕為諭知不受理之判決。

第46條
犯本章之罪，其他法律有較重處罰規定者，從其規定。

■修正說明（99.5.26）

條次變更，本條為原條文第三十七條移列，內容未修正。

□實務見解

▶ **臺灣高等法院93年上更（二）字第612號刑事判決**（競合）

按電腦處理所顯示之符號為刑法第220條所定之準文書，是核被告陳○○、陳○○等所為，均係犯刑法第216條、第210條、第339條第1項、92年修正前之第352條第2項之罪。被告等變更電磁紀錄部分，雖與電腦處理個人資料保護法第34條之罪之犯罪構成要件相當，惟電腦處理個人資料保護法第37條規定「犯本章之罪，其他法律有較重處罰規定者，從其規定。」是本件被告等所為，不另論電腦處理個人資料保護法第34條之罪。

第47條（罰則）

非公務機關有下列情事之一者，由中央目的事業主管機關或直轄市、縣（市）政府處新臺幣五萬元以上五十萬元以下罰鍰，並令限期改正，屆期未改正者，按次處罰之：

一、違反第六條第一項規定。

二、違反第十九條規定。

三、違反第二十條第一項規定。

四、違反中央目的事業主管機關依第二十一條規定限制國際傳輸之命令或處分。

■**修正說明**（99.5.26）

一、條次變更，本條為原條文第三十八條移列。

二、本條係針對非公務機關違反本法規定時，所得科處之行政罰。為期明確，爰於本條序文明定處罰範疇為「非公務機關」。

三、將序文中之「左列」修正為「下列」，以符合法制用語。

四、明定處罰機關為中央目的事業主管機關或直轄市、縣（市）政府，修正理由參照修正條文第二十二條理由二（一）。

五、本法適用對象已無行業別限制，故非公務機關不再

以法人或團體為限，為達處罰效果，爰將現行法處罰對象為非公務機關之負責人修正為該非公務機關。至於該非公務機關有代表人、管理人或其他有代表權人，而未盡防止義務者，則並受同一罰鍰之處罰，另於本法第五十條規定之。

六、為避免罰鍰數額上限及下限偏低，無法收處罰之效，爰提高本條罰鍰數額為新臺幣五萬元以上五十萬元以下。

七、增列第一款明定違反第六條規定者應予處罰，並將現行條文第一款移列為第二款；第三款、第四款規定之條次配合修正。

八、本法已廢除非公務機關應經許可或登記制度，爰刪除第一項第二款與第二項規定。

❖函令解釋

▶ 法務部103年1月10日法律字第10203510850號函釋

個人資料之蒐集、處理及利用，分屬不同之行為態樣，故同一事件中，個別行為人之蒐集、處理及利用行為是否符合本法相關規定，應分別檢視；倘有違反者，並由具有管轄權限之機關予以裁罰。又中央目的事業主管機關與直轄市政府、縣（市）政府間之權責劃分，應依各該主管機關原對該事業監管權責之業務分工決之。

第48條（罰則）

非公務機關有下列情事之一者，由中央目的事業主管機關或直轄市、縣（市）政府限期改正，屆期未改正者，按次處新臺幣二萬元以上二十萬元以下罰鍰：

一、違反第八條或第九條規定。

二、違反第十條、第十一條、第十二條或第十三條規定。

三、違反第二十條第二項或第三項規定。

四、違反第二十七條第一項或未依第二項訂定個人資料檔案安全維護計畫或業務終止後個人資料處理方法。

■修正說明（99.5.26）

一、條次變更，本條為原條文第三十九條移列。

二、本條序文增訂「非公務機關」等字，修正理由同前條理由二。

三、將序文中之「左列」修正為「下列」，以符合法制用語。

四、處罰對象修正為「非公務機關」，修正理由同前條理由五。

五、將「目的事業主管機關」修正為「中央目的事業主管機關或直轄市、縣（市）政府」，理由參照修正條文第二十二條理由二（一）。

六、為避免罰鍰數額上限及下限偏低，無法收行政處罰之效，爰提高本條罰鍰數額為新臺幣二萬元以上二十萬元以下。

七、增訂第一款明定違反第八條或第九條規定應告知義務，經限期改正屆期仍未改正者，應予處罰。

八、原條文第二十條至第二十二條業經刪除，原條文第一項第一款至第三款亦配合刪除。

九、原條文第一項第四款配合修正條文修正條次，移列為第二款，另增列違反修正條文第十二條規定者，亦得依第二款處罰。

十、增訂第三款規定，對於非公務機關違反修正條文第二十條第二項或第三項規定，當事人已拒絕接受行銷，仍未停止利用其個人資料行銷者，或於首次行銷時未免費提供當事人表示拒絕方式者，得限期改正，屆期仍未改正者，得按次處罰。

十一、為落實非公務機關對個人資料檔案安全維護之義務，明定違反第二十七條第一項未採行適當之安全措施，或中央目的事業主管機關依第二項規定指定之非公務機關，未訂定個人資料檔案安全維

護計畫或業務終止後個人資料處理方法者，得限期改正，屆期仍未改正者，則予以處罰，爰為第四款規定。

十二、原條文第二十六條第二項業經刪除，原條文第五款配合併予刪除。

十三、原條文第二十條至第二十二條業經刪除，非公務機關應經許可或登記制度亦併予廢除，爰刪除原條文第二項規定。

❖函令解釋

▶**法務部105年2月4日法律字第10503502080號函釋**
非公務機關依中央目的事業主管機關訂定之安全維護標準辦法訂定其安全維護計畫或處理方法後，未依其計畫或方法所定事項履行者，其目的事業主管機關應依個案具體情形審酌該非公務機關有無違反個資法第27條第1項規定，亦即其所違反之行為是否構成未採行適當安全措施，防止個人資料被竊取、竄改、毀損、滅失或洩漏之情形；若是，自可依個資法第48條第4款規定論處。

▶**法務部104年1月6日法律字第10303514080號函釋**
「車輛資料查詢同意書」或「車輛資料查詢授權書」等類似文件，如依其內容可認係原車主以行使「當事人個人資料查詢權」之真意而委託中古車行或新車主查詢車輛資料之書面者，資料保有者應依前揭規定提供之，否則中央目的事業主管機關或直轄市、縣（市）政府得限期改正，屆期未改正者，按次處新臺幣2萬元以上20萬元以下罰鍰（本法第48條第2款參照）。至於如非本法所規範之個人資料，則除其他法規定有提供義務者外，是否提供資料，保有者得自行決定。

▶**法務部103年3月18日法律字第10303501900號函釋**
非公務機關如係基於契約關係（購物網站會員）蒐集、處理、利用個人資料，除「行銷」（代號040）之特定目

的外，尚有其他特定目的（例如「消費者、客戶管理與服務」，代號090），則當事人表示拒絕接受行銷時，因契約關係及「行銷」以外之其他特定目的仍存在，則非公務機關未即停止利用其個人資料行銷者，應適用本法第20條第2項、第48條第3款規定。

▶**法務部102年3月12日法律字第10100250980號函釋**

故非公務機關除有同條第2項所列得免為告知情形之一者外，均有告知義務。是以，來函所述之情事，倘甲通訊行於向消費者乙本人為資料蒐集時，不具有本法第8條第2項各款得免為告知之情事，於有告知義務而消極未為告知，或為不完整之告知，均屬違反本法第8條第1項規定，中央目的事業主管機關或直轄市、縣（市）政府應命限期改正，屆期未改正者，按次處新臺幣2萬元以上20萬元以下罰鍰（第48條第1款參照）。

第49條（罰則）

非公務機關無正當理由違反第二十二條第四項規定者，由中央目的事業主管機關或直轄市、縣（市）政府處新臺幣二萬元以上二十萬元以下罰鍰。

■**修正説明**（99.5.26）

一、條次變更，本條為原條文第四十條移列。

二、本條序文增訂「非公務機關」等字，理由同第四十七條理由二。

三、參考公平交易法第四十三條規定，增加「無正當理由」，以排除具有阻卻違法正當事由情況下拒絕檢查行為之可罰性。

四、將「目的事業主管機關」修正為「中央目的事業主管機關或直轄市、縣（市）政府」，理由參照本法第二十二條理由二（一）。

五、處罰對象修正為「非公務機關」理由同本法第四十七條理由五。

六、原條文第二十條業經刪除，另第三十二條第二項亦予刪除限期改正之規定，爰將第一項第一款及第三款配合刪除，第一項第二款配合條次修正後，移列於本文規定。

七、為避免罰鍰數額上限及下限偏低，無法收行政處罰之效，爰提高本條罰鍰數額為新臺幣二萬元以上二十萬元以下。另本條之處罰，已僅限對規避、妨害或拒絕檢查之行為，依本法第二十二條第二項規定，該等情形得使用強制力進行檢查，已無按次處罰之必要，爰將原條文「按次」二字，予以刪除。

八、本法已廢除非公務機關應經許可或登記制度，爰刪除第二項規定。

第50條（罰則）

非公務機關之代表人、管理人或其他有代表權人，因該非公務機關依前三條規定受罰鍰處罰時，除能證明已盡防止義務者外，應並受同一額度罰鍰之處罰。

■ 修正說明（99.5.26）

一、本條新增。

二、非公務機關之代表人、管理人或其他有代表權人，對於該非公務機關，本有指揮監督之責，故非公務機關依第四十七條至第四十九條規定受罰鍰之處罰時，該非公務機關之代表人、管理人或其他有代表權人，對該違反本法行為，應視為疏於職責，未盡其防止之義務（包含個人資料應採取適當安全措施之義務），而為指揮監督之疏失，除能證明其已盡防止義務者外，應並受同一額度罰鍰之處罰。

❖ 函令解釋

▶ 法務部103年11月18日法律字第10303511950號函釋

按有關「一行為同時觸犯刑事法律及違反行政法上義務

規定」之情形，應「依刑罰法律處罰之」（行政罰法第26條第1項本文），程序上行政機關「應將涉及刑事部分移送該管司法機關」（行政罰法第32條第1項）；移送案件經刑事訴訟程序處理後，司法機關如為「不起訴處分、緩起訴處分確定或為無罪、免訴、不受理、不付審理、不付保護處分、免刑、緩刑之裁判確定者」，程序上司法機關「應通知原移送之行政機關」（行政罰法第32條第2項），俾行政機關起算裁處權時效（行政罰法第27條第3項）並於裁處權期間內「依違反行政法上義務規定裁處之」（行政罰法第26條第2項）。

被害人雖已對廠商之代表人提出告訴，惟有關行政機關依個資法第50條規定，對該「非公務機關之代表人」所為罰鍰之裁處，因屬「一行為同時觸犯刑事法律及違反行政法上義務規定」之情形，故仍應依行政罰法第32條第1項規定，先將涉及刑事部分移送該管司法機關，並俟司法機關通知就該移送案件為「不起訴處分、緩起訴處分確定或為無罪、免訴、不受理、不付審理、不付保護處分、免刑、緩刑之裁判確定」後，方得據以起算裁處權時效並於裁處權期間內裁處罰鍰。

▶ **法務部97年5月30日法律決字第0970017829號函釋**

按電腦處理個人資料保護法（舊法）第38條第1項規定：「有左列情事之一者，由目的事業主管機關處負責人新台幣二萬元以上十萬元以下之罰鍰，並令限期改正……。」查前述係對非公務機關所為之規範，故本條第1項本文規定所處罰之負責人係指違反上開各款規定時之非公務機關之負責人，是以違章行為後縱負責人有變更，仍不影響原負責人所應受之處罰。

▶ **法務部103年10月21日法律字第10303512310號函釋**

非公務機關之代表人、管理人或其他有代表權人，對於該非公務機關，本有指揮監督之責，因未善盡指揮監督職責，其對於該非公務機關違反本法行為，應視為有未

盡防止義務之疏失。

前開非公務機關之代表人、管理人或其他有代表權人，監督義務之範圍，並不僅以訂定本法第27條第2項規定之個人資料檔案安全維護計畫或業務終止後個人資料處理方法，即為已足。尚須就具體個案，視非公務機關之規模大小與組織、所違反本法規定條文之內容與意義、個人資料數量多寡、機敏性之風險程度、監督可能性等因素而定。一般而言，必要之監督措施，例如：是否選任適當之人員、適當之組織分工、訓練、說明、指示、查看、對於不當行為之糾正改進、依法規改善設施……等，惟以客觀上有必要且有期待可能性者為限；如有特殊情況（發現營運有不正常現象、選任之人員不能勝任……等）亦當提高其要求標準。有關組織上之欠缺，包括分工未周而無人負責、責任重疊致相互推諉、權責過度下放等，亦可能構成違反監督義務。綜上所述，代表權人所應盡之防止義務，應考量組織規模與保有個人資料之數量或內容，依比例原則建立技術上與組織上之措施，並視具體個案情形判斷之。

第六章　附　則

第51條（除外規定）

Ⅰ.有下列情形之一者，不適用本法規定：

一、自然人為單純個人或家庭活動之目的，而蒐集、處理或利用個人資料。

二、於公開場所或公開活動中所蒐集、處理或利用之未與其他個人資料結合之影音資料。

Ⅱ.公務機關及非公務機關，在中華民國領域外對中華民國人民個人資料蒐集、處理或利用者，亦適用本法。

■修正說明（99.5.26）

一、本條新增。

二、依本法第二條第八款規定，本法所稱非公務機關包括自然人，惟有關自然人為單純個人（例如：社交活動等）或家庭活動（例如：建立親友通訊錄等）而蒐集、處理或利用個人資料，因係屬私生活目的所為，與其職業或業務職掌無關，如納入本法之適用，恐造成民眾之不便亦無必要，爰增訂第一項第一款規定，予以排除。

三、由於資訊科技及網際網路之發達，個人資料之蒐集、處理或利用甚為普遍，尤其在網際網路上張貼之影音個人資料，亦屬表現自由之一部分。為解決合照或其他在合理範圍內之影音資料須經其他當事人之書面同意始得為蒐集、處理或利用個人資料之不便，且合照當事人彼此間均有同意之表示，其本身共同使用之合法目的亦相當清楚，爰對於在公開場所或公開活動中所蒐集、處理或利用之未與其他個人資料結合之影音資料，不適用本法之規定，回歸民法適用，增訂如第一項第二款之規定。

四、由於科技之進步與網際網路使用普遍，即使在我國領域外蒐集、處理或利用國人之個人資料，亦非常容易。為防範公務機關或非公務機關在我國領域外違法侵害國人個人資料之隱私權益，以規避法律責任，爰增訂第二項，明定在我國領域外，亦有本法之適用。

五、參考一九九五年歐盟資料保護指令（95/46/EC）第三條、德國聯邦個人資料保護法第一條第二項第三款、日本個人資訊保護法第五十條等。

❖函令解釋

▶**法務部104年11月5日法律字第10403514100號函釋**

民眾於公職人員選舉開票作業之公開活動中進行攝影，

如僅為單純個人活動目的而蒐集自然人之資料，或僅攝影不特定自然人影像且未與其他個人資料結合時，尚無個資法之適用。

▶**法務部102年5月15日法律字第10203502260號函釋**

蒐集者如能將行動電話號碼與其他資料對照、組合、連結而得識別特定個人，即屬本法所稱之個人資料而有本法適用。至行動電話用戶蒐集、處理及利用個人資料行為，若係基於自然人單純為個人活動目的而為者，則無本法適用。

▶**法務部102年3月27日法律字第10203502790號函釋**

按本法第51條第1項第1款規定：「有下列情形之一者，不適用本法規定：一、自然人為單純個人或家庭活動之目的，而蒐集、處理或利用個人資料。……」自然人為單純個人活動目的，而將其親友個人資料（例如：照片、影片或電話），於網路上分享予其他友人等利用行為，尚無本法之適用。

同法第51條第1項第2款規定：「有下列情形之一者，不適用本法規定：……二、於公開場所或公開活動中所蒐集、處理或利用之未與其他個人資料結合之影音資料。」公務或非公務機關以行車記錄器所錄存畫面，如僅涉及不特定自然人影像，且未與其他個人資料結合者，尚無本法之適用。

自然人為個人或家庭活動目的，錄存監視錄影畫面：自然人單純為個人或家庭活動目的而蒐集、處理或利用個人資料行為（例如：為保障其自身或居家權益，而公布大樓或宿舍監視錄影器中涉及個人資料畫面之行為），依本法第51條第1項第1款規定，並不適用本法。公務機關或非公務機關蒐集大樓或宿舍監視錄影器中涉及個人資料之畫面，非屬前述為個人或家庭活動目的之情形時，應有特定目的（例如：場所進出安全管理），並符合本法第15條、第19條所定要件（例如：執行法定職務

必要範圍內、法律明文規定、與公共利益有關）。

第52條（委託及保密義務）

Ⅰ.第二十二條至第二十六條規定由中央目的事業主管機關或直轄市、縣（市）政府執行之權限，得委任所屬機關、委託其他機關或公益團體辦理；其成員因執行委任或委託事務所知悉之資訊，負保密義務。

Ⅱ.前項之公益團體，不得依第三十四條第一項規定接受當事人授與訴訟實施權，以自己之名義提起損害賠償訴訟。

■修正說明（99.5.26）

一、本條新增。

二、中央目的事業主管機關或直轄市、縣（市）政府依第二十二條至第二十六條規定執行檢查、扣留或複製等之權限，應可委任所屬機關、委託其他機關或公益團體辦理，以期能充分發揮執行效率，爰增訂第一項規定之。另接受委任或委託執行事務而知悉他人之資訊者，自應負保密義務不得洩漏，爰於同項後段併予規定。

三、本法第三十四條規定財團法人或公益社團法人得接受當事人訴訟實施權之授與後，以自己名義提起團體訴訟，代為請求損害賠償，惟本條又授權中央目的事業主管機關或直轄市、縣（市）政府得委託公益團體代為執行其權限。為避免發生角色混淆利益衝突之情形，爰增訂第二項，明定接受委託執行主管機關權限之公益團體，不得再依第三十四條規定，接受當事人訴訟實施權之授與，以自己名義，提起損害賠償之團體訴訟。

第53條（特定目的及個人資料類別之訂定）

法務部應會同中央目的事業主管機關訂定特定目的及個人資料類別，提供公務機關及非公務機關參考使用。

□修正前條文（99.5.26公布）

本法所定特定目的及個人資料類別，由法務部會同中央目的事業主管機關指定之。

■修正說明（104.12.30）

法務部會同中央目的事業主管機關依現行條文所訂之「個人資料保護法之特定目的及個人資料之類別」雖列有一八二項之特定目的，惟上開法規命令之總說明略以：例示或概括之特定目的及個人資料類別，並非可包含所有可能之活動，公務機關或非公務機關於參考本規定，選擇特定目的及個人資料類別時，仍宜提出詳盡之業務活動說明，列入證據文件或個人資料檔案公開事項作業內，以補充澄清特定目的及個人資料類別實質內涵。故只要可以表明其合法蒐集、處理及利用之特定目的及個人資料類別即可，故依本條所訂之特定目的及個人資料類別係供公務機關及非公務機關參考使用，爰修正本條規定，以資明確。

❖函令解釋

▶法務部102年1月21日法律字第10103111060號

個人資料保護法（以下簡稱本法）第53條規定：「本法所定特定目的及個人資料類別，由法務部會同中央目的事業主管機關指定之。」本部乃參酌歐盟、英國、比例時、西班牙等外國立法例，採取例示兼概括並得自由敘述補充之立法方式，經會商各中央目的事業主管機關之意見明定182種特定目的、85種個人資料類別，並於101年10月1日會同各中央目的事業主管機關修正發佈在案。該等例示或概括之特定目的及個人資料類別，並非可包含所有可能之活動，公務機關或非公務機關於參考本規定，選擇特定目的及個人資料類別時，仍宜提出詳盡之業務活動說明，列入證據文件或個人資料檔案公開事項作業內，以補充澄清特定目的及個人資料類別實質內涵

（參電腦處理個人資料保護法之特定目的及個人資料之類別修正總說明）。是以，民用航空運輸業蒐集、處理或利用個人資料之特定目的，依上開說明，仍宜提出業務活動說明，以補充澄清特定目的，如仍有疑義，應由其目的事業主管機關本於職權審認。

第54條（告知義務及處罰）

I. 本法中華民國九十九年五月二十六日修正公布之條文施行前，非由當事人提供之個人資料，於本法一百零四年十二月十五日修正之條文施行後為處理或利用者，應於處理或利用前，依第九條規定向當事人告知。

II. 前項之告知，得於本法中華民國一百零四年十二月十五日修正之條文施行後首次利用時併同為之。

III. 未依前二項規定告知而利用者，以違反第九條規定論處。

□修正前條文（99.5.26公布）

本法修正施行前非由當事人提供之個人資料，依第九條規定應於處理或利用前向當事人為告知者，應自本法修正施行之日起一年內完成告知，逾期未告知而處理或利用者，以違反第九條規定論處。

■修正說明（104.12.30）

一、本法於九十九年五月二十六日修正公布時擴大適用範圍，原本不受本法規範從事個人資料蒐集、處理或利用者，修法後均將適用本法，惟在九十九年五月二十六日修正公布之條文施行前已蒐集完成之個人資料（該等資料大多屬於間接蒐集之情形），雖非違法，惟因當事人均不知資料被蒐集情形，如未予以規範而繼續利用，恐損害當事人權益，是以自宜訂定過渡條款，明定應向當事人完成告知，如未告知當事人而於本法一百零四年十二月十五日修正之條文施行後處理或利用該資料者，則以違反第九

條規定論處，為期兼顧當事人與資料蒐集者雙方權益。惟考量要求蒐集者於修法後即須告知，實務執行有其困難，且依第九條第三項規定，亦僅課予間接蒐集者於利用前為告知，故九十九年五月二十六日修正公布之條文施行前已蒐集之個人資料，應無課予更重責任之必要，爰參酌第九條規定之立法精神，將第一項所定一年內完成告知之期限規定，修正為蒐集者於一百零四年十二月十五日修正之條文施行後為處理或利用者，應於處理或利用前，依第九條規定向當事人告知。又蒐集者如符合第九條第二項免為告知之情形，自得適用該項規定免為告知，乃屬當然。

二、又九十九年五月二十六日修正公布之條文施行前非由當事人提供之個人資料，於九十九年五月二十六日修正公布之條文施行後至一百零四年十二月十五日修正之條文施行前為處理或利用者，則不在本條規範範圍，併予敘明。

三、參照第九條第三項規定，增訂第二項，明定第一項之告知得於一百零四年十二月十五日修正之條文施行後首次對當事人為利用時併同為之。

四、現行條文後段「逾期未告知而處理或利用者，以違反第九條規定論處」移至第三項，並酌作文字修正；同時配合第二項之增訂，修正為未依第一項、第二項告知而利用者，以違反第九條規定論處，以期明確。

❖函令解釋

▶法務部105年1月30日法律字第10503500850號函釋

㈠如係於101年10月1日前，蒐集非由當事人提供之個人資料，於101年10月1日起至104年12月15日修正之條文尚未施行前依法處理或利用者，因個資法第54條於上

開期間仍未施行，故無溯及依個資法第9條規定履行告
知義務之問題。

㈡如係於101年10月1日前，蒐集非由當事人提供之個人
資料，於104年12月15日修正之條文於未來施行後依法
處理或利用者，應依個資法第54條規定，於處理或利
用前，依個資法第9條規定履行告知義務，並得於104
年12月15日修正之條文施行後首次利用該個人資料時
併同為之；惟如符合個資法第9條第2項所列情形之一
者，則得免為告知。

㈢如係於101年10月1日後，始依法蒐集非由當事人提供
之個人資料，應依個資法第9條規定履行告知義務；惟
如符合該條第2項所列情形之一者，則得免為告知。

▶法務部105年1月20日法律字第10503501120號函釋

立法院第8屆第8會期第13次會議修正個資法部分條文
時，通過附帶決議：「一、有關個人資料保護法於101年
10月1日修正施行前所間接蒐集之個人資料，各中央目的
事業主管機關應盡力督促所轄非公務機關，依個人資料
保護法第54條規定完成告知。二、（略）。」爰惠請貴
機關督促所管轄之非公務機關參考下列步驟檢視並履行
告知義務：

㈠檢視目前所保有之個人資料，是否係於101年10月1日
前非由當事人（指個人資料之本人）所提供者。

㈡若係於101年10月1日前，蒐集非由當事人提供之個人
資料，則檢視於何時處理或利用該個人資料：

　1.若係於101年10月1日前，蒐集非由當事人提供之個人
資料，於101年10月1日起至104年12月15日修正之條
文尚未施行前依法處理或利用者，因個資法第54條於
上開期間仍未施行，故無溯及依個資法第9條規定履
行告知義務之問題。

　2.若係於101年10月1日前，蒐集非由當事人提供之個人
資料，於104年12月15日修正之條文於未來施行後依

法處理或利用者，應依個資法第54條規定，於處理或利用前，依個資法第9條規定履行告知義務，並得於104年12月15日修正之條文施行後首次利用該個人資料時併同為之（如符合個資法第9條第2項所列情形之一者，則得免為告知）。

㈢若係於101年10月1日後，始依法蒐集非由當事人提供之個人資料，自應依個資法第9條規定履行告知義務（如符合個資法第9條第2項所列情形之一者，則得免為告知）。

㈣依個資法施行細則第16條規定：「依本法第8條、第9條及第54條所定告知之方式，得以言詞、書面、電話、簡訊、電子郵件、傳真、電子文件或其他足以使當事人知悉或可得知悉之方式為之。」因此，告知義務之履行不限以書面為之，且個資法亦無要求當事人須於告知書簽名，惟實務上非公務機關多會請當事人於告知書上簽名，係為取得當事人知悉告知內容之紀錄，以作為其已履行告知義務之佐證文件，與當事人是否另以書面同意個人資料之利用無涉，併請注意。

第55條（施行細則）

本法施行細則，由法務部定之。

■修正說明（99.5.26）

條次變更，本條為原條文第四十四條移列，內容未修正。

第56條（施行日）

I. 本法施行日期，由行政院定之。

II. 現行條文第十九條至第二十二條及第四十三條之刪除，自公布日施行。

III. 前項公布日於現行條文第四十三條第二項指定之事業、團體或個人應於指定之日起六個月內辦理登記或許可之期間內者，該指定之事業、團體或個人得申請終止辦理，目的事業

主管機關於終止辦理時，應退還已繳規費。已辦理完成者，亦得申請退費。

IV. 前項退費，應自繳費義務人繳納之日起，至目的事業主管機關終止辦理之日止，按退費額，依繳費之日郵政儲金之一年期定期存款利率，按日加計利息，一併退還。已辦理完成者，其退費，應自繳費義務人繳納之日起，至目的事業主管機關核准申請之日止，亦同。

■修正說明（99.5.26）

一、條次變更，本條為原條文第四十五條移列。

二、本次修正，擴大適用範圍，慮及本法尚需宣導，民間業者需相當時間調整與準備，相關法規亦需配合增修，爰參考日本個人資訊保護法附則第一條，規定施行日期，由行政院定之，不至因倉促施行而造成民眾不便或發生困擾。

三、又廢除非公務機關取得執照後始得蒐集、電腦處理及利用個人資料之制度，自無需再申請登記及公告相關事項，為求便民及促進行政效率，相關原條文第十九條至第二十二條及第四十三條之刪除，爰新增第二項規定，自修正公布日施行。

四、自修正公布日廢除申請登記及執照制度，如該公布日於登記或許可之辦理期間者，該指定之事業、團體或個人得申請終止辦理，目的事業主管機關於終止辦理時，應退還已繳規費。已辦理完成者，亦得申請退費。退費應定期間，退費額依繳費之日郵政儲金之一年期定期存款利率，按日加計利息，一併退還，爰規定如第三項及第四項。

□實務見解

▶臺灣高等法院105年上字第293號民事判決（新舊法交錯）

查兩造不爭執系爭留言係被上訴人於101年9月5日公布

張貼於系爭論壇，斯時新修正之個資法尚未施行，仍應適用舊個資法規定。又被上訴人係調查局所屬督察處調查官，縱為該處個人資料保護管理執行小組負責人，然以舊個資法適用行業本僅限於公務機關及徵信、醫療、學校、電信、金融、證券、保險、大眾傳播等行業，被上訴人非屬上開行業，又非以蒐集或電腦處理個人資料為主要業務之個人，或其他經法務部會同中央目的事業主管機關指定之個人，被上訴人於101年9月5日張貼系爭留言，並無違反舊個資法規定之情。而系爭留言於101年10月1日新修正個資法施行後，迄本件第一審言詞辯論終結前，雖仍揭示於系爭論壇，然以新修正個資法規範蒐集、處理、利用行為，係指：以任何方式取得個人資料，為建立或利用個人資料檔案所為資料之記錄、輸入、儲存、編輯、更正、複製、檢索、刪除、輸出、連結或內部傳送，及將蒐集之個人資料為處理以外之使用，個資法第2條第3至5款定有明文。而系爭留言於101年9月5日張貼於系爭論壇後，被上訴人並未再就系爭留言為前述定義之蒐集、處理行為，系爭留言單純繼續揭示於系爭論壇上之事實，也非上開規定之利用行為，是系爭留言於101年10月1日後之揭示事實，自亦非個資法規範對象，故上訴人主張自101年10月1日起至系爭留言刪除日止，被上訴人因違反個資法第5條、第20條規定，而應依同法第29條規定，對伊負賠償責任云云，亦無理由。

2.個人資料保護法施行細則

1.民國85年5月1日法務部令訂定發布全文46條。
2.民國101年9月26日法務部令修正發布名稱及全文33條;並自101年10月1日施行（原名稱:電腦處理個人資料保護法施行細則）。
3.民國105年3月2日法務部令修正發布第 9～15、17、18條條文;並自105年3月15日施行。

第1條

本細則依個人資料保護法（以下簡稱本法）第五十五條規定訂定之。

■修正說明（101.9.26）

配合本法名稱及條文之修正，酌作文字修正。

第2條

本法所稱個人，指現生存之自然人。

■修正說明（101.9.26）

本法第二條第一款對於個人資料之定義，已修正為得以直接或間接方式識別該個人之資料，規範意義即為特定或得特定之自然人之個人資料，故刪除原條文特定或得特定等文字;另本法立法目的之一為個人人格權之隱私權保護，唯有生存之自然人方有隱私權受侵害之恐懼情緒及個人對其個人資料之自主決定權，故增訂「現」字，以資明確。

第3條

本法第二條第一款所稱得以間接方式識別，指保有該資料之公務或非公務機關僅以該資料不能直接識別，須與其他資料對照、組合、連結等，始能識別該特定之個人。

■修正說明（101.9.26）

一、本條新增。

二、由於社會態樣複雜，某些資料雖未直接指名道姓，但一經揭露仍足以識別為某一特定人，因而本法第二條第一款個人資料之定義，已將「其他足資識別該個人之資料」修正為「其他得以直接或間接方式識別該個人之資料」，為明瞭間接方式識別之意義，爰為本條之規定。

三、至於是否得以直接或間接方式識別者，需從蒐集者本身個別加以判斷，原無一致性之標準，此宜於個案中加以審認，為權衡個人資料之保護與個人資料之合理利用，並避免滋生疑義，應依本法相關規定加以判斷。至於各公務或非公務機關如在適用本條規定要件上有明確之必要者，各公務機關或目的事業主管機關得斟酌訂定裁量基準，俾供所屬機關或所管行業遵循。

第4條

I.本法第二條第一款所稱病歷之個人資料，指醫療法第六十七條第二項所列之各款資料。

II.本法第二條第一款所稱醫療之個人資料，指病歷及其他由醫師或其他之醫事人員，以治療、矯正、預防人體疾病、傷害、殘缺為目的，或其他醫學上之正當理由，所為之診察及治療；或基於以上之診察結果，所為處方、用藥、施術或處置所產生之個人資料。

III.本法第二條第一款所稱基因之個人資料，指由人體一段去氧核醣核酸構成，為人體控制特定功能之遺傳單位訊息。

IV.本法第二條第一款所稱性生活之個人資料，指性取向或性慣行之個人資料。

Ⅴ.本法第二條第一款所稱健康檢查之個人資料，指非針對特定疾病進行診斷或治療之目的，而以醫療行為施以檢查所產生之資料。

Ⅵ.本法第二條第一款所稱犯罪前科之個人資料，指經緩起訴、職權不起訴或法院判決有罪確定、執行之紀錄。

Ⅳ.本法第二條第一款所稱性生活之個人資料，指性取向或性慣行之個人資料。

■修正說明（101.9.26）

一、本條新增。

二、為使本法第二條第一款之病歷與第六條第一項之醫療、基因、性生活及健康檢查等概念，有統整性說明與定義規定，以避免概念混淆，爰為本條規定。

三、關於病歷之定義，醫療法第六十七條第二項已有明文，本法第二條第一款所定病歷，自宜與醫療法上開規定為相同定義，爰為第一項規定。

四、醫師法第二十八條對於未具合法醫師資格，擅自執行醫療業務者，定有相關處罰規定，故行政院衛生署七四年四月二十六日衛署醫字第五二七四五四號函及同年八月三十日衛署醫字第五四八八一二號函，對醫療行為作成釋示，認為在一定目的下，所為綜合可產生療效之行為，均認定為醫療行為。因此，以醫療行為所產生之個人資料，則認屬醫療之個人資料，爰為第二項規定。

五、本法第二條第一款所稱之基因，參酌去氧核醣核酸採樣條例第三條規定，指由人體一段去氧核醣核酸構成，為人體控制特定功能之遺傳單位訊息，爰為第三項規定。

六、本法第二條第一款所稱之性生活（sexual life），應屬有關極為敏感且容易引起偏見或足使個人人格遭受歧視之性生活個人資料，依本法第六條修

正說明認為性生活包括性取向等相關事項，並參考澳洲一九九八年隱私權法第六條規定及二○○七年澳洲法律改革委員會之修法建議，將性生活界定為性取向（sexual orientation）及性慣行（sexual practices），爰為第四項規定。

七、本法第二條第一款所稱健康檢查亦屬醫療行為之一種，惟其與其他疾病診斷、治療之不同，在於係對於外觀健康之人，非以特定疾病之治療或診斷為主要目的，爰為第五項規定。

八、本法第二條第一款所稱之犯罪前科，除法院判決有罪確定之部分外，依刑事訴訟法第二百五十三條及第二百五十三條之一規定，亦包括檢察官參酌刑法第五十七條所列事項及公共利益之維護，認以不起訴或緩起訴為適當者，得為不起訴處分或緩起訴處分等有罪認定部分。此外，有關上開有罪判決或有罪認定之執行之紀錄，亦屬之，以保護當事人之個人資料隱私權益，爰為第六項規定。

第5條

本法第二條第二款所定個人資料檔案，包括備份檔案。

■修正說明（101.9.26）

一、條次變更，本條為原條文第四條移列。

二、配合本法條次變更，酌作文字修正。

第6條

Ⅰ.本法第二條第四款所稱刪除，指使已儲存之個人資料自個人資料檔案中消失。

Ⅱ.本法第二條第四款所稱內部傳送，指公務機關或非公務機關本身內部之資料傳送。

■修正說明（101.9.26）

一、條次變更，本條為原條文第十條移列。

二、第一項刪除之定義除配合本法條次變更，酌作文字修正外，並以刪除係指使已儲存之個人資料自個人資料檔案中消失。而刪除行為之認定，應視刪除當時科技水準及技術，參酌適用主體之組織型態，使用一般社會通念之標準，所為使個人資料消失之行為，以作為參考標準，尚無需達「不復存在」之標準，始謂符合本法所稱之「刪除」，爰刪除原條文所定「而不復存在」文字。

三、增訂第二項，明定內部傳送係指公務機關或非公務機關內部之資料傳送，例如公務機關內部各單位間之資料傳送（不包括上級機關傳送個人資料予下級機關），或者法人或團體或自然人之內部資料傳送。

第7條

受委託蒐集、處理或利用個人資料之法人、團體或自然人，依委託機關應適用之規定為之。

■**修正說明**（101.9.26）

一、條次變更，本條為原條文第十一條移列。

二、配合本法第四條，將受委託行為除個人資料之處理外，並包括蒐集及利用行為，爰修正第一項，並酌作文字修正。

三、受委託蒐集、處理或利用個人資料之法人、團體或自然人，依本法第四條規定，於本法適用範圍內視同委託機關，惟當事人行使依本法之相關權利，究應向委託人或受託人為之，允宜視個案狀況處理，未必以委託機關為唯一對象，爰刪除原條文第二項規定。

第8條

Ⅰ.委託他人蒐集、處理或利用個人資料時，委託機關應對受託者為適當之監督。

Ⅱ.前項監督至少應包含下列事項：

一、預定蒐集、處理或利用個人資料之範圍、類別、特定目的及其期間。

二、受託者就第十二條第二項採取之措施。

三、有複委託者，其約定之受託者。

四、受託者或其受僱人違反本法、其他個人資料保護法律或其法規命令時，應向委託機關通知之事項及採行之補救措施。

五、委託機關如對受託者有保留指示者，其保留指示之事項。

六、委託關係終止或解除時，個人資料載體之返還，及受託者履行委託契約以儲存方式而持有之個人資料之刪除。

　　第一項之監督，委託機關應定期確認受託者執行之狀況，並將確認結果記錄之。

Ⅲ.受託者僅得於委託機關指示之範圍內，蒐集、處理或利用個人資料。受託者認委託機關之指示有違反本法、其他個人資料保護法律或其法規命令者，應立即通知委託機關。

■ **修正說明**（101.9.26）

一、本條新增。

二、由於本法第四條規定，受公務機關或非公務機關委託蒐集、處理或利用個人資料者，於本法適用範圍內，視同委託機關。為釐清公務機關或非公務機關與其受託人之責任歸屬，參考日本個人資料保護法第二十二條規定，明定委託機關應對受託者採取適當之監督，以確保委託處理個人資料之安全管理，爰為第一項規定。

三、又為使委託機關與受託者之責任判斷有明確依據，乃參考德國聯邦個人資料保護法第十一條第二項規定，明定委託機關之監督事項，以便委託機關善盡

其選任及監督義務，爰為第二項規定。

四、委託機關應定期確認受託者執行個人資料保護措施之狀況，委託機關並應將確認結果予以記錄，乃參考德國聯邦個人資料保護法第十一條第二項規定，為第三項規定；又該紀錄應妥予保存，以為舉證之便，至於應保存之期限，因涉及行業特性、個人資料屬性及蒐集者內部資源分配與自負舉證程度而有不同，無法統一規範，從而各目的事業主管機關可依所管行業或團體之性質，審酌於相關主管法規中加以訂定，或由該行業或團體以自律規範為之，或由蒐集者依其內部資源加以決定。

五、另於第四項明定受託者受託處理個人資料之範圍及委託機關之指示違反本法、其他法律或其法規命令涉有個人料保護之規定者，受託者應立即通知委託機關之規定。

第9條

本法第六條第一項但書第一款、第八條第二項第一款、第十六條但書第一款、第十九條第一項第一款、第二十條第一項但書第一款所稱法律，指法律或法律具體明確授權之法規命令。

☐**修正前條文**（101.9.26發布）

本法第六條第一項第一款、第八條第二項第一款、第十六條第一項第一款、第十九條第一項第一款、第二十條第一項第一款所稱法律，指法律或法律具體明確授權之法規命令。

■**修正說明**（105.3.2）

一、本法第十六條僅有一項規定，無規定項次之必要，爰刪除「第一項」贅字。

二、於「本法第六條第一項」、「第十六條」、「第二十條第一項」之後增加「但書」二字，以統一法

條用語。

第10條

本法第六條第一項但書第二款及第五款、第八條第二項第二
款及第三款、第十條但書第二款、第十五條第一款、第十六
條所稱法定職務，指於下列法規中所定公務機關之職務：
一、法律、法律授權之命令。
二、自治條例。
三、法律或自治條例授權之自治規則。
四、法律或中央法規授權之委辦規則。

□**修正前條文**（101.9.26發布）

本法第六條第一項第二款、第八條第二項第二款及第三
款、第十條第二款、第十五條第一款、第十六條所稱法
定職務，指於下列法規中所定公務機關之職務：
一、法律、法律授權之命令。
二、自治條例。
三、法律或自治條例授權之自治規則。
四、法律或中央法規授權之委辦規則。

■**修正說明**（105.3.2）

一、配合本法第六條第一項增訂「第五款」規定，酌修
　　序文。
二、於「本法第六條第一項」、「第十條」後增加「但
　　書」二字，以統一法條用語。

第11條

本法第六條第一項但書第二款及第五款、第八條第二項第二
款所稱法定義務，指非公務機關依法律或法律具體明確授權
之法規命令所定之義務。

□**修正前條文**（101.9.26發布）

本法第六條第一項第二款、第八條第二項第二款所稱法

定義務，指非公務機關依法律或法律具體明確授權之法規命令所定之義務。

■修正說明（105.3.2）

一、配合本法第六條第一項增訂「第五款」規定，酌作文字修正。

二、於「本法第六條第一項」後增加「但書」二字，以統一法條用語。

第12條

I．本法第六條第一項但書第二款及第五款所稱適當安全維護措施、第十八條所稱安全維護事項、第十九條第一項第二款及第二十七條第一項所稱適當之安全措施，指公務機關或非公務機關為防止個人資料被竊取、竄改、毀損、滅失或洩漏，採取技術上及組織上之措施。

II．前項措施，得包括下列事項，並以與所欲達成之個人資料保護目的間，具有適當比例為原則：

一、配置管理之人員及相當資源。

二、界定個人資料之範圍。

三、個人資料之風險評估及管理機制。

四、事故之預防、通報及應變機制。

五、個人資料蒐集、處理及利用之內部管理程序。

六、資料安全管理及人員管理。

七、認知宣導及教育訓練。

八、設備安全管理。

九、資料安全稽核機制。

十、使用紀錄、軌跡資料及證據保存。

十一、個人資料安全維護之整體持續改善。

□修正前條文（101.9.26發布）

I．本法第六條第一項第二款所稱適當安全維護措施、第十八條所稱安全維護事項、第二十七條第一項所稱適

當之安全措施，指公務機關或非公務機關為防止個人資料被竊取、竄改、毀損、滅失或洩漏，採取技術上及組織上之措施。

II.前項措施，得包括下列事項，並以與所欲達成之個人資料保護目的間，具有適當比例為原則：

一、配置管理之人員及相當資源。

二、界定個人資料之範圍。

三、個人資料之風險評估及管理機制。

四、事故之預防、通報及應變機制。

五、個人資料蒐集、處理及利用之內部管理程序。

六、資料安全管理及人員管理。

七、認知宣導及教育訓練。

八、設備安全管理。

九、資料安全稽核機制。

十、使用紀錄、軌跡資料及證據保存。

十一、個人資料安全維護之整體持續改善。

■修正說明（105.3.2）

一、配合本法第六條第一項增訂「第五款」及第十九條第一項第二款增訂「且已採取適當之安全措施」，酌作文字修正。

二、於第一項規定之「本法第六條第一項後增加「但書」二字，以統一法條用語。

第13條

I.本法第六條第一項但書第三款、第九條第二項第二款、第十九條第一項第三款所稱當事人自行公開之個人資料，指當事人自行對不特定人或特定多數人揭露其個人資料。

II.本法第六條第一項但書第三款、第九條第二項第二款、第十九條第一項第三款所稱已合法公開之個人資料，指依法律或法律具體明確授權之法規命令所公示、公告或以其他合法方式公開之個人資料。

□ **修正前條文**（101.9.26發布）

　I.本法第六條第一項第三款、第九條第二項第二款、第十九條第一項第三款所稱當事人自行公開之個人資料，指當事人自行對不特定人或特定多數人揭露其個人資料。

　II.本法第六條第一項第三款、第九條第二項第二款、第十九條第一項第三款所稱已合法公開之個人資料，指依法律或法律具體明確授權之法規命令所公示、公告或以其他合法方式公開之個人資料。

■ **修正說明**（105.3.2）

　於第一項及第二項規定之「本法第六條第一項」後增加「但書」二字，以統一法條用語。

第14條

　本法第六條第一項但書第六款、第十一條第二項及第三項但書所定當事人書面同意之方式，依電子簽章法之規定，得以電子文件為之。

□ **修正前條文**（101.9.26發布）

　本法第七條所定書面意思表示之方式，依電子簽章法之規定，得以電子文件為之。

■ **修正說明**（105.3.2）

　本法第十五條第二款、第十九條第一項第五款、第十六條但書第七款、第二十條第一項但書第六款規定之「書面同意」已修正為「同意」，並配合本法第七條之修正，修正本條規定。又有關本法所定之「當事人書面同意」分別規定於第六條第一項但書第六款、第十一條第二項及第三項但書，爰修正本條，定明當事人書面同意之方式，依電子簽章法之規定，得以電子文件為之。

第15條

本法第七條第二項所定單獨所爲之意思表示，如係與其他意思表示於同一書面爲之者，蒐集者應於適當位置使當事人得以知悉其內容並確認同意。

☐ **修正前條文**（101.9.26發布）

本法第七條第二項所定單獨所為之書面意思表示，如係與其他意思表示於

同一書面為之者，蒐集者應於適當位置使當事人得以知悉其內容並確認同

意。

■ **修正說明**（105.3.2）

配合本法第七條第二項規定之修正，刪除「書面」二字。

第16條

依本法第八條、第九條及第五十四條所定告知之方式，得以言詞、書面、電話、簡訊、電子郵件、傳真、電子文件或其他足以使當事人知悉或可得知悉之方式爲之。

■ **修正說明**（101.09.26）

一、本條新增。

二、個人資料之蒐集，事涉當事人之隱私權益。為使當事人明知其個人資料被何人蒐集及其資料類別、蒐集目的等，本法規定告知義務，俾使當事人能知悉其個人資料被他人蒐集之情形，以落實個人資料之自主控制。

三、由於本法修正擴大適用範圍，原本不受本法規範從事個人資料蒐集、處理或利用者，修法後均將適用本法，惟其在本法修正施行前已蒐集完成之個人資料（該等資料大多屬於間接蒐集之情形），雖非違

法，惟因當事人均不知資料被蒐集情形，故本法明定仍應向當事人完成告知，使當事人知悉其個人資料被使用之情形，以落實個人資料之自主控制。準此，蒐集者應以個別通知之方式讓當事人知悉，又告知之方式，凡足以使當事人知悉或可得知悉之方式，均屬之，爰為本條規定。

第17條

本法第六條第一項但書第四款、第九條第二項第四款、第十六條但書第五款、第十九條第一項第四款及第二十條第一項但書第五款所稱無從識別特定當事人，指個人資料以代碼、匿名、隱藏部分資料或其他方式，無從辨識該特定個人者。

☐ **修正前條文**（101.9.26發布）

本法第九條第二項第四款、第十六條但書第五款、第十九條第一項第四款及第二十條第一項但書第五款所稱資料經過處理後或依其揭露方式無從識別特定當事人，指個人資料以代碼、匿名、隱藏部分資料或其他方式，無從辨識該特定個人。

■ **修正說明**（105.3.2）

一、配合本法第六條第一項但書第四款規定修正，於本條增列「第六條第一項但書第四款」。

二、本條係明定何謂「無從識別特定當事人」，至於究為何者所為並無差別，爰將「資料經過處理後或依其揭露方式」等語刪除。

第18條

本法第十條但書第三款所稱妨害第三人之重大利益，指有害於第三人個人之生命、身體、自由、財產或其他重大利益。

☐ **修正前條文**（101.9.26發布）

本法第十條第三款所稱妨害第三人之重大利益，指有害

於第三人個人之生命、身體、自由、財產或其他重大利益。

■ **修正說明**（105.3.2）

於「本法第十條」後增加「但書」二字，以統一法條用語。

第19條

當事人依本法第十一條第一項規定向公務機關或非公務機關請求更正或補充其個人資料時，應為適當之釋明。

■ **修正說明**（101.9.26）

一、條次變更，本條為原條文第二十五條移列。

二、配合本法條次變更修正所引條次，並增訂當事人亦得向非公務機關請求更正或補充其個人資料；另以當事人請求更正或補充其個人資料時，應舉其原因及事實而為適當之釋明即為已足，爰酌作修正。

三、又個人資料有關意見與鑑定部分，因涉及價值判斷，無關事實資料之對錯，不能更正，僅有事實部分可更正，併予敘明。

第20條

本法第十一條第三項所稱特定目的消失，指下列各款情形之一：

一、公務機關經裁撤或改組而無承受業務機關。

二、非公務機關歇業、解散而無承受機關，或所營事業營業項目變更而與原蒐集目的不符。

三、特定目的已達成而無繼續處理或利用之必要。

四、其他事由足認該特定目的已無法達成或不存在。

■ **修正說明**（101.9.26）

一、條次變更，本條為原條文第二十三條移列。

二、原條文第一項及第二項無規定之必要，爰予刪除。

三、原條文第三項移列為修正條文，並修正如下：

　　㈠序文配合本法條次變更修正所引條次，另併同各
　　　款作文字修正。

　　㈡有關公務機關經裁撤或改組，須無業務之承受機
　　　關，始能為公務機關之特定目的消失，爰修正如
　　　第一款規定。

　　㈢有關非公務機關歇業、解散而無承受機關，或所
　　　營事業營業項目變更而有與原蒐集目的不符之情
　　　形，方為非公務機關之特定目的消失，停業因具
　　　有期限性，非公務機關尚未喪失其主體性，故非
　　　屬特定目的消失之情形，爰修正如第二款規定。

　　㈣第三款酌作文字修正，將使用修正為處理或利
　　　用。

　　㈤第四款增列特定目的已不存在之類型，亦屬特定
　　　目的消失之情形。

第21條

　有下列各款情形之一者，屬於本法第十一條第三項但書所定
因執行職務或業務所必須：
一、有法令規定或契約約定之保存期限。
二、有理由足認刪除將侵害當事人值得保護之利益。
三、其他不能刪除之正當事由。

■修正說明（101.9.26）

一、本條新增。

二、公務機關或非公務機關有本法第十一條第三項本文
　　所列事由，應主動或依當事人之請求，刪除、停止
　　處理或利用該個人資料。然如有同項但書所列因執
　　行職務或業務所必須或經當事人書面同意者，則不
　　在此限。所謂因執行職務或業務所必須，有依法令
　　規定或契約約定之保存期限、有理由足認刪除將侵
　　害當事人值得保護之利益或其他不能刪除之正當事

由等情形，爰增訂本條，以資明確。

第22條

I.本法第十二條所稱適當方式通知，指即時以言詞、書面、電話、簡訊、電子郵件、傳真、電子文件或其他足以使當事人知悉或可得知悉之方式為之。但需費過鉅者，得斟酌技術之可行性及當事人隱私之保護，以網際網路、新聞媒體或其他適當公開方式為之。

II.依本法第十二條規定通知當事人，其內容應包括個人資料被侵害之事實及已採取之因應措施。

■修正說明（101.9.26）

一、本條新增。

二、為使個人資料發生被竊取、洩漏、竄改或其他侵害者，能即時通知當事人，並兼顧個人資料權益保護與通知效率，以保障個人權益，乃規定通知之適當方式應即時以言詞、書面、電話、簡訊、電子郵件、傳真、電子文件或其他足以使當事人知悉或可得知悉之方式為之。但通知需費過鉅者，得斟酌技術之可行性及當事人隱私之保護（不揭示可直接或間接識別當事人之個人資料），以網際網路、新聞媒體或其他適當之公開方式為之，爰為第一項規定。

三、為使當事人能有知悉其個人資料遭受非法侵害之情形，並明確公務機關或非公務機關通知當事人義務之內容，參照德國聯邦個人資料保護法第四十二條a規定，明定依法通知當事人，其內容應包括個人資料被侵害之事實及已採取之因應措施，爰為第二項規定。

四、至於各公務或非公務機關如在適用本條規定要件上有明確之必要者，各公務機關或目的事業主管機關得斟酌訂定裁量基準，俾供所屬機關或所管行業遵循。

第23條

Ⅰ.公務機關依本法第十七條規定爲公開,應於建立個人資料檔案後一個月內爲之;變更時,亦同。公開方式應予以特定,並避免任意變更。

Ⅱ.本法第十七條所稱其他適當方式,指利用政府公報、新聞紙、雜誌、電子報或其他可供公眾查閱之方式爲公開。

■**修正說明**(101.9.26)

一、條次變更,本條由原條文第十四條及第十五條合併修正。

二、第一項由原條文第十四條移列,除配合本法條次變更外,以本法規範已涵括自動化機器或其他非自動化方式蒐集之個人資料,不限於上線使用方式,故由各公務機關依其保有個人資料檔案之情形,於建立個人資料檔案後一個月內為之,爰酌修文字。

三、第二項由原條文第十五條第一項移列,除配合本法條次變更修正文字外,並參考其他法律之規定,增訂公開適當方式之例示規定;又新增之政府公報因不屬「傳播媒體」,故將本項後段文字修正為「其他可供公眾查閱之方式」,以為涵蓋。

四、修正條文第二項已將原條文第十五條第一項所定其他可供公眾知悉之傳播媒體為公告,修正為其他可供公眾查閱之方式為公開,故其規範公開個人資料檔案之義務應具有持續性,且其列舉方式亦不限原第十五條第一項所定情形,故已無庸另行規範公告期間,原條文第十五條第二項爰予刪除。

第24條

公務機關保有個人資料檔案者,應訂定個人資料安全維護規定。

■**修正說明**(101.9.26)

一、條次變更,本條為原條文第三十四條移列。

二、公務機關保有個人資料檔案所應訂定個人資料安全
維護規定，以強化公務機關個人資料管理之機制，
至其應訂定內容應依修正條文第十二條第二項規定
處理，並無規範必要，爰酌作文字修正。

第25條

Ⅰ.本法第十八條所稱專人，指具有管理及維護個人資料檔案之
能力，且足以擔任機關之個人資料檔案安全維護經常性工作
之人員。

Ⅱ.公務機關為使專人具有辦理安全維護事項之能力，應辦理或
使專人接受相關專業之教育訓練。

■修正說明（101.9.26）

一、本條新增。

二、為使本法第十八條所定專人之職務內容更為明確，爰
於第一項定明係指具有管理及維護個人資料檔案之能
力，且足以擔任機關之個人資料檔案安全維護經常性
工作之人員，該人力得以團隊方式執行職務。

三、又為使專人經常性接受專業之個人資料保護與管理
教育訓練，以維持相當水準之辦理安全維護事項能
力，所屬公務機關應辦理或使專人接受相關專業之
教育訓練，爰規定如第二項。

第26條

本法第十九條第一項第二款所定契約或類似契約之關係，不
以本法修正施行後成立者為限。

■修正說明（101.9.26）

一、條次變更，本條為原條文第三十一條移列，並配合
本法條次修正酌作文字修正。

二、由於契約或類似契約之關係可能跨越本法施行前、
後，且本法修正前第十八條已有規範，人民應有信

賴之期待可能性，不致產生衝擊，無須重新締約。

第27條

Ⅰ.本法第十九條第一項第二款所定契約關係，包括本約，及非公務機關與當事人間為履行該契約，所涉及必要第三人之接觸、磋商或聯繫行為及給付或向其為給付之行為。

Ⅱ.本法第十九條第一項第二款所稱類似契約之關係，指下列情形之一者：

一、非公務機關與當事人間於契約成立前，為準備或商議訂立契約或為交易之目的，所進行之接觸或磋商行為。

二、契約因無效、撤銷、解除、終止而消滅或履行完成時，非公務機關與當事人為行使權利、履行義務，或確保個人資料完整性之目的所為之連繫行為。

■修正說明（101.9.26）

一、條次變更，本條為原條文第三十二條第一項移列修正。

二、為解決非公務機關與契約當事人之權利義務關係，因該內部關係之基本行為所涉及與第三人之接觸、磋商或聯繫行為，以及由該第三人為給付行為或向其為給付之行為等涉他契約之關係，而附隨第三人個人資料之蒐集或處理，亦屬非公務機關與當事人有契約之關係，得由非公務機關蒐集或處理其個人資料，爰增訂第一項。

三、原條文第一項移列至第二項，除酌作文字修正外，並以非公務機關與當事人間於契約成立前，為準備或商議訂立契約所進行之接觸或磋商行為，均屬非公務機關與當事人間之信賴關係，爰參酌民法第二百四十五條之一第一項規定，修正第一款規定。

第28條

本法第十九條第一項第七款所稱一般可得之來源，指透過大眾傳播、網際網路、新聞、雜誌、政府公報及其他一般人可得知悉或接觸而取得個人資料之管道。

■ **修正說明**（101.9.26）

一、本條新增。

二、由於資訊科技及網際網路之發達，個人資料之蒐集、處理或利用甚為普遍，個人資料之來源是否合法，經常無法求證或需費過鉅，為避免蒐集者動輒觸法或求證費時，本法第十九條第一項第七款明定個人資料取自於一般可得之來源者，亦得蒐集或處理。為明確該一般可得之來源所指為何，爰增訂本條，明文例示包括網際網路、新聞、雜誌、政府公報及其他一般人可得知悉個人資料之來源等情形在內。

第29條

依本法第二十二條規定實施檢查時，應注意保守秘密及被檢查者之名譽。

■ **修正說明**（101.9.26）

一、條次變更，本條為原條文第四十條移列。

二、原條文第一項規定已明定於本法第二十二條第一項前段，第二項則無規定必要，爰併予刪除。

三、原條文第三項規定移列修正條文，並配合本法條次變更酌作文字修正。

第30條

I.依本法第二十二條第二項規定，扣留或複製得沒入或可為證據之個人資料或其檔案時，應掣給收據，載明其名稱、數量、所有人、地點及時間。

Ⅱ.依本法第二十二條第一項及第二項規定實施檢查後，應作成紀錄。

Ⅲ.前項紀錄當場作成者，應使被檢查者閱覽及簽名，並即將副本交付被檢查者；其拒絕簽名者，應記明其事由。

■ 修正說明（101.9.26）

一、條次變更，本條為原條文第四十一條移列。

二、第一項除配合本法第二十二條第一項規定作文字修正外，並以得扣留或複製之物為本法第二十二條第二項規定之得沒入或可為證據之個人資料或其檔案者，應掣給收據，載明其名稱、數量、所有人、地點及時間，以供查證，爰定明之。

三、中央目的事業主管機關及直轄市、縣（市）政府依本法第二十二條第一項及第二項規定實施檢查後，應作成紀錄，至紀錄所記載之事項，衡諸行政程序法第三十八條、行政罰法第三十四條有關製作書面紀錄之規定，均未詳列記載內容，故宜視實際狀況由中央各目的事業主管機關及直轄市、縣（市）政府本於權責酌定之，並避免掛漏，且第一項已就扣留或複製得沒入或可為證據之個人資料或其檔案時，其收據應記載事項予以明文，爰第二項配合修正。

四、原第三項前段紀錄係當場作成者，除應使被檢查者閱覽及簽名之外，亦應將副本立即交付被檢查者，其拒絕簽名者，應記明其事由，以資證明，爰酌予修正：至於機關依行政程序法第一百零二條、第一百零四條或行政罰法第四十二條規定告知被檢查人得陳述意見，事屬當然。

五、原第三項後段移列至第四項，並配合行政程序法送達規定，酌作文字修正。

六、原第四項及第五項規定，得依行政程序法第四十三條規定處理或已明定於本法第二十三條第二項，爰予刪除。

第31條

本法第五十二條第一項所稱之公益團體，指依民法或其他法律設立並具備個人資料保護專業能力之公益社團法人、財團法人及行政法人。

■ **修正說明**（101.9.26）

一、條次變更，本條為原條文第四十四條移列。

二、中央目的事業主管機關及直轄市、縣（市）政府，依本法第五十二條第一項規定於必要時得委託公益團體辦理相關管理事業，屬公權力之授予，事關人民權益，爰對得受委託之公益團體之資格明確規定，除依民法或其他法律設立之外，並須具備個人資料保護專業能力之公益團體；至所定公益團體，參考公益勸募條例第五條規定，包括公益社團法人、財團法人及行政法人者，爰併配合本法條次變更，酌作修正。

第32條

本法修正施行前已蒐集或處理由當事人提供之個人資料，於修正施行後，得繼續為處理及特定目的內之利用；其為特定目的外之利用者，應依本法修正施行後之規定為之。

■ **修正說明**（101.9.26）

一、本條新增。

二、本法第五十四條係規範本法修正施行前非由當事人提供之個人資料，雖非違法，惟因當事人均不知資料被蒐集情形，如未給予規範而繼續利用，恐仍會損害當事人權益，故訂定過渡條款，以資適用。反面解釋，如屬由當事人提供之個人資料，為避免新舊法銜接之適用疑慮，爰增訂本條，規定本法修正施行前公務機關或非公務機關已蒐集由當事人提供

之個人資料，於修正施行後，得繼續為蒐集、處理及特定目的內之利用，以資明確。至於如欲為特定目的外之利用，自當依本法修正施行後之規定為之。

第33條

本細則施行日期，由法務部定之。

■**修正說明**（101.9.26）

一、條次變更，本條為原條文第四十六條移列。

二、本細則本次修正條文之施行日期，修正為由法務部配合本法之施行日期定之。

第二編

個人資料檔案安全維護計畫相關辦法及要點

壹、個人資料保護法第27條第三項規定訂定辦法

　　爲協助國內各機關、產業遵守個資法，經濟部商業司於99年起以我國個資法爲基石，委託財團法人資訊工業策進會科技法律研究所（資策會科法所）建置與推動「臺灣個人資料保護與管理制度」（Taiwan Personal Information Protectionand Administration System, TPIPAS），以協助相關產業個資保護與管理符合安全維護事項之規定，進而完善國內個資保護環境，提升交易安全。

☐TPIPAS 4.2　個人資料保護管理政策

　　事業應將其內部保有及管理個人資料之依據、目的與事業所負責任等基本理念原則，以書面訂定並對事業人員加以公開周知。

☐TPIPAS 4.3　個人資料保護管理手冊

　　事業爲建置個人資料管理制度，應製作個人資料保護管理手冊，訂定具體規則，並提出有效方式維持機制運作，供事業依循使用。

　　具體規則內容至少包括：
(1) 識別法令與其他相關規範。
(2) 識別事業所保有之個人資料。
(3) 事業蒐集、處理或利用個人資料之事宜。
(4) 個人資料相關之風險分析及管控措施。
(5) 事故緊急應變。
(6) 事業各部門以及層級所擁有個人資料管理權限與責任。
(7) 當事人權利之行使。
(8) 維持個人資料正確性。
(9) 安全管理措施。
(10) 事業人員之監督與獎懲。
(11) 委託蒐集、處理或利用個人資料之監督。
(12) 教育訓練。
(13) 個人資料管理制度之文件與紀錄管理。
(14) 當事人申訴及諮詢。

(15) 內部評量。
(16) 矯正及預防措施。
(17) 最高管理階層定期檢視。

資料來源：www.TPIPAS.org.tw。

1.中央目的事業主管機關依個人資料保護法第二十七條第三項規定訂定辦法之參考事項草案總說明

　　法務部為協助各中央目的事業主管機關依個人資料保護法第27條第3項規定，訂定非公務機關個人資料檔案安全維護計畫或業務終止後個人資料處理方法之標準等相關個人資料保護事項之辦法，爰研擬本參考事項草案初稿，於101年5月11日及101年9月14日召開會議邀集各機關進行討論並提供意見。經參考上開各機關所提意見，復參酌P-D-C-A（Plan-Do-Check-Act）方法論後，爰擬具本參考事項，其重點如次：

一、個人資料保護事項之規劃：

　　有關人員、資源、界定個人資料範圍、風險評估、通報應變措施、認知宣導及教育訓練等機制之規劃事項。（第二點）

二、個人資料蒐集、處理及利用之管理程序：

　　有關蒐集、處理及利用個人資料時，宜採取之方法。（第三點）

三、個人資料管理措施：

　　有關資料安全管理、人員管理、設備安全管理及業務終止後個人資料處理方法等事項。（第四點）

四、個人資料安全稽核、紀錄保存及改善機制：

　　有關資料安全稽核機制、證據保存及整體持續改善事項。（第五點）

2.中央目的事業主管機關依個人資料保護法第二十七條第三項規定訂定辦法之參考事項

參考事項	說　　明
一、中央目的事業主管機關依個人資料保護法（下稱本法）第二十七條第二項規定指定非公務機關及依本法第二十七條第三項訂定計畫及處理方法之標準等相關事項之辦法，宜審酌非公務機關規模、特性、保有個人資料之性質及數量等事項，並參酌本法施行細則第十二條規定之適當安全措施事項定之。 非公務機關依本法第二十七條第三項訂定計畫及處理方法之標準等相關事項之辦法，得包括本參考事項第二點至第五點，並參酌前項事項，酌予調整。	一、中央目的事業主管機關得審酌指定非公務機關訂定個人資料檔案安全維護計畫或業務終止後個人資料處理方法等相關個人資料保護事項之辦法，以及訂定上開計畫及處理方法之標準。其指定及訂定時，除本法施行細則第十二條規定之適當安全措施事項，宜審酌下列事項： ㈠非公務機關規模、特性：由於非公務機關之組織規模大小與事業特性不一，為使各中央目的事業主管機關所訂定之辦法能符合其實際需要，中央目的事業主管機關宜根據受指定非公務機關之組織規模大小與事業特性，依比例原則，衡酌所欲達成之個人資料保護目的，並參酌本法施行細則第十二條第二項所列技術上及組織上等適當安全維護措施事項，訂定不同之個人資料檔案安全維護計畫或業務終止後個人資料處理方法之標準等相關個人資料保護事項之辦法。 ㈡非公務機關保有個人資料之

	性質及數量：鑑於部分行業保有大量且重要之個人資料檔案，宜加強其保護個人資料之安全維護措施。因此，中央目的事業主管機關得指定非公務機關（例如以行業別或其他條件限制下之非公務機關），要求其訂定個人資料檔案安全維護計畫或業務終止後個人資料處理方法，以加強管理，確保個人資料之安全維護。
	二、非公務機關所訂個人資料檔案安全維護計畫或業務終止後個人資料處理方法，應符合中央目的事業主管機關所定上開計畫或處理方法之標準等相關個人資料保護事項之辦法，並得參酌第一項所列相關事項，酌予調整。
二、個人資料保護之規劃，包括下列事項： ㈠配置管理之人員及相當資源： 　1.規劃、訂定、修正與執行個人資料檔案安全維護計畫或業務終止後個人資料處理方法等相關事項，並定期向所屬非公務機關提出報告。 　2.訂定個人資料保護管理政策，將其所蒐集、處理及利用個人資料之依據、特定目的及其他相關保護事項，公告使其所屬人員均明確瞭解。	一、爲有效訂定與執行個人資料檔案安全維護計畫或業務終止後個人資料處理方法等相關個人資料保護事項，應配置適當之管理人員及資源，且該管理人員宜就上開事項，作相關程序之策劃、訂定、執行與修訂，並宜定期向所屬非公務機關報告上開事項之推動情形，爰爲第一款第一目規定。 二、爲使非公務機關全體人員對於個人資料之保護能有所體認，進而落實個人資料檔案安全維護計畫或業務終止後個人資料處理方法等相關個人資料保護事項，故非公務機關宜訂定個

(二)界定個人資料之範圍：

1.定期清查保有之個人資料現況。

2.確認保有之個人資料所應遵循適用之個人資料保護相關法令現況。

(三)個人資料之風險評估及管理機制：依已界定之個人資料範圍及個人資料蒐集、處理、利用之流程，分析可能產生之風險，並根據風險分析之結果，訂定適當之管控措施。

(四)為因應所保有之個人資料被竊取、竄改、毀損、滅失或洩漏等事故之預防、通報及應變機制：

1.採取適當之應變措施，以控制事故對當事人之損害，並通報有關單位。

2.查明事故之狀況並以適當方式通知當事人。

3.研議預防機制，避免類似事故再次發生。

(五)認知宣導及教育訓練：定期對於所屬人員施以基礎認知宣導或專業教育訓練，使其明瞭個人資料保護相關法令之要求、所屬人員之責任範圍及各種個人資料保護事項之方法或管理措施。

人資料保護管理政策，將其所蒐集、處理及利用個人資料之依據、特定目的及其他相關保護事項於政策內闡明。且為達上述目的，該等政策宜予公告使其所屬人員均明確瞭解，爰為第一款第二目規定。

三、為瞭解其所蒐集、處理及利用之個人資料，宜先掌握其保有個人資料之內涵（例如：個人資料檔案名稱、個人資料類別等），以便有效規劃個人資料保護事項。另為瞭解其所蒐集、處理及利用之個人資料是否合法，宜清查所適用個人資料保護之關法令之現況（例如有無修正廢止），爰為第二款規定。

四、於界定個人資料之範圍後，宜參照其相關業務流程，判斷其於蒐集、處理及利用個人資料之過程中，可能發生非公務機關違反本法規定，致使個人資料被竊取、洩漏、竄改或其他侵害等事故，包含該等事故發生之原因、程度及頻率，方能進一步以適當管控措施保護個人資料並降低其風險，爰為第三款規定。

五、當非公務機關違反本法規定，致使個人資料被竊取、洩漏、竄改或其他侵害等事故發生時，常造成當事人財產及非財產上之損害，故為降低或控制損害之範圍，非公務機關應訂定相關之因應措施。另通知當事人之內容應包括個人資料被

	侵害之事實及已採取之因應措施（本法施行細則第二十二條第二項參照），爰爲第四款規定。
	六、爲使非公務機關之所屬人員均能明瞭個人資料保護相關法令之要求、各該所屬人員之責任範圍及各種作業程序，故應透過定期舉辦基礎認知宣導及專業教育訓練爲之，爰爲第五款規定。
三、個人資料之管理程序，包括下列事項： (一)依一般個人資料及本法第六條之特種個人資料之屬性，分別訂定下列管理程序： 1.檢視所蒐集、處理及利用之個人資料是否包含特種個人資料及其特定目的。 2.檢視蒐集、處理及利用特種個人資料，是否符合相關法令之要件。 3.雖非特種個人資料，惟如認爲具有特別管理之需要，仍得比照或訂定特別管理程序。 (二)爲遵守本法第八條及第九條關於告知義務之規定，應採取下列方法： 1.檢視蒐集、處理個人資料之特定目的。 2.檢視是否符合免告知之事由。 (三)爲查知蒐集、處理及利用一般個人資料行爲，有無符合本法規定，宜採取下列方法：	一、本法第六條雖尚未施行，惟因該條所定特種個人資料性較爲特殊或具敏感性，故非公務機關宜注意是否有蒐集、處理及利用特種個人資料。另雖非特種資料，如有特別管理之需要者（例如：指紋、聲紋等個人資料），亦得比照特種個人資料予以保護，爰爲第一款規定。 二、依本法第八條及第九條規定，非公務機關原則上應適時履行告知義務，除經檢視有例外無須告知之事由外，依據資料蒐集之情形，採取適當之告知方式，以確實履行告知義務。所稱適當方式通知當事人，係指即時以言詞、書面、電話、簡訊、電子郵件、傳真、電子文件或其他足以使當事人知悉或可得知悉之方式爲之（本法施行細則第十六條規定參照），爰爲第二款規定。 三、爲查知一般蒐集、處理、利用個人資料行爲，有無符合本法第十九條及第二十條規定，爰爲第三款規定。

1. 檢視蒐集、處理個人資料是否符合本法第十九條規定，具有特定目的及法定要件。

2. 檢視利用個人資料是否符合本法第二十條第一項規定，符合特定目的之內利用；於特定目的外利用個人資料時，應檢視是否具備法定特定目的之外利用要件。

(四) 委託他人蒐集、處理或利用個人資料之全部或一部時，應對受託人依本法施行細則第八條規定為適當之監督，並明確約定相關監督事項與方式。

(五) 利用個人資料為行銷時，應檢視下列事項：

1. 當事人表示拒絕行銷後，應立即停止利用其個人資料行銷，並週知所屬人員。

2. 至少於首次行銷時，提供當事人免費表示拒絕接受行銷之方式。

(六) 進行個人資料國際傳輸前，檢視有無中央目的事業主管機關依本法第二十一條規定為限制國際傳輸之命令或處分，並應遵循之。

(七) 當事人行使本法第三條所規定之權利時，非公務機關得採取下列方法為之：

1. 確認是否為個人資料之本人。

2. 提供當事人行使權利之方式，並遵守本法第十三條有關處理期限之規定。

四、非公務機關如將個人資料之蒐集、處理或利用委託他人為之，應對受託人為適當之監督，以使資料之蒐集、處理或利用仍符合法令之要求，爰為第四款規定。

五、為查知利用個人資料行銷行為，有無符合本法第二十條第二項及第三項規定，爰為第五款規定。

六、依本法第二十一條規定，中央目的事業主管機關得於一定情形下，限制非公務機關對於個人資料進行國際傳輸，因此非公務機關宜檢視上開主管機關是否有所限制，並予以遵守，爰為第六款規定。

七、非公務機關宜採取相關方法協助當事人行使本法第三條、第十條及第十一條規定之權利，因此非公務機關宜檢視上開法令規定，並予以遵守，爰為第七款規定。

八、非公務機關所保有個人資料之正確性，攸關非公務機關是否能有效利用個人資料以提供當事人相關服務，並避免當事人遭受因資料不正確而生之損害。因此，非公務機關宜採取相關方法，檢視個人資料之正確性，爰為第八款規定。

九、蒐集、處理或利用個人資料，均應於特定目的之必要範圍內為之，若蒐集、處理、利用個人資料之特定目的已消失或期限已屆滿，依本法第十一條第三項之規定，應予以刪除、停止處理或利用，爰為第九款規定。

3.告知所酌收必要成本費用之標準。 4.如認有本法第十條及第十一條得拒絕當事人行使權利之事由，一併附理由通知當事人。 (八)為維護其所保有個人資料之正確性，宜採取下列方法： 　1.檢視個人資料於蒐集、處理或利用過程，是否正確。 　2.當發現個人資料不正確時，應適時更正或補充；若該不正確可歸責於非公務機關者，應通知曾提供利用之對象。 　3.個人資料正確性有爭議者，依本法第十一條第二項規定處理之方式。 (九)非公務機關應檢視其所保有個人資料之特定目的是否消失，或期限是否屆滿；確認特定目的之消失或期限屆滿時，應依本法第十一條第三項規定處理。	
四、個人資料之管理措施，包括下列事項： (一)資料安全管理措施： 　1.運用電腦或自動化機器相關設備蒐集、處理或利用個人資料時，宜訂定使用可攜式設備或儲存媒體之規範。 　2.針對所保有之個人資料內容，如有加密之需要，於蒐集、處理或利用時，宜	一、使用可攜式設備或儲存媒體（指可攜帶且具備運算處理或資料擷取儲存功能之設備，例如：筆記型電腦、行動電話、隨身碟、記憶卡、光碟等），可能提高個人資料外洩之風險，因此若有使用可攜式設備或儲存媒體之情況，宜訂定相關使用規範，爰為第一款第一目規定。

採取適當之加密機制。

3. 作業過程有備份個人資料之需要時，應比照原件，依本法規定予以保護之。

4. 個人資料存在於紙本、磁碟、磁帶、光碟片、微縮片、積體電路晶片等媒介物，嗣該媒介物於報廢或轉作其他用途時，宜採適當防範措施，以免由該媒介物洩漏個人資料；若委託他人執行上開行為時，宜依本參考事項第三點第四款規定辦理。

(二) 人員管理措施：

1. 依據作業之需要，適度設定所屬人員不同之權限並控管其接觸個人資料之情形。

2. 檢視各相關業務流程涉及蒐集、處理及利用個人資料之負責人員。

3. 與所屬人員約定保密義務。

(三) 保有個人資料存在於紙本、磁碟、磁帶、光碟片、微縮片、積體電路晶片、電腦或自動化機器設備等媒介物之環境，宜採取下列設備安全管理措施：

1. 依據作業內容之不同，實施適宜之進出管制方式。

2. 所屬人員妥善保管個人資料之儲存媒介物。

3. 針對不同媒介物存在之環境，審酌建置適度之保護設備或技術。

二、針對個人資料蒐集、處理及利用之不同態樣，如個人資料內容有加密之需要，即應採取適當之加密機制，爰為第一款第二目規定。

三、參照國家機密保護法第十八條有關複製物與原件規定之立法例，非公務機關相關作業過程，有備份個人資料之需要時，應比照原件個人資料，採取適當之保護措施，爰為第一款第三目規定。

四、儲存個人資料之媒介物（參考政府資訊公開法第三條規定之立法例），嗣報廢或轉作其他用途時（例如：移轉與他人），宜採適當防範措施，以免由該媒介物洩漏個人資料（例如：燒毀、裁碎、磁性媒體予以消磁或破壞、回收再利用之紙本不含個人資料之記載部分等）。另倘委託第三者執行報廢或轉作其他用途時，宜依本參考事項第三點第四款規定辦法，爰為本點第一款第四目規定。

五、非公務機關就其保有之個人資料，宜對其所屬人員採取適當之監督措施，爰為第二款規定。

六、非公務機關就保有個人資料所存在之媒介物環境，宜採取適當之管理措施，爰為第三款規定。

七、為明定非公務機關於業務終止後，其陳報個人資料處理方法之應記載事項，爰為第四款規定。

㈣業務終止後個人資料處理方法得參酌下列方式為之，並留存下列紀錄： 1.銷毀：銷毀之方法、時間、地點及證明銷毀之方式。 2.移轉：移轉之原因、對象、方法、時間、地點及受移轉對象得保有該項個人資料之合法依據。 3.其他刪除、停止處理或利用個人資料：刪除、停止處理或利用之方法、時間或地點。	
五、個人資料之安全稽核、紀錄保存及改善機制，包括下列事項： ㈠為確保安全稽核及改善，宜採取個人資料安全稽核機制，查察該機關是否落實其所訂定之個人資料檔案安全維護計畫或業務終止後個人資料處理方法等相關事項，以符合法令規範。 ㈡採取個人資料使用紀錄、留存自動化機器設備之軌跡資料或其他相關證據保存機制，以供說明其執行所訂定個人資料檔案安全維護計畫或業務終止後個人資料處理方法等相關個人資料保護事項之情況。 ㈢為個人資料安全維護之整體持續改善，宜參酌執行業務現況、社會輿情、技術發展、法令變化等因素，注意下列事項：	非公務機關宜採取個人資料稽核（例如以複查或抽查方式等）、適當之證據保存及持續改善個人資料保護等機制，以落實執行個人資料保護相關事項。

1.檢視或修訂個人資料檔案安全維護計畫或業務終止後個人資料處理方法等相關個人資料保護事項。 2.針對個人資料安全稽核結果之不符合法令之虞者，宜規劃、執行改善及預防措施。	

貳、其他相關辦法

目次

一、中央銀行

1.票據交換所個人資料檔案安全維護計畫標準辦法

1.民國101年11月30日中央銀行令訂定發布全文28條；並自發布日施行。
2.民國104年6月26日中央銀行令修正發布第9條條文。

第一章　總　則

第1條

　　本辦法依個人資料保護法（以下簡稱本法）第二十七條第二項及第三項規定訂定之。

第2條

Ⅰ.票據交換所應訂定個人資料檔案安全維護計畫（以下簡稱本計畫），以落實個人資料檔案之安全維護與管理，防止個人資料被竊取、竄改、毀損、滅失或洩漏。

Ⅱ.本計畫之內容應包括第四條至第二十七條規定之相關組織及程序。

第3條

　　本辦法用詞定義如下：

一、個人資料管理代表：由票據交換所主任委員擔任，或由主任委員直接授權，負責督導本計畫之規劃、訂定、執行、修訂及相關決策之人員。

二、個人資料內評代表：由票據交換所主任委員授權，負責督導相關內評人員評核本計畫之執行成效之人員。

三、所屬人員：執行業務之過程必須接觸個人資料之人員，包括票據交換所之定期或不定期契約人員及派遣員工。

第4條

Ⅰ.票據交換所應建立個人資料檔案安全維護管理組織，並配置相當資源，負責本計畫相關程序之規劃、訂定、執行與修訂等任務。

Ⅱ.個人資料檔案安全維護管理組織之成員應包括個人資料管理代表與個人資料內評代表。

Ⅲ.個人資料管理代表非由主任委員擔任時，應定期就個人資料檔案安全維護管理組織執行任務情形向主任委員提出書面報告。

第二章　一般程序

第5條

Ⅰ.票據交換所應依其組織與事業特性訂定個人資料保護管理政策，提報董事會通過，並公開周知，使其所屬人員均明確瞭解及遵循。

Ⅱ.前項管理政策至少應包括下列事項之說明：

一、遵守我國個人資料保護相關法令規定。

二、以合理安全之方式，於特定目的範圍內，蒐集、處理及利用個人資料。

三、以可期待之合理安全水準技術保護其所蒐集、處理、利用之個人資料檔案。

四、設置聯絡窗口，供個人資料當事人行使其個人資料相關權利或提出相關申訴與諮詢。

五、規劃緊急應變程序，以處理個人資料被竊取、竄改、毀損、滅失或洩漏等事故。

六、如委託蒐集、處理及利用個人資料者，應妥善監督受託機關。

七、持續維運本計畫之義務，以確保個人資料檔案之安全。

第6條

票據交換所應定期檢視應遵循之個人資料保護法令，並據以訂定或修訂本計畫。

第7條

票據交換所應依個人資料保護法令，清查所保有之個人資料，界定其納入本計畫之範圍並建立清冊，且定期確認其變動情形。

第8條

票據交換所應依據前條界定之個人資料範圍及其相關業務流程，分析可能產生之風險，並依據風險分析結果，訂定適當管控措施。

第9條

Ⅰ.票據交換所為因應其保有之個人資料被竊取、竄改、毀損、滅失或洩漏等事故，應就下列事項建立相關程序：

一、採取適當之應變措施，以降低或控制事故對當事人之損害。

二、查明事故之狀況並適時通知當事人，通知內容應包含個人資料發生事故之事實、採取之因應措施及所提供之諮詢服務專線。

三、避免類似事故再次發生。

Ⅱ.票據交換所遇有前項事故時，不論為上班或非上班時間，應即以電話通報本行受理通報專責人員，再另以書面方式將發生事故之事實、是否已遭不法利用、當事人權益受損情形及採取之因應措施等事項陳報本行。

第三章　法令遵循程序

第10條

票據交換所為確保個人資料之蒐集符合個人資料保護相關法令要求，應就下列事項建立相關程序：

一、確認蒐集個人資料之特定目的。

二、確認具備法令所要求之特定情形或其他要件。

第11條

票據交換所為遵守本法第八條及第九條有關蒐集個人資料之告知義務規定，應就下列事項建立相關程序：

一、確認是否得免告知。

二、除確認無須告知者外，應依據資料蒐集之情況，採取適當之

告知方式。

第12條

票據交換所為確保個人資料之利用符合個人資料保護相關法令要求，應就下列事項建立相關程序：

一、確保個人資料之利用符合特定目的。

二、確認是否得進行及如何進行特定目的外利用。

第13條

票據交換所新增或變更特定目的時，應依下列程序為之：

一、依第十一條規定之程序為之。

二、取得當事人書面同意，但法令另有規定者，不在此限。

第14條

票據交換所針對本法第六條之特種個人資料，應就下列事項建立相關程序：

一、確認其蒐集、處理及利用之個人資料是否包含特種個人資料。

二、確保其蒐集、處理及利用特種個人資料，符合相關法令之要求。

第15條

票據交換所進行個人資料國際傳輸前，應確認是否受中央銀行限制並遵循。

第16條

票據交換所為提供個人資料當事人行使本法第三條規定之權利，應就下列事項建立相關程序：

一、如何提供當事人行使權利。

二、確認當事人身分。

三、確認是否有本法第十條及第十一條得拒絕當事人行使權利之情況。

四、適時准駁當事人請求。

第17條

Ⅰ.票據交換所為確認其保有個人資料之正確性，應就下列事項建立相關程序：

一、確保資料於處理過程中，正確性不受影響。

二、當確認資料有錯誤時，應適時更正。

三、定期檢查資料之正確性。

Ⅱ.因可歸責於票據交換所之事由，未為更正或補充之個人資料，應訂定於更正或補充後，通知曾提供利用對象之程序。

第18條

票據交換所應定期確認其所保有個人資料之特定目的是否消失，或期限是否屆滿，若特定目的之消失或期限屆滿時，應遵守本法第十一條第三項規定。

第四章　安全管理措施

第19條

為防止個人資料發生被竊取、竄改、毀損、滅失或洩漏等遭受侵害之情事，票據交換所應依據業務性質、個人資料存取環境、個人資料種類與數量及個人資料傳輸工具與方法等因素，採取第二十條至第二十三條之管理措施。

第20條

票據交換所應採取下列人員管理措施：

一、指定蒐集、處理及利用個人資料個別作業（以下簡稱「個別作業」）流程之負責人員。

二、就個別作業設定所屬人員不同之權限並控管之，以一定認證機制管理其權限，且定期確認權限內容設定之適當與必要性。

三、要求所屬人員負擔相關之保密義務。

第21條

票據交換所應採取下列作業管理措施：

一、訂定個別作業注意事項。

二、運用電腦及相關設備處理個人資料時，應訂定使用可攜式儲存媒體之規範。

三、儲存個人資料時，確認是否有加密之必要，如有必要，應採取適當之加密機制。

四、傳輸個人資料時，因應不同之傳輸方式，確認是否有加密之必要，如有必要，應採取適當之加密機制，並確認資料收受者之正確性。

五、應依據其保有資料之重要性，評估個人資料是否有備份必要，如有必要，應予備份。對於備份資料應確認是否有加密之必要，如有必要，應採取適當之加密機制，儲存備份資料之媒體，亦應以適當方式保管，且定期進行備份資料之還原測試，以確保備份之有效性。

六、儲存個人資料之媒體於廢棄或移轉與他人前，應確實刪除媒體中所儲存之資料，或以物理方式破壞之。

七、妥善保存認證機制及加密機制中所運用之密碼，如有交付他人之必要，亦應妥善為之。

第22條

票據交換所應採取下列物理環境管理措施：

一、依個別作業內容之不同，實施必要之門禁管理。

二、妥善保管個人資料之儲存媒體。

三、針對個別作業環境之不同，建置必要之防災設備。

第23條

票據交換所利用電腦或相關設備蒐集、處理或利用個人資料時，應採取下列技術管理措施：

一、於電腦、相關設備或系統上設定認證機制，對有存取個人資料權限之人員進行識別與控管。

二、認證機制使用帳號及密碼之方式時，使其具備一定安全之複雜度並定期更換密碼。

三、於電腦、相關設備或系統上設定警示與相關反應機制，以對不正常之存取為適當之反應與處理。

四、對於存取個人資料之終端機進行身分認證，以識別並控管之。

五、個人資料存取權限之數量及範圍，於個別作業必要之限度內設定之，且原則上不得共用存取權限。

六、採用防火牆或路由器等設定，避免儲存個人資料之系統遭受

無權限之存取。

七、使用可存取個人資料之應用程式時，確認使用者具備使用權限。

八、定期測試權限認證機制之有效性。

九、定期檢視個人資料之存取權限設定正當與否。

十、於處理個人資料之電腦系統中安裝防毒軟體，並定期更新病毒碼。

十一、對於電腦作業系統及相關應用程式之漏洞，定期安裝修補之程式。

十二、定期瞭解惡意程式之威脅，並確認安裝防毒軟體及修補程式後之電腦系統之穩定性。

十三、具備存取權限之終端機不得安裝檔案分享軟體。

十四、測試處理個人資料之資訊系統時，不使用真實之個人資料，如使用真實之個人資料時，應明確規定其使用之程序。

十五、處理個人資料之資訊系統有變更時，應確認其安全性並未降低。

十六、定期檢查處理個人資料之資訊系統之使用狀況及個人資料存取之情形。

第五章　認知宣導及教育訓練

第24條

票據交換所應對所屬人員施以認知宣導及教育訓練，使其明瞭個人資料保護相關法令之要求、所屬人員之責任範圍及各種作業程序。

第六章　計畫稽核及改善程序

第25條

票據交換所為確保本計畫之有效性，應定期檢查本計畫是否落實執行。

第26條

為持續改善本計畫，票據交換所應建立下列程序：

一、本計畫發生未落實執行時之改善程序。

二、本計畫有變更時之變更程序。

第七章　紀錄機制

第27條

本計畫各項程序執行時，票據交換所至少應保存下列紀錄：

一、個人資料交付、傳輸之紀錄。

二、確認個人資料正確性及更正之紀錄。

三、提供當事人行使權利之紀錄。

四、個人資料刪除、廢棄之紀錄。

五、存取個人資料系統之紀錄。

六、備份及還原測試之紀錄。

七、所屬人員權限新增、變動及刪除之紀錄。

八、所屬人員違反權限行為之紀錄。

九、因應事故發生所採取行為之紀錄。

十、定期檢查處理個人資料之資訊系統之紀錄。

十一、教育訓練之紀錄。

十二、本計畫稽核及改善程序執行之紀錄。

第八章　施行日期

第28條

本辦法自發布日施行。

二、內政部

1.當舖業個人資料檔案安全維護管理辦法

民國106年2月13日內政部台令訂定發布全文23條；並自發布日施行。

第1條

本辦法依個人資料保護法（以下簡稱本法）第二十七條第三項規定訂定之。

第2條

本辦法所稱主管機關，在中央為內政部；在直轄市為直轄市政府；在縣（市）為縣（市）政府。

第3條

Ⅰ.當舖業應訂定個人資料檔案安全維護計畫（以下簡稱計畫），以落實個人資料檔案之安全維護及管理，防止個人資料被竊取、竄改、毀損、滅失或洩漏。

Ⅱ.前項所稱當舖業，指依當舖業法規定許可，並經依法設立經營當舖業務之公司或商號。

第4條

Ⅰ.當舖業依前條第一項規定訂定計畫時，得視其規模、特性、保有個人資料之性質及數量等事項，參酌第六條至第二十二條規定，訂定適當之安全維護管理措施。

Ⅱ.前項計畫內容應包括下列事項，第二款相關事項必要時得整併之：

一、當舖業之組織規模。

二、個人資料檔案之安全管理措施：

　　㈠配置管理之人員及相當資源。

　　㈡界定蒐集、處理及利用個人資料之範圍。

　　㈢個人資料之風險評估及管理機制。

㈣事故之預防、通報及應變機制。
㈤個人資料蒐集、處理及利用之內部管理程序。
㈥設備安全管理、資料安全管理及人員管理措施。
㈦認知宣導及教育訓練。
㈧個人資料安全維護稽核機制。
㈨使用紀錄、軌跡資料及證據保存。
㈩個人資料安全維護之整體持續改善。
(十一)業務終止後之個人資料處理方法。

第5條

Ⅰ.當舖業應於開業之日起七日內，將計畫報請當地直轄市或縣（市）主管機關備查。

Ⅱ.當舖業於本辦法發布施行前已開業經營者，應於本辦法發布施行日起六個月內，將計畫報請當地直轄市或縣（市）主管機關備查。已經許可經營當舖業務而尚未完成公司設立登記或商業登記者，亦同。

第6條

Ⅰ.當舖業應配置適當管理人員及相當資源，負責規劃、訂定、修正及執行計畫或業務終止後個人資料處理方法等相關事項，並定期向負責人提出報告。

Ⅱ.當舖業應訂定個人資料保護管理政策，將蒐集、處理及利用個人資料之特定目的、法律依據及其他相關保護事項，公告於營業處所適當之處，如有網站者，並揭露於網站首頁，使其所屬人員及個人資料當事人均能知悉。

第7條

Ⅰ.當舖業應確認蒐集個人資料之特定目的，於達成特定目的之必要範圍內，界定所蒐集、處理及利用個人資料之類別及範圍，並定期清查所保有個人資料檔案之現況。

Ⅱ.當舖業依前項清查發現有非屬特定目的必要範圍內之個人資料或特定目的消失、期限屆滿而無保存必要者，應予刪除、銷毀或其他停止蒐集、處理或利用等適當之處置，並留存相關紀錄。

第8條

當舖業應依已界定蒐集、處理與利用個人資料之類別、範圍及流程，分析評估可能發生之風險，訂定適當之管控措施。

第9條

I.當舖業應訂定應變機制，於發生個人資料被竊取、洩漏、竄改或其他侵害事故時，迅速處理以保護當事人之權益。

II.前項應變機制，應包括下列事項：

一、採取適當之措施控制事故對當事人造成損害。

二、查明事故發生原因及損害狀況，並以適當方式通知當事人事故事實、因應措施及諮詢服務專線等。

三、研議改進措施，避免類似事故再度發生。

四、發生重大個人資料事故者，應即以書面通報當地直轄市、縣（市）主管機關。

III.前項第四款所稱重大個人資料事故，指個人資料被竊取、洩漏、竄改或其他侵害事故，致危及大量當事人權益之情形。

第10條

當舖業所屬人員為執行業務蒐集個人資料時，應檢視符合蒐集要件及特定目的之必要範圍，並接受該當舖業監督。

第11條

當舖業蒐集個人資料，應遵守本法第八條及第九條有關告知義務之規定，並區分個人資料屬直接蒐集或間接蒐集，分別訂定告知方式、內容及注意事項，要求所屬人員確實辦理。

第12條

中央主管機關依本法第二十一條規定，對當舖業為限制國際傳輸個人資料之命令或處分時，當舖業應通知所屬人員遵循辦理。

第13條

當舖業所蒐集之個人資料需作特定目的外利用者，應檢視有無本法第二十條第一項但書規定得為利用之情形。

第14條

當舖業於個人資料當事人行使本法第三條規定之權利時，應依

下列規定辦理：

一、提供聯絡窗口及聯絡方式。

二、確認為個人資料當事人之本人，或經其委託者。

三、認有本法第十條但書各款、第十一條第二項但書或第三項但書規定得拒絕當事人行使權利之事由，應附理由通知當事人。

四、收取必要成本費用者，應告知當事人收費基準。

五、遵守本法第十三條有關處理期限規定。

第15條

Ⅰ.當舖業對所蒐集保管之個人資料檔案，應採取必要適當之安全設備或防護措施。

Ⅱ.前項安全設備或防護措施，應包含下列事項：

一、紙本資料檔案之安全保護設施。

二、電子資料檔案存放之電腦、自動化機器相關設備、可攜式設備或儲存媒體，配置安全防護系統或加密機制。

三、存有個人資料之紙本、磁碟、磁帶、光碟片、微縮片、積體電路晶片或其他存放媒介物報廢汰換或轉作其他用途時，應採取適當之銷毀或防範措施，避免洩漏個人資料；委託他人執行者，當舖業對受託者之監督依第二十二條規定辦理。

第16條

Ⅰ.當舖業為確實保護個人資料之安全，應對其所屬人員採取適度管理措施。

Ⅱ.前項管理措施，應包含下列事項：

一、依據業務需求，適度設定所屬人員不同之權限控管其接觸個人資料之情形，並定期檢視權限內容之適當性及必要性。

二、檢視各相關業務之性質，規範個人資料蒐集、處理及利用等流程之負責人員。

三、要求所屬人員妥善保管個人資料之儲存媒介物，並約定保管及保密義務。

四、所屬人員離職時，應將執行業務所持有之個人資料辦理交接，不得在外繼續使用，並應簽訂保密切結書。

第17條

當舖業對於個人資料蒐集、處理及利用，應符合本法第十九條及第二十條相關規定，並定期或不定期對於所屬人員施以基礎認知宣導或專業教育訓練，使其明瞭個人資料保護相關法令規定、責任範圍及應遵守之相關管理措施。

第18條

I.當舖業應訂定個人資料檔案安全維護稽核機制，每半年定期或不定期檢查計畫執行情形，檢查結果並應向負責人提出報告，並留存相關紀錄，其保存期限至少五年。

II.當舖業依前項檢查結果發現計畫不符法令或不符法令之虞者，應即改善。

第19條

當舖業應採行適當措施，留存個人資料使用紀錄、自動化機器設備之軌跡資料或其他相關之證據資料，其保存期限至少五年。

第20條

當舖業應隨時參酌業務及計畫執行狀況，社會輿情、技術發展及相關法規訂修等因素，檢討所定計畫，必要時應予修正；修正後，應於十五日內將修正計畫報請當地直轄市或縣（市）主管機關備查。

第21條

當舖業業務終止後，其保有之個人資料不得繼續使用，應依下列方式處理，並留存相關紀錄，其保存期限至少五年：

一、銷毀：銷毀之方法、時間、地點及證明銷毀之方式。

二、移轉：移轉之原因、對象、方法、時間、地點及受移轉對象得保有該項個人資料之合法依據。

三、其他刪除、停止處理或利用個人資料：刪除、停止處理或利用之方法、時間或地點。

第22條

I.當舖業委託他人蒐集、處理或利用個人資料之全部或一部時，應依本法施行細則第八條規定為適當監督。

Ⅱ.當舖業為執行前項監督，應與受託者明確約定相關監督事項及方式。

第23條

本辦法自發布日施行。

2.保全業個人資料檔案安全維護管理辦法

民國105年7月8日內政部令訂定發布全文23條；並自發布日施行。

第1條

本辦法依個人資料保護法（以下簡稱本法）第二十七條第三項規定訂定之。

第2條

本辦法所稱主管機關，在中央為內政部；在直轄市為直轄市政府；在縣（市）為縣（市）政府。

第3條

Ⅰ.保全業應訂定個人資料檔案安全維護計畫（以下簡稱計畫），以落實個人資料檔案之安全維護及管理，防止個人資料被竊取、竄改、毀損、滅失或洩漏。

Ⅱ.前項所稱保全業，指依保全業法規定許可，並經依法設立經營保全業務之股份有限公司。

第4條

Ⅰ.保全業依前條第一項規定訂定計畫時，得視其規模、特性、保有個人資料之性質及數量等事項，參酌第六條至第二十二條規定，訂定適當之安全維護管理措施。

Ⅱ.前項計畫內容應包括下列事項，第二款相關事項必要時得整併之：

一、保全業之組織規模。

二、個人資料檔案之安全管理措施：

　　㈠配置管理之人員及相當資源。

　　㈡界定蒐集、處理及利用個人資料之範圍。

　　㈢個人資料之風險評估及管理機制。

　　㈣事故之預防、通報及應變機制。

　　㈤個人資料蒐集、處理及利用之內部管理程序。

　　㈥設備安全管理、資料安全管理及人員管理措施。

　　㈦認知宣導及教育訓練。

(八)個人資料安全維護稽核機制。
(九)使用紀錄、軌跡資料及證據保存。
(十)個人資料安全維護之整體持續改善。
(十一)業務終止後之個人資料處理方法。

第5條

Ⅰ.保全業應於申請開業備查時，一併將計畫報請當地直轄市或縣（市）主管機關備查。

Ⅱ.保全業於本辦法發布施行前已完成開業備查者，應於本辦法發布施行日起六個月內，將計畫報請當地直轄市或縣（市）主管機關備查。已經許可經營保全業務而尚未完成開業備查者，亦同。

第6條

Ⅰ.保全業應配置適當管理人員及相當資源，負責規劃、訂定、修正及執行計畫或業務終止後個人資料處理方法等相關事項，並定期向負責人提出報告。

Ⅱ.保全業應訂定個人資料保護管理政策，將蒐集、處理及利用個人資料之特定目的、法律依據及其他相關保護事項，公告於營業處所適當之處，如有網站者，並揭露於網站首頁，使其所屬人員及個人資料當事人均能知悉。

第7條

Ⅰ.保全業應確認蒐集個人資料之特定目的，於達成特定目的之必要範圍內，界定所蒐集、處理及利用個人資料之類別及範圍，並定期清查所保有個人資料檔案之現況。

Ⅱ.保全業依前項清查發現有非屬特定目的必要範圍內之個人資料或特定目的消失、期限屆滿而無保存必要者，應予刪除、銷毀或其他停止蒐集、處理或利用等適當之處置，並留存相關紀錄。

第8條

保全業應依已界定蒐集、處理與利用個人資料之類別、範圍及流程，分析評估可能發生之風險，訂定適當之管控措施。

第9條

Ⅰ. 保全業應訂定應變機制，於發生個人資料被竊取、洩漏、竄改或其他侵害事故時，迅速處理以保護當事人之權益。

Ⅱ. 前項應變機制，應包括下列事項：

一、採取適當之措施控制事故對當事人造成損害。

二、查明事故發生原因及損害狀況，並以適當方式通知當事人事故事實、因應措施及諮詢服務專線等。

三、研議改進措施，避免類似事故再度發生。

四、發生重大個人資料事故者，應即以書面通報當地直轄市或縣（市）主管機關。

Ⅲ. 前項第四款所稱重大個人資料事故，指個人資料被竊取、洩漏、竄改或其他侵害事故，致危及大量當事人權益之情形。

第10條

保全業所屬人員為執行業務蒐集個人資料時，應檢視符合蒐集要件及特定目的之必要範圍，並接受該保全業監督。

第11條

保全業蒐集個人資料，應遵守本法第八條及第九條有關告知義務之規定，並區分個人資料屬直接蒐集或間接蒐集，分別訂定告知方式、內容及注意事項，要求所屬人員確實辦理。

第12條

中央主管機關依本法第二十一條規定，對保全業為限制國際傳輸個人資料之命令或處分時，保全業應通知所屬人員遵循辦理。

第13條

保全業所蒐集之個人資料需作特定目的外利用者，應檢視有無本法第二十條第一項但書規定得為利用之情形。

第14條

保全業於個人資料當事人行使本法第三條規定之權利時，應依下列規定辦理：

一、提供聯絡窗口及聯絡方式。

二、確認為個人資料當事人之本人，或經其委託者。

三、認有本法第十條但書各款、第十一條第二項但書或第三項但書規定得拒絕當事人行使權利之事由，應附理由通知當事人。

四、收取必要成本費用者，應告知當事人收費基準。

五、遵守本法第十三條有關處理期限規定。

第15條

Ⅰ.保全業對所蒐集保管之個人資料檔案，應採取必要適當之安全設備或防護措施。

Ⅱ.前項安全設備或防護措施，應包含下列事項：

一、紙本資料檔案之安全保護設施。

二、電子資料檔案存放之電腦、自動化機器相關設備、可攜式設備或儲存媒體，配置安全防護系統或加密機制。

三、存有個人資料之紙本、磁碟、磁帶、光碟片、微縮片、積體電路晶片或其他存放媒介物報廢汰換或轉作其他用途時，應採取適當之銷毀或防範措施，避免洩漏個人資料；委託他人執行者，保全業對受託者之監督依第二十二條規定辦理。

第16條

Ⅰ.保全業為確實保護個人資料之安全，應對其所屬人員採取適度管理措施。

Ⅱ.前項管理措施，應包含下列事項：

一、依據業務需求，適度設定所屬人員不同之權限控管其接觸個人資料之情形，並定期檢視權限內容之適當性及必要性。

二、檢視各相關業務之性質，規範個人資料蒐集、處理及利用等流程之負責人員。

三、要求所屬人員妥善保管個人資料之儲存媒介物，並約定保管及保密義務。

四、所屬人員離職時，應將執行業務所持有之個人資料辦理交接，不得在外繼續使用，並應簽訂保密切結書。

第17條

保全業對於個人資料蒐集、處理及利用，應符合本法第十九條及第二十條相關規定，並定期或不定期對於所屬人員施以基礎

認知宣導或專業教育訓練，使其明瞭個人資料保護相關法令規定、責任範圍及應遵守之相關管理措施。

第18條

I.保全業應訂定個人資料檔案安全維護稽核機制，每半年定期或不定期檢查計畫執行情形，檢查結果並應向負責人提出報告，並留存相關紀錄，其保存期限至少五年。

II.保全業依前項檢查結果發現計畫不符法令或不符法令之虞者，應即改善。

第19條

保全業應採行適當措施，留存個人資料使用紀錄、自動化機器設備之軌跡資料或其他相關之證據資料，其保存期限至少五年。

第20條

保全業應隨時參酌業務及計畫執行狀況，社會輿情、技術發展及相關法規訂修等因素，檢討所定計畫，必要時應予修正；修正後，應於十五日內將修正計畫報請當地直轄市或縣（市）主管機關備查。

第21條

保全業業務終止後，其保有之個人資料不得繼續使用，應依下列方式處理，並留存相關紀錄，其保存期限至少五年：

一、銷毀：銷毀之方法、時間、地點及證明銷毀之方式。

二、移轉：移轉之原因、對象、方法、時間、地點及受移轉對象得保有該項個人資料之合法依據。

三、其他刪除、停止處理或利用個人資料：刪除、停止處理或利用之方法、時間或地點。

第22條

I.保全業委託他人蒐集、處理或利用個人資料之全部或一部時，應依本法施行細則第八條規定為適當監督。

II.保全業為執行前項監督，應與受託者明確約定相關監督事項及方式。

第23條

本辦法自發布日施行。

3.槍砲彈藥刀械業個人資料檔案安全維護管理辦法

民國105年6月27日內政部令訂定發布全文23條；並自發布日施行。

第1條
本辦法依個人資料保護法（以下簡稱本法）第二十七條第三項規定訂定之。

第2條
本辦法所稱主管機關，在中央為內政部；在直轄市為直轄市政府；在縣（市）為縣（市）政府。

第3條
Ⅰ.槍砲彈藥刀械業應訂定個人資料檔案安全維護計畫（以下簡稱計畫），以落實個人資料檔案之安全維護及管理，防止個人資料被竊取、竄改、毀損、滅失或洩漏。

Ⅱ.前項所稱槍砲彈藥刀械業，指經依槍砲彈藥刀械許可及管理辦法第十三條或第二十八條規定許可之廠商。

第4條
Ⅰ.槍砲彈藥刀械業依前條第一項規定訂定計畫時，得視其規模、特性、保有個人資料之性質及數量等事項，參酌第六條至第二十二條規定，訂定適當之安全維護管理措施。

Ⅱ.前項計畫內容應包括下列事項，第二款相關事項必要時得整併之：

一、槍砲彈藥刀械業之組織規模。

二、個人資料檔案之安全管理措施：

　　㈠配置管理之人員及相當資源。

　　㈡界定蒐集、處理及利用個人資料之範圍。

　　㈢個人資料之風險評估及管理機制。

　　㈣事故之預防、通報及應變機制。

　　㈤個人資料蒐集、處理及利用之內部管理程序。

㈥設備安全管理、資料安全管理及人員管理措施。

㈦認知宣導及教育訓練。

㈧個人資料安全維護稽核機制。

㈨使用紀錄、軌跡資料及證據保存。

㈩個人資料安全維護之整體持續改善。

㈩一業務終止後之個人資料處理方法。

第5條

Ⅰ.槍砲彈藥刀械業應於完成營業項目登記後六個月內，將計畫報
請當地直轄市或縣（市）主管機關備查。

Ⅱ.槍砲彈藥刀械業於本辦法發布施行前已完成營業項目登記者，
應於本辦法發布施行日起六個月內，將計畫報請當地直轄市或
縣（市）主管機關備查。

第6條

Ⅰ.槍砲彈藥刀械業應配置適當管理人員及相當資源，負責規劃、
訂定、修正及執行計畫或業務終止後個人資料處理方法等相關
事項，並定期向負責人提出報告。

Ⅱ.槍砲彈藥刀械業應訂定個人資料保護管理政策，將蒐集、處理
及利用個人資料之特定目的、法律依據及其他相關保護事項，
公告於營業處所適當之處，如有網站者，並揭露於網站首頁，
使其所屬人員及個人資料當事人均能知悉。

第7條

Ⅰ.槍砲彈藥刀械業應確認蒐集個人資料之特定目的，於達成特定
目的之必要範圍內，界定所蒐集、處理及利用個人資料之類別
及範圍，並定期清查所保有個人資料檔案之現況。

Ⅱ.槍砲彈藥刀械業依前項清查發現有非屬特定目的必要範圍內之
個人資料或特定目的消失、期限屆滿而無保存必要者，應予刪
除、銷毀或其他停止蒐集、處理或利用等適當之處置，並留存
相關紀錄。

第8條

槍砲彈藥刀械業應依已界定蒐集、處理與利用個人資料之類
別、範圍及流程，分析評估可能發生之風險，訂定適當之管控

措施。

第9條

Ⅰ.槍砲彈藥刀械業應訂定應變機制，於發生個人資料被竊取、洩漏、竄改或其他侵害事故時，迅速處理以保護當事人之權益。

Ⅱ.前項應變機制，應包括下列事項：

一、採取適當之措施控制事故對當事人造成損害。

二、查明事故發生原因及損害狀況，並以適當方式通知當事人事故事實、因應措施及諮詢服務專線等。

三、研議改進措施，避免類似事故再度發生。

四、發生重大個人資料事故者，應即以書面通報當地直轄市或縣（市）主管機關。

Ⅲ.前項第四款所稱重大個人資料事故，指個人資料被竊取、洩漏、竄改或其他侵害事故，致危及大量當事人權益之情形。

第10條

槍砲彈藥刀械業所屬人員為執行業務蒐集個人資料時，應檢視符合蒐集要件及特定目的之必要範圍，並接受該槍砲彈藥刀械業監督。

第11條

槍砲彈藥刀械業蒐集個人資料，應遵守本法第八條及第九條有關告知義務之規定，並區分個人資料屬直接蒐集或間接蒐集，分別訂定告知方式、內容及注意事項，要求所屬人員確實辦理。

第12條

中央主管機關依本法第二十一條規定，對槍砲彈藥刀械業為限制國際傳輸個人資料之命令或處分時，槍砲彈藥刀械業應通知所屬人員遵循辦理。

第13條

槍砲彈藥刀械業所蒐集之個人資料需作特定目的外利用者，應檢視有無本法第二十條第一項但書規定得為利用之情形。

第14條

槍砲彈藥刀械業於個人資料當事人行使本法第三條規定之權利

時，應依下列規定辦理：

一、提供聯絡窗口及聯絡方式。

二、確認為個人資料當事人之本人，或經其委託者。

三、認有本法第十條但書各款、第十一條第二項但書或第三項但書規定得拒絕當事人行使權利之事由，應附理由通知當事人。

四、收取必要成本費用者，應告知當事人收費基準。

五、遵守本法第十三條有關處理期限規定。

第15條

Ⅰ.槍砲彈藥刀械業對所蒐集保管之個人資料檔案，應採取必要適當之安全設備或防護措施。

Ⅱ.前項安全設備或防護措施，應包含下列事項：

一、紙本資料檔案之安全保護設施。

二、電子資料檔案存放之電腦、自動化機器相關設備、可攜式設備或儲存媒體，配置安全防護系統或加密機制。

三、存有個人資料之紙本、磁碟、磁帶、光碟片、微縮片、積體電路晶片或其他存放媒介物報廢汰換或轉作其他用途時，應採取適當之銷毀或防範措施，避免洩漏個人資料；委託他人執行者，槍砲彈藥刀械業對受託者之監督依第二十二條規定辦理。

第16條

Ⅰ.槍砲彈藥刀械業為確實保護個人資料之安全，應對其所屬人員採取適度管理措施。

Ⅱ.前項管理措施，應包含下列事項：

一、依據業務需求，適度設定所屬人員不同之權限控管其接觸個人資料之情形，並定期檢視權限內容之適當性及必要性。

二、檢視各相關業務之性質，規範個人資料蒐集、處理及利用等流程之負責人員。

三、要求所屬人員妥善保管個人資料之儲存媒介物，並約定保管及保密義務。

四、所屬人員離職時，應將執行業務所持有之個人資料辦理交

接，不得在外繼續使用，並應簽訂保密切結書。

第17條

槍砲彈藥刀械業對於個人資料蒐集、處理及利用，應符合本法第十九條及第二十條相關規定，並定期或不定期對於所屬人員施以基礎認知宣導或專業教育訓練，使其明瞭個人資料保護相關法令規定、責任範圍及應遵守之相關管理措施。

第18條

Ⅰ.槍砲彈藥刀械業應訂定個人資料檔案安全維護稽核機制，每半年定期或不定期檢查計畫執行情形，檢查結果應向負責人提出報告，並留存相關紀錄，其保存期限至少五年。

Ⅱ.槍砲彈藥刀械業依前項檢查結果發現計畫不符法令或不符法令之虞者，應即改善。

第19條

槍砲彈藥刀械業應採行適當措施，留存個人資料使用紀錄、自動化機器設備之軌跡資料或其他相關之證據資料，其保存期限至少五年。

第20條

槍砲彈藥刀械業應隨時參酌業務及計畫執行狀況，社會輿情、技術發展及相關法規訂修等因素，檢討所定計畫，必要時應予修正；計畫修正者，應於十五日內報請當地直轄市或縣（市）主管機關備查。

第21條

槍砲彈藥刀械業業務終止後，其保有之個人資料不得繼續使用，應依下列方式處理，並留存相關紀錄，其保存期限至少五年：

一、銷毀：銷毀之方法、時間、地點及證明銷毀之方式。

二、移轉：移轉之原因、對象、方法、時間、地點及受移轉對象得保有該項個人資料之合法依據。

三、其他刪除、停止處理或利用個人資料：刪除、停止處理或利用之方法、時間或地點。

第22條

I. 槍砲彈藥刀械業委託他人蒐集、處理或利用個人資料之全部或一部時，應依本法施行細則第八條規定爲適當監督。

II. 槍砲彈藥刀械業爲執行前項監督，應與受託者明確約定相關監督事項及方式。

第23條

本辦法自發布日施行。

4.移民業務機構個人資料檔案安全維護管理辦法

民國105年4月8日內政部訂定發布全文21條；並自發布日施行。

第1條

本辦法依個人資料保護法（以下簡稱本法）第二十七條第三項規定訂定之。

第2條

本辦法所稱移民業務機構，指依入出國及移民法第五十五條第一項、第二項許可代辦移民業務之機構。

第3條

Ⅰ.移民業務機構應訂定個人資料檔案安全維護計畫（以下簡稱本計畫），以落實個人資料檔案之安全維護及管理，防止個人資料被竊取、竄改、毀損、滅失或洩漏。

Ⅱ.移民業務機構經許可設立並領取註冊登記證之日起六個月內，應將本計畫報請內政部備查；本辦法施行前已經許可設立並領取註冊登記證者，應於本辦法施行之日起一年內將本計畫報請備查。

第4條

Ⅰ.移民業務機構訂定本計畫時，得視其規模、特性、保有個人資料之性質及數量等事項，參酌第五條至第二十條規定，訂定適當之安全維護管理措施。

Ⅱ.前項計畫內容應包括下列項目，必要時得予整併：

一、移民業務機構之組織規模。

二、個人資料檔案之安全維護管理措施：

　　㈠配置管理之人員及相當資源。

　　㈡界定蒐集、處理及利用個人資料之範圍。

　　㈢個人資料之風險評估及管理機制。

　　㈣個人資料蒐集、處理及利用之內部管理程序。

　㈤事故之預防、通報及應變機制。

　㈥設備安全管理、資料安全管理及人員管理措施。

　㈦資料安全稽核機制。

　㈧使用紀錄、軌跡資料及證據保存。

　㈨認知宣導及教育訓練。

　㈩個人資料安全維護之整體持續改善。

　㈩一業務終止後之個人資料處理方法。

Ⅲ.移民業務機構應將本計畫公告於營業處所適當之處，有網站者，並應揭露於網站首頁，使其所屬人員及資料當事人均能知悉；本計畫修正時，亦同。

第5條

　移民業務機構應配置適當人員及相當資源，負責規劃、訂定、修正與執行本計畫或業務終止後個人資料處理方法等相關事項。

第6條

Ⅰ.移民業務機構應確認蒐集個人資料之特定目的，依特定目的之必要性，界定所蒐集、處理及利用個人資料之類別或範圍，並定期清查所保有之個人資料現況。

Ⅱ.移民業務機構經清查發現有非屬特定目的之必要範圍內之個人資料或特定目的之消失、期限屆滿而無保存必要者，應予刪除、銷毀或其他停止蒐集、處理或利用等適當之處置，並留存相關紀錄。

第7條

　移民業務機構應依已界定蒐集、處理與利用個人資料之範圍及流程，分析評估可能發生之風險，訂定適當之管控措施。

第8條

　移民業務機構於蒐集個人資料時應遵守本法第八條及第九條有關告知義務之規定，並區分個人資料屬直接蒐集或間接蒐集，分別訂定告知方式、內容及注意事項，要求所屬人員確實辦理。

第9條

Ⅰ.移民業務機構所屬人員於首次利用個人資料為行銷時,應提供當事人免費表示拒絕接受行銷之方式。

Ⅱ.移民業務機構利用個人資料進行行銷時,當事人表示拒絕接受行銷後,應立即停止利用其個人資料行銷,並通知所屬人員。

第10條

移民業務機構所蒐集之個人資料如需作特定目的外利用,應檢視是否符合本法第二十條第一項但書規定,得為利用之情形。

第11條

移民業務機構進行個人資料國際傳輸前,應檢視有無內政部依本法第二十一條規定所為之限制。

第12條

移民業務機構於當事人行使本法第三條規定之權利時,應依下列規定辦理:

一、提供聯絡窗口及聯絡方式。

二、確認是否為資料當事人之本人,或經其委託。

三、如認有本法第十條但書各款、第十一條第二項但書或第三項但書得拒絕當事人行使權利之事由,應附理由通知當事人。

四、告知是否酌收必要成本費用及其收費基準,並遵守本法第十三條處理期限之規定。

第13條

Ⅰ.移民業務機構應訂定應變機制,在發生個人資料被竊取、洩漏、竄改或其他侵害事故時,迅速處理以保護當事人之權益。

Ⅱ.前項應變機制,應包括下列事項:

一、採取適當之措施以控制事故對當事人造成損害。

二、查明事故發生原因及損害狀況,並以適當方式通知當事人事故事實、因應措施及諮詢服務專線等。

三、研議改進措施,避免類似事故再度發生。

四、發生重大個人資料事故者,應即以書面通報內政部。

Ⅲ.前項第四款所稱重大個人資料事故,指個人資料被竊取、洩漏、竄改或其他侵害事故,致危及大量當事人權益之情形。

第14條

I.移民業務機構對所蒐集保有之個人資料檔案，應採取必要適當之安全設備或防護措施。

II.前項安全設備或防護措施應包含下列事項：

一、紙本資料檔案之安全保護設施及管理程序。

二、電子資料檔案存放之電腦、自動化機器相關設備、可攜式設備或儲存媒體，配置安全防護系統或加密機制。

三、個人資料存於紙本、磁碟、磁帶、光碟、微縮片、積體電路晶片或其他存放媒介物需報廢汰換或轉作其他用途時，應採取適當之銷毀或防範措施，避免洩漏個人資料；若委託他人執行上開行為時，移民業務機構應對受託人為適當之監督，並明確約定相關監督事項與方式。

第15條

移民業務機構為確實保護個人資料之安全，應對其所屬人員採取下列管理措施：

一、依據業務作業需求適度設定所屬人員不同之權限，以控管其接觸個人資料之情形。

二、檢視各相關業務之性質，規範個人資料蒐集、處理及利用等流程之負責人員。

三、要求所屬人員妥善保管個人資料之儲存媒介物，並約定保管及保密義務。

四、所屬人員離職時，應要求將執行業務所持有之個人資料辦理交接，不得在外繼續使用，並應簽訂保密切結書。

第16條

I.移民業務機構應訂定個人資料檔案安全維護查核機制，定期或不定期檢查本計畫之執行情形。

II.前項定期檢查本計畫之執行，每二年至少一次，並作成書面紀錄，其保存期限至少五年。

第17條

移民業務機構對於個人資料蒐集、處理及利用應符合本法第十九條及第二十條規定，並定期或不定期對其所屬人員施以基

礎認知宣導或專業教育訓練，使其明瞭個人資料保護相關法令規定、責任範圍及應遵守之相關管理措施。

第18條

移民業務機構應採行適當措施，留存個人資料使用紀錄、自動化機器設備之軌跡資料或其他相關之證據資料，其保存期限至少五年。

第19條

移民業務機構業務終止後，其保有之個人資料不得繼續使用，應依下列方式處理，並留存相關紀錄，其保存期限至少五年：

一、銷毀：銷毀之方法、時間、地點及證明銷毀之方式。

二、移轉：移轉之原因、對象、方法、時間、地點及受移轉對象得保有該項個人資料之合法依據。

三、其他刪除、停止處理或利用個人資料：刪除、停止處理或利用之方法、時間或地點。

第20條

移民業務機構應隨時參酌本計畫執行狀況，檢討所定內容是否合宜，必要時應予以修正，並於一個月內報內政部備查。

第21條

本辦法自發布日施行。

5.不動產經紀業個人資料檔案安全維護管理辦法

1.民國102年7月10日內政部令訂定發布全文25條；並自發布日施行。
2.民國104年11月10日內政部令修正發布第17條條文。

第1條
本辦法依個人資料保護法（以下簡稱本法）第二十七條第三項規定訂定之。

第2條
本辦法所稱主管機關，在中央為內政部；在直轄市為直轄市政府；在縣（市）為縣（市）政府。

第3條
Ⅰ.不動產經紀業（以下簡稱經紀業）應訂定個人資料檔案安全維護計畫（以下簡稱計畫），以落實個人資料檔案之安全維護與管理，防止個人資料被竊取、竄改、毀損、滅失或洩漏。

Ⅱ.前項所稱經紀業，指依不動產經紀業管理條例規定，經營不動產仲介或代銷業務之公司或商號。

第4條
Ⅰ.經紀業訂定計畫時，得視其規模、特性、保有個人資料之性質及數量等事項，參酌第六條至第二十四條規定，訂定適當之安全維護管理措施。

Ⅱ.前項計畫內容應包括下列項目，第二款相關項目必要時得予整併：

一、經紀業之組織規模。

二、個人資料檔案之安全維護管理措施：

　　㈠配置管理之人員及相當資源。

　　㈡界定個人資料之範圍。

　　㈢個人資料之風險評估及管理機制。

　　㈣個人資料蒐集、處理及利用之內部管理程序。

　　㈤事故之預防、通報及應變機制。

(六)設備安全管理、資料安全管理及人員管理措施。

(七)資料安全稽核機制。

(八)使用紀錄、軌跡資料及證據保存。

(九)認知宣導及教育訓練。

(十)個人資料安全維護之整體持續改善。

(十一)業務終止後之個人資料處理方法。

第5條

Ⅰ.經紀業應將訂定之計畫，報請所在地直轄市或縣（市）主管機關備查；計畫修正時，亦同。

Ⅱ.經紀業應於申請開業備查時一併將計畫報請直轄市或縣（市）主管機關備查；本辦法發布施行時，已完成開業備查者，應於本辦法發布施行日起三個月內將計畫報請備查；已經許可經營經紀業，尚未完成開業備查者，由直轄市或縣（市）主管機關於輔導開業備查時一併輔導計畫備查。

第6條

Ⅰ.經紀業應配置適當人員及相當資源，負責規劃、訂定、修正與執行計畫或業務終止後個人資料處理方法等相關事項，並定期向負責人提出報告。

Ⅱ.經紀業應訂定個人資料保護管理政策，將蒐集、處理、利用個人資料之特定目的、法律依據與其他相關保護事項，公告於營業處所適當之處，使其所屬人員及資料當事人均能知悉。

第7條

Ⅰ.經紀業應確認蒐集個人資料之特定目的，依特定目的之必要性，界定所蒐集、處理及利用個人資料之類別或範圍，並定期清查所保有之個人資料現況。

Ⅱ.經紀業經清查發現有非屬特定目的必要範圍內之個人資料或特定目的消失、期限屆滿而無保存必要者，應予刪除、銷毀或其他停止蒐集、處理或利用等適當之處置。

第8條

Ⅰ.經紀業所屬人員為執行業務所蒐集之個人資料應視為該經紀業者所蒐集持有，於蒐集時應檢視是否符合蒐集要件及特定目的

之必要範圍，並接受監督。

II.前項個人資料有必要上傳直營總公司或加盟總部時，應採取必要保護措施，以防範發生個人資料洩漏事故。

第9條

經紀業應依已界定個人資料之範圍與蒐集、處理及利用流程，分析評估可能發生之風險，訂定適當之管控措施。

第10條

經紀業於蒐集個人資料時應遵守本法第八條及第九條有關告知義務之規定，並區分個人資料屬直接蒐集或間接蒐集，分別訂定告知方式、內容及注意事項，要求所屬人員確實辦理。

第11條

I.經紀業所屬人員利用個人資料行銷時，應明確告知當事人其所屬公司或商號名稱；其屬加盟經營者，應告知加盟品牌名稱及公司或商業登記之名稱。

II.經紀業首次利用個人資料行銷時，應提供當事人免費表示拒絕接受行銷之方式。

III.經紀業利用個人資料進行行銷，當事人表示拒絕接受行銷後，應立即停止利用其個人資料繼續行銷。

IV.前項當事人表示拒絕接受行銷之情形，直營店應通報總公司彙整後再周知所屬各部門；加盟店應通告內部其他業務人員，其有上傳加盟總部者，亦應併同告知加盟總部。

第12條

經紀業所蒐集之個人資料如需作特定目的外利用，應檢視是否符合本法第二十條第一項但書規定，得為利用之情形。

第13條

中央主管機關依本法第二十一條規定，對經紀業為限制國際傳輸個人資料之命令或處分時，經紀業應通知所屬人員遵循辦理。

第14條

經紀業於當事人行使本法第三條規定之權利時，應依下列規定辦理：

一、提供聯絡窗口及聯絡方式。

二、確認是否為資料當事人之本人，或經其委託。

三、如認有本法第十條但書各款、第十一條第二項但書或第三項但書得拒絕當事人行使權利之事由，應附理由通知當事人。

四、告知是否酌收必要成本費用及其收費基準，並遵守本法第十三條處理期限規定。

第15條

Ⅰ.經紀業與當事人簽訂之委託書，應於委託期限屆滿時主動刪除或銷毀。但因執行業務所必須或經當事人書面同意者，不在此限。

Ⅱ.經紀業對當事人刪除或銷毀委託書之請求，如認有執行業務所必須之情形，得不予刪除或銷毀，並應將其理由以書面通知當事人。

第16條

Ⅰ.經紀業委託他人蒐集、處理或利用個人資料之全部或一部時，應依本法施行細則第八條規定為適當之監督。

Ⅱ.經紀業為執行前項監督，應與受託者明確約定相關監督事項及方式。

第17條

Ⅰ.經紀業應訂定應變機制，在發生個人資料被竊取、洩漏、竄改或其他侵害事故時，迅速處理以保護當事人之權益。

Ⅱ.前項應變機制，應包括下列事項：

一、採取適當之措施以控制事故對當事人造成損害。

二、查明事故發生原因及損害狀況，並以適當方式通知當事人事故事實、因應措施及諮詢服務專線等。

三、研議改進措施，避免類似事故再度發生。

四、發生重大個人資料事故者，應即以書面通報直轄市、縣（市）主管機關。

Ⅲ.前項第四款所稱重大個人資料事故，指個人資料被竊取、洩漏、竄改或其他侵害事故，致危及大量當事人權益之情形。

第18條

Ⅰ.經紀業對所蒐集保管之個人資料檔案，應採取必要適當之安全設備或防護措施。

Ⅱ.前項安全設備或防護措施應包含下列事項：

一、紙本資料檔案之安全保護設施。

二、電子資料檔案存放之電腦或自動化機器相關設備，配置安全防護系統或加密機制。

三、電腦、自動化機器或其他存放媒介物需報廢汰換或轉作其他用途時，應採取適當之銷毀或防範措施，避免洩漏個人資料。

第19條

Ⅰ.經紀業為確實保護個人資料之安全，應對其所屬人員採取適度管理措施。

Ⅱ.前項管理措施應包含下列事項：

一、依據業務需求適度設定所屬人員不同之權限，以控管其接觸個人資料之情形。

二、檢視各類業務之性質，規範個人資料蒐集、處理及利用流程。

三、要求所屬人員妥善保管個人資料之儲存媒介物，並約定保管及保密義務。

四、所屬人員離職時，應將執行業務所持有之個人資料辦理交接，不得在外繼續使用，並應簽訂保密切結書。

第20條

經紀業應訂定個人資料檔案安全維護稽核機制，定期或不定期檢查計畫之執行情形，檢查結果並應向負責人提出報告。

第21條

經紀業應採行適當措施，留存個人資料使用紀錄、自動化機器設備之軌跡資料或其他相關之證據資料，以供必要時說明其所定計畫之執行情況。

第22條

經紀業對於個人資料蒐集、處理及利用應符合本法第十九條及

第二十條規定，並定期或不定期對其所屬人員施以基礎認知宣導或專業教育訓練，使其明瞭個人資料保護相關法令規定、責任範圍及應遵守之相關管理措施。

第23條

經紀業應隨時參酌計畫執行狀況，檢討所定計畫是否合宜，必要時應予以修正。

第24條

經紀業業務終止後，其保有之個人資料不得繼續使用，得依下列方式處理，並留存相關紀錄：

一、銷毀：銷毀之方法、時間、地點及證明銷毀之方式。

二、移轉：移轉之原因、對象、方法、時間、地點及受移轉對象得保有該項個人資料之合法依據。

三、其他刪除、停止處理或利用個人資料：刪除、停止處理或利用之方法、時間或地點。

第25條

本辦法自發布日施行。

6.殯葬服務業個人資料檔案安全維護管理辦法

民國104年10月5日內政部令訂定發布全文22條；並自發布日施行。

第1條

本辦法依個人資料保護法（以下簡稱本法）第二十七條第三項規定訂定之。

第2條

本辦法所稱主管機關，在中央為內政部；在直轄市為直轄市政府；在縣（市）為縣（市）政府。

第3條

Ⅰ.殯葬服務業應訂定個人資料檔案安全維護計畫（以下簡稱計畫），以落實個人資料檔案之安全維護及管理，防止個人資料被竊取、竄改、毀損、滅失或洩漏。

Ⅱ.前項所稱殯葬服務業，指依殯葬管理條例第四十二條規定經直轄市或縣（市）主管機關許可經營之殯葬設施經營業及殯葬禮儀服務業。

第4條

Ⅰ.殯葬服務業訂定計畫時，得視其規模、特性、保有個人資料之性質及數量等事項，參酌第六條至第二十條規定，訂定適當之安全維護管理措施。

Ⅱ.前項計畫內容應包括下列項目，第二款相關項目必要時得整併之：

一、殯葬服務業之組織規模。

二、個人資料檔案之安全維護管理措施：

 ㈠配置管理之人員及相當資源。

 ㈡界定蒐集、處理及利用個人資料之範圍。

 ㈢個人資料之風險評估及管理機制。

 ㈣事故之預防、通報及應變機制。

㈤個人資料蒐集、處理及利用之內部管理程序。
㈥設備安全管理、資料安全管理及人員管理措施。
㈦認知宣導及教育訓練。
㈧資料安全稽核機制。
㈨使用紀錄、軌跡資料及證據保存。
㈩個人資料安全維護之整體持續改善。
(十一)業務終止後之個人資料處理方法。

Ⅲ.殯葬服務業應將計畫公告於營業處所適當之處，如有網站者，並揭露於網站首頁，使其所屬人員及資料當事人均能知悉；計畫修正時，亦同。

第5條

Ⅰ.殯葬服務業應於直轄市、縣（市）主管機關許可經營之日起六個月內將計畫報請該直轄市、縣（市）主管機關備查；本辦法施行前已經許可經營殯葬服務業，應於本辦法施行之日起六個月內將計畫報請備查。

Ⅱ.殯葬服務業應參酌計畫執行狀況、技術發展及相關法令修正等因素，檢視所定計畫是否合宜，必要時應予以修正，修正後應於十五日內將修正計畫報請備查。

第6條

殯葬服務業應配置適當管理人員及相當資源，負責規劃、訂定、修正與執行計畫或業務終止後個人資料處理方法等相關事項。

第7條

Ⅰ.殯葬服務業應確認蒐集個人資料之特定目的，依特定目的之必要性，界定所蒐集、處理及利用個人資料之類別或範圍，並定期清查所保有之個人資料現況。

Ⅱ.殯葬服務業經清查發現有非屬特定目的必要範圍內之個人資料或特定目的消失、期限屆滿而無保存必要者，應予刪除、銷毀或其他停止蒐集、處理或利用等適當之處置，並留存相關紀錄。

第8條

Ⅰ.殯葬服務業依殯葬管理條例第五十六條規定委託代為銷售生前殯葬服務契約、墓基及骨灰（骸）存放單位之公司或商業，為執行業務所蒐集、處理或利用之個人資料視為該殯葬服務業所持有，於蒐集、處理或利用時應檢視是否符合特定目的之必要範圍，並接受該殯葬服務業監督。

Ⅱ.前項監督措施應包含下列事項：

一、預定蒐集、處理或利用個人資料之範圍、類別、特定目的及其期間。

二、受託者就第四條第二項採取之措施。

三、受託者或其受僱人違反本法、其他個人資料保護法律或其法規命令時，應向委託機關通知之事項及採行之補救措施。

四、委託機關如對受託者有保留指示者，其保留指示之事項。

五、委託關係終止或解除時，個人資料載體之返還，及受託者履行委託契約以儲存方式而持有之個人資料之刪除。

Ⅲ.第一項受委託之公司或商業應遵行之個人資料安全維護管理事項及委託業務終止後，其蒐集、處理或利用持有個人資料檔案之處置方式，殯葬服務業應於委託契約明定之。

第9條

殯葬服務業應依已界定蒐集、處理與利用個人資料之範圍及流程，分析評估可能發生之風險，並根據風險分析結果，訂定適當之管控措施。

第10條

殯葬服務業於蒐集個人資料應遵守本法第八條及第九條有關告知義務之規定，並區分個人資料屬直接蒐集或間接蒐集，分別訂定告知方式、內容及注意事項，要求所屬人員確實辦理。

第11條

Ⅰ.殯葬服務業所屬人員利用個人資料行銷時，應明確告知當事人其所屬公司或商業名稱。

Ⅱ.殯葬服務業首次利用個人資料行銷時，應提供當事人免付費電話、免費回郵等免費表示拒絕接受行銷之方式。

Ⅲ.殯葬服務業利用個人資料進行行銷，當事人表示拒絕接受行銷後，應立即停止利用其個人資料繼續行銷，並周知所屬人員、受委託之公司或商業。

第12條

殯葬服務業所蒐集之個人資料如需作特定目的外利用，應檢視是否符合本法第二十條第一項但書規定，得為利用之情形。

第13條

殯葬服務業於當事人行使本法第三條規定之權利時，應依下列規定辦理：

一、提供聯絡窗口及聯絡方式。

二、確認是否為資料當事人之本人，或經其委託。

三、如認有本法第十條但書各款、第十一條第二項但書或第三項但書得拒絕當事人行使權利之事由，應附理由通知當事人。

四、告知是否酌收必要成本費用及其收費基準，並遵守本法第十三條處理期限規定。

第14條

Ⅰ.殯葬服務業應訂定應變機制，在發生個人資料被竊取、洩漏、竄改或其他侵害事故時，迅速處理以保護當事人之權益。

Ⅱ.前項應變機制，應包括下列事項：

一、採取適當之措施以控制事故對當事人造成損害。

二、查明事故發生原因及損害狀況，並以適當方式通知當事人。

三、研議改進措施，避免類似事故再度發生。

第15條

Ⅰ.殯葬服務業對所保有之個人資料檔案，應採取必要適當之安全設備或防護措施。

Ⅱ.前項安全設備或防護措施應包含下列事項：

一、紙本資料檔案之安全保護設施及管理程序。

二、電子資料檔案存放之電腦、自動化機器相關設備、可攜式設備或儲存媒體，配置安全防護系統或加密機制。

三、個人資料存在於紙本、磁碟、磁帶、光碟片、微縮片、積體電路晶片或其他存放媒介物需報廢汰換或轉作其他用途時，

應採取適當防範措施，避免洩漏個人資料；若委託他人執行上開行為時，殯葬服務業應對受託人為適當之監督，並明確約定相關監督事項與方式。

第16條

殯葬服務業為確實保護個人資料之安全，應對其所屬人員採取下列措施：

一、依據業務作業需要，建立管理機制，設定所屬人員不同之權限，並定期確認權限內容之適當性及必要性。

二、檢視各相關業務之性質，規範個人資料蒐集、處理及利用等流程之負責人員。

三、要求所屬人員妥善保管個人資料之儲存媒介物，並約定保管及保密義務。

四、所屬人員離職時取消其識別碼，並應要求將執行業務所持有之個人資料辦理交接，不得攜離在外繼續使用，並應簽訂保密切結書。

第17條

Ⅰ.殯葬服務業應訂定個人資料檔案安全維護查核機制，定期或不定期檢查計畫之執行情形。

Ⅱ.前項定期檢查計畫之執行，每二年至少一次，並作成報告，其保存期限至少五年。

第18條

殯葬服務業應留存個人資料使用紀錄、自動化機器設備之軌跡資料或其他相關之證據資料。

第19條

殯葬服務業業務終止後，其保有之個人資料不得繼續使用，應依下列方式處理，並留存相關紀錄，其保存期限至少五年：

一、銷毀：銷毀之方法、時間、地點及證明銷毀之方式。

二、移轉：移轉之原因、對象、方法、時間、地點及受移轉對象得保有該項個人資料之合法依據。

三、其他刪除、停止處理或利用個人資料：刪除、停止處理或利用之方法、時間或地點。

第20條

殯葬服務業對於個人資料蒐集、處理及利用須符合本法第十九條及第二十條相關規定，並定期或不定期對於所屬人員施以基礎認知宣導或專業教育訓練，使其明瞭個人資料保護相關法令規定、責任範圍及應遵守之相關管理措施。

第21條

直轄市、縣（市）主管機關應將殯葬服務業辦理個人資料檔案安全維護管理事項納入評鑑項目。

第22條

本辦法自發布日施行。

三、公平交易委員會

1.多層次傳銷業訂定個人資料檔案安全維護計畫及業務終止後個人資料處理方法作業辦法

1.民國102年4月30日公平交易委員會令訂定發布全文14條；並自發布日施行。
2.民國103年4月18日公平交易委員會令修正發布第5、9條條文。
3.民國103年10月24日公平交易委員會令修正發布第2條、第3條至第5條、第9條至第13條條文。

第1條
本辦法依個人資料保護法（以下簡稱本法）第二十七條第三項規定訂定之。

第2條
多層次傳銷事業應於完成報備後二個月內，訂定個人資料檔案安全維護計畫及業務終止後個人資料處理方法（以下合稱個人資料保護事項)，並確實執行。

第3條
多層次傳銷事業就個人資料保護之規劃，應考量下列事項：

一、配置管理人員及相當資源。

二、界定個人資料之範圍並定期清查。

三、依已界定之個人資料範圍及個人資料蒐集、處理、利用之流程，分析可能產生之風險，並根據風險分析之結果，訂定適當之管控措施。

四、就所保有之個人資料被竊取、竄改、毀損、滅失或洩露等事故，採取適當之應變措施，以控制事故對當事人之損害，並通報有關單位及以適當方式通知當事人；於事後研議預防機制，避免類似事故再度發生。

五、對於所屬人員施以宣導或教育訓練。

第4條

多層次傳銷事業就個人資料之管理程序，應遵循下列事項：

一、確認一般個人資料及本法第六條之特種個人資料之屬性，分別訂定管理程序。

二、檢視蒐集、處理個人資料之特定目的，及是否符合免告知之事由，以符合本法第八條及第九條關於告知義務之規定。

三、檢視蒐集、處理個人資料是否符合本法第十九條規定，具有特定目的及法定要件，及利用個人資料是否符合本法第二十條第一項規定於特定目的內利用；於特定目的外利用個人資料時，檢視是否具備法定特定目的外利用要件。

四、委託他人蒐集、處理或利用個人資料之全部或一部時，對受託人依本法施行細則第八條規定為適當之監督，並明確約定相關監督事項與方法。

五、利用個人資料為行銷時，倘當事人表示拒絕行銷後，立即停止利用其個人資料行銷，並週知所屬人員；於首次行銷時，提供當事人免費表示拒絕接受行銷之方式。

六、進行個人資料國際傳輸前，檢視有無本會依本法第二十一條規定為限制國際傳輸之命令或處分，並應遵循之。

七、當事人行使本法第三條所規定之權利時，確認是否為個人資料之本人，並遵守本法第十三條有關處理期限之規定。

八、為維護所保有個人資料之正確性，檢視於蒐集、處理或利用過程，是否正確，發現個人資料不正確時，適時更正、補充或通知曾提供利用之對象；個人資料正確性有爭議者，依本法第十一條第二項規定處理之方式。

九、檢視所保有個人資料之特定目的是否消失，或期限是否屆滿；確認特定目的消失或期限屆滿時，依本法第十一條第三項規定處理。

第5條

多層次傳銷事業訂定個人資料檔案安全維護計畫，應包括下列事項：

一、資料安全管理措施。
二、人員管理措施。
三、設備安全管理措施。
四、傳銷商規範措施。

第6條

前條第一款之資料安全管理措施，包括下列事項：

一、運用電腦或自動化機器相關設備蒐集、處理或利用個人資料時，訂定使用可攜式設備或儲存媒介物之規範。

二、針對所保有之個人資料內容，如有加密之需要，於蒐集、處理或利用時，採取適當之加密機制。

三、作業過程有備份個人資料之需要時，比照原件，依本法規定予以保護之。

四、個人資料存在於紙本、磁碟、磁帶、光碟片、微縮片、積體電路晶片等媒介物，嗣該媒介物於報廢或轉作其他用途時，採適當防範措施，以免由該媒介物洩漏個人資料。

五、委託他人執行前款行為時，對受託人依本法施行細則第八條規定為適當之監督，並明確約定相關監督事項與方式。

第7條

第五條第二款之人員管理措施，包括下列事項：

一、依據作業之需要，適度設定所屬人員不同之權限並控管其接觸個人資料之情形。

二、檢視各相關業務流程涉及蒐集、處理及利用個人資料之負責人員。

三、與所屬人員約定保密義務。

第8條

第五條第三款之設備安全管理措施，包括下列事項：

一、保有個人資料存在於紙本、磁碟、磁帶、光碟片、微縮片、積體電路晶片、電腦或自動化機器設備等媒介物之環境，依據作業內容之不同，實施適宜之進出管制方式。

二、所屬人員妥善保管個人資料之儲存媒介物。

三、針對不同媒介物存在之環境，審酌建置適度之保護設備或技

術。

第9條

第五條第四款之傳銷商規範措施，包括下列事項：

一、傳銷商自多層次傳銷事業蒐集他人個人資料，其要件及程序。

二、傳銷商為從事多層次傳銷經營業務，非自多層次傳銷事業蒐集之他人個人資料，相關蒐集、處理、利用行為之規範約束。

第10條

多層次傳銷事業訂定業務終止後個人資料處理方法，應依下列方式為之，並留存相關紀錄：

一、銷毀：銷毀之方法、時間、地點及證明銷毀之方式。

二、移轉：移轉之原因、對象、方法、時間、地點及受移轉對象得保有該項個人資料之合法依據。

三、其他刪除、停止處理或利用個人資料：刪除、停止處理或利用之方法、時間或地點。

第11條

多層次傳銷事業訂定個人資料保護事項，應以電子文件方式傳送至本會備查，內容修訂時亦同。

第12條

多層次傳銷事業應參酌執行業務現況、技術發展及法令變化等因素，檢視或修訂個人資料保護事項。

第13條

多層次傳銷事業應採取個人資料使用紀錄、留存自動化機器設備之軌跡資料或其他相關證據保存機制，以供說明執行個人資料保護事項之情況。

第14條

本辦法自發布日施行。

四、交通部

1.觀光遊樂業個人資料檔案安全維護計畫及處理辦法

民國104年12月23日交通部令訂定發布全文21條；並自發布日施行。

第1條

本辦法依個人資料保護法（以下簡稱本法）第二十七條第三項規定訂定之。

第2條

Ⅰ.觀光遊樂業保有個人資料檔案者，應採行適當之安全措施，防止個人資料被竊取、竄改、毀損、滅失或洩漏，並應訂定個人資料檔案安全維護計畫（以下簡稱維護計畫）。

Ⅱ.前項維護計畫之訂定，觀光遊樂業應於取得觀光遊樂業執照前完成；其於本辦法施行前已取得觀光遊樂業執照者，應於本辦法施行之日起六個月內完成。

第3條

Ⅰ.觀光遊樂業保有個人資料檔案者，得參酌第四條至第二十條規定，訂定適當之安全維護管理措施。

Ⅱ.觀光遊樂業訂定之維護計畫內容，應包括下列項目，下列項目必要時得予整併：

一、配置管理人員及相當資源。

二、界定個人資料之範圍並定期清查。

三、個人資料之風險評估及管理機制。

四、事故之預防、通報及應變機制。

五、個人資料蒐集、處理、利用之內部管理程序。

六、設備安全管理、資料安全管理及人員管理措施。

七、資料安全稽核機制。

八、使用紀錄、軌跡資料及證據保存。

九、辦理個人資料認知宣導及教育訓練。

十、個人資料安全維護之整體持續改善。

十一、業務終止後之個人資料處理方法。

第4條

I. 觀光遊樂業應確認蒐集個人資料之特定目的，依特定目的之必要性，界定所蒐集、處理及利用個人資料之類別或範圍，並定期清查所保有之個人資料現況。

II. 前項清查發現有下列情形者，觀光遊樂業應主動或依當事人之請求，刪除、停止蒐集、處理或利用該個人資料：

一、非屬特定目的必要範圍內之個人資料。

二、特定目的消失或期限屆滿而無本法第十一條第三項但書之情形。

第5條

觀光遊樂業為遵守本法第八條及第九條關於告知義務之規定，應採取下列方式：

一、檢視蒐集、處理個人資料之特定目的。

二、檢視蒐集、處理之個人資料，是否符合免告知之事由；其不符者，依據資料蒐集之情形，採取適當之告知方式。

第6條

觀光遊樂業應檢視蒐集、處理個人資料是否符合本法第十九條規定，具有特定目的及符合法定要件，並檢視利用個人資料是否符合本法第二十條第一項特定目的必要範圍內利用之規定；於特定目的外利用個人資料時，應檢視是否具備法定特定目的外利用要件。

第7條

觀光遊樂業於首次利用個人資料為行銷時，應提供當事人免費表示拒絕接受行銷之方式；當事人表示拒絕行銷後，應立即停止利用其個人資料行銷，並週知所屬人員。

第8條

I. 觀光遊樂業為維護其所保有個人資料之正確性，應採取下列方

　　式爲之：

一、檢視個人資料於蒐集、處理或利用過程，是否正確。

二、當發現個人資料不正確時，適時更正或補充。

三、個人資料正確性有爭議者，應依本法第十一條第二項規定處理。

Ⅱ.因可歸責於觀光遊樂業之事由，未爲更正或補充之個人資料，應於更正或補充後，通知曾提供利用之對象。

第9條

　　觀光遊樂業委託他人蒐集、處理或利用個人資料之全部或一部時，應對受託人依本法施行細則第八條規定爲適當之監督，並明確約定相關監督事項與方式。

第10條

　　觀光遊樂業進行個人資料國際傳輸前，應檢視有無交通部依本法第二十一條規定爲限制國際傳輸之命令或處分，並應遵循之。

第11條

　　觀光遊樂業爲提供資料當事人行使本法第三條所定權利，應採取下列方式爲之：

一、確認是否爲個人資料之本人，或經其委託授權者。

二、提供當事人行使權利之方式，並遵守本法第十三條有關處理期限之規定。

三、告知是否酌收必要成本費用。

四、有本法第十條但書、第十一條第二項但書或第三項但書得拒絕當事人行使權利之事由者，應附理由通知當事人。

第12條

Ⅰ.觀光遊樂業就個人資料檔案安全維護管理，應指定專人或建立專責組織，配置相當資源，並定期向觀光遊樂業負責人報告。

Ⅱ.前項專人或專責組織之任務如下：

一、規劃、訂定、修正與執行維護計畫及業務終止後個人資料處理方法等相關事項，並定期向觀光遊樂業負責人報告。

二、訂定個人資料保護管理政策，將其所蒐集、處理及利用個人

資料之依據、特定目的及其他相關保護事項，公告使其所屬人員均明確瞭解。

三、定期對所屬人員施以基礎認知宣導或專業教育訓練，使其明瞭個人資料保護相關法令之規定、所屬人員之責任範圍及各種個人資料保護事項之方法或管理措施。

第13條
觀光遊樂業應採取下列人員管理措施：

一、依據蒐集、處理及利用個人資料個別作業之需要，適度設定所屬人員不同之權限並控管其接觸個人資料。

二、檢視各相關業務流程涉及蒐集、處理及利用個人資料之負責人員。

三、要求所屬人員負有保密義務。

四、所屬人員離職或完成受指派工作後，應將其執行業務所持有之個人資料辦理交接，亦不得私自持有複製物而繼續使用該個人資料。

第14條
觀光遊樂業應採取下列資料安全管理措施：

一、運用電腦或自動化機器相關設備蒐集、處理或利用個人資料時，應訂定使用可攜式設備或儲存媒體之規範。

二、針對所保有之個人資料內容，如有加密之需要，於蒐集、處理或利用時，應採取適當之加密機制。

三、作業過程有備份個人資料之需要時，應比照原件，依本法規定予以保護。

四、存有個人資料之紙本、磁碟、磁帶、光碟片、微縮片、積體電路晶片等媒介物於報廢或轉作其他用途時，應採適當防範措施以避免洩漏個人資料；其委託他人執行者，準用第九條規定辦理。

第15條
觀光遊樂業針對保存個人資料之紙本、磁碟、磁帶、光碟片、微縮片、積體電路晶片、電腦或自動化機器設備等媒介物之環境，應採取下列環境管理措施：

一、依據作業內容之不同，實施適宜之進出管制方式。

二、所屬人員應妥善保管個人資料之媒介物。

三、針對不同媒介物存在之環境，適度建置空調、消防、防鼠除蟲等保護設備或技術。

第16條

I. 觀光遊樂業為因應所保有之個人資料發生被竊取、竄改、損毀、滅失或洩漏等事故，應採取下列機制：

一、採取適當之應變措施，以控制並降低事故對當事人之損害，並通報交通部觀光局及直轄市、縣（市）政府。

二、查明事故之狀況並依本法第十二條規定以適當方式通知當事人，其通知內容應包含個資外洩之事實、所採取之因應措施及所提供之諮詢服務專線。

三、檢討缺失並研擬預防機制，避免類似事故再次發生。

II. 觀光遊樂業應自前項規定事故發生之日起三日內，通報交通部觀光局及直轄市、縣（市）政府；並自處理結束之日起一個月內，將處理方式及結果，報交通部觀光局及直轄市、縣（市）政府備查。

第17條

觀光遊樂業應訂定個人資料安全稽核機制，定期或不定期查察第十二條所定專人或專責組織是否落實執行所定計畫等相關事項，並列入專人或專責組織成員之考績。

第18條

觀光遊樂業應採行適當措施，採取個人資料使用紀錄、留存自動化機器設備之軌跡資料或其他相關證據保存機制，以供必要時說明其所定維護計畫之執行情況；其相關紀錄之保存期限，至少為五年。

第19條

觀光遊樂業宜參酌執行業務現況、社會輿情、技術發展、法令變化等因素，檢視所定維護計畫是否合宜，必要時予以修正。

第20條

觀光遊樂業業務終止後，其保有之個人資料應依下列方式處理

及記錄；其紀錄並應至少保存五年：

一、銷毀者，記錄其方法、時間、地點及證明銷毀之方式。

二、移轉者，記錄其原因、對象、方法、時間、地點及受移轉對象得保有該項個人資料之合法依據。

三、其他刪除、停止處理或利用個人資料者，記錄其方法、時間或地點。

第21條

本辦法自發布日施行。

2.民用航空運輸業個人資料檔案安全維護計畫及處理辦法

1.民國103年10月16日交通部令訂定發布全文23條；並自104年1月1日施行。
2.民國104年12月2日交通部令修正發布第6、23條條文；並自發布日施行。

第1條

本辦法依個人資料保護法（以下簡稱本法）第二十七條第三項規定訂定之。

第2條

Ⅰ.本辦法適用對象為經營定期航線之中外籍民用航空運輸業（以下簡稱業者）。

Ⅱ.業者應訂定個人資料檔案安全維護計畫（以下簡稱本計畫），以落實個人資料檔案之安全維護與管理，防止個人資料被竊取、竄改、毀損、滅失或洩漏。

Ⅲ.本計畫之內容應包括第三條至第二十二條規定之相關組織及程序，並應定期檢視及配合相關法令修正。

第3條

Ⅰ.業者就個人資料檔案安全維護管理得指定專人或建立專責組織，並配置相當資源。

Ⅱ.前項專人或專責組織之任務如下：

一、規劃、訂定、修正與執行本計畫及業務終止後個人資料處理方法等相關事項。

二、訂定個人資料保護管理政策，將其所蒐集、處理及利用個人資料之依據、特定目的及其他相關保護事項，公告使其所屬人員均明確瞭解。

三、定期對所屬人員施以基礎認知宣導或專業教育訓練，使其明瞭個人資料保護相關法令之規定、所屬人員之責任範圍及各種個人資料保護事項之方法或管理措施。

第4條

業者應清查所保有之個人資料，界定其納入本計畫之範圍並建立檔案，且定期確認其有否變動。

第5條

業者應依據前條所界定之個人資料範圍及其相關業務流程，分析可能產生之風險，並依據風險分析之結果，訂定適當之管控措施。

第6條

業者為因應所保有之個人資料被竊取、竄改、毀損、滅失或洩漏等事故，應採取下列事項：

一、適當之應變措施，以控制事故對當事人之損害，並通報交通部民用航空局。

二、查明事故之狀況並以適當方式通知當事人；其通知內容包含個人資料發生事故之事實、業者所採取之因應措施及所提供之諮詢服務專線。

三、研訂預防機制，避免類似事故再次發生。

第7條

業者應依個人資料之屬性，分別訂定下列管理程序：

一、檢視及確認所蒐集、處理及利用之個人資料是否包含本法第六條所定個人資料及其特定目的。

二、確保蒐集、處理及利用本法第六條所定個人資料，是否符合相關法令之要件。

三、雖非本法第六條所定個人資料，惟如認為具有特別管理之需要，仍得比照或訂定特別管理程序。

第8條

業者為遵守本法第八條及第九條關於告知義務之規定，應採取下列方式：

一、檢視蒐集、處理個人資料之特定目的，是否符合免告知當事人之事由。

二、依據資料蒐集之情況，採取適當之告知方式。

第9條

I. 業者應檢視蒐集、處理個人資料是否符合本法第十九條規定，具有特定目的及法定要件。

II. 檢視利用個人資料是否符合本法第二十條第一項規定，符合特定目的之內利用；於特定目的外利用個人資料時，應檢視是否具備法定特定目的外利用要件。

第10條

業者委託他人蒐集、處理或利用個人資料之全部或一部時，應對受託者依本法施行細則第八條規定為適當之監督，並明確約定相關監督事項與方式。

第11條

業者於首次利用個人資料行銷時，應提供當事人免費表示拒絕行銷之方式，且倘當事人表示拒絕行銷後，應立即停止利用其個人資料行銷，並週知所屬人員。

第12條

業者進行個人資料國際傳輸前，應檢視有無交通部依本法第二十一條規定為限制國際傳輸之命令或處分，並應遵循之。

第13條

業者為提供資料當事人行使本法第三條所規定之權利，得採取下列方式為之：

一、確認是否為個人資料之本人，或經其委託授權。

二、提供當事人行使權利之方式，並遵守本法第十三條有關處理期限之規定。

三、告知是否酌收必要成本費用。

四、如認有本法第十條及第十一條得拒絕當事人行使權利之事由，應附理由通知當事人。

第14條

業者為維護其所保有個人資料之正確性，應採取下列方式為之：

一、檢視個人資料於蒐集、處理或利用過程，是否正確。

二、當發現個人資料不正確時，適時更正或補充，並通知曾提供

利用之對象。

三、個人資料正確性有爭議者,應依本法第十一條第二項規定處理。

第15條

業者應定期確認其所保有個人資料之特定目的是否消失及期限是否屆滿,如特定目的消失或期限屆滿時,應依本法第十一條第三項規定處理。

第16條

業者得採取下列人員管理措施:

一、依據作業之需要,建立管理機制,設定所屬人員不同權限,並定期確認權限內容之適當及必要性。

二、檢視各相關業務流程涉及蒐集、處理及利用個人資料之負責人員。

三、與所屬人員約定保密義務。

第17條

業者得採取下列資料安全管理措施:

一、運用電腦或自動化機器相關設備蒐集、處理或利用個人資料時,宜訂定使用可攜式設備或儲存媒體之規範。

二、針對所保有之個人資料內容,如有加密之需要,於蒐集、處理或利用時,宜採取適當之加密機制。

三、作業過程有備份個人資料之需要時,應比照原件,依本法規定予以保護之。

四、個人資料存在於紙本、磁碟、磁帶、光碟片、微縮片、積體電路晶片等媒介物,嗣該媒介物於報廢或轉作其他用途時,宜採適當防範措施,以免由該媒介物洩漏個人資料。

第18條

業者針對保有個人資料存在於紙本、磁碟、磁帶、光碟片、微縮片、積體電路晶片、電腦或自動化機器設備等媒介物之環境,宜採取下列環境管理措施:

一、依據作業內容之不同,實施適宜之進出管制方式。

二、所屬人員妥善保管個人資料之儲存媒介物。

三、針對不同媒介物存在之環境，審酌建置適度之保護設備或技術。

第19條

業者於業務終止後，針對個人資料得參酌下列措施為之，並留存相關紀錄：

一、銷毀：銷毀之方法、時間、地點及證明銷毀之方式。

二、移轉：移轉之原因、對象、方法、時間、地點及受移轉對象得保有該項個人資料之合法依據。

三、其他刪除、停止處理或利用個人資料：刪除、停止處理或利用之方法、時間或地點。

第20條

業者應訂定個人資料安全稽核機制，定期或不定期查察是否落實執行所訂之個人資料檔案安全維護計畫或業務終止後個人資料處理方法等相關事項。

第21條

業者得採行適當措施，採取個人資料使用紀錄、留存自動化機器設備之軌跡資料或其他相關證據保存機制，以供必要時說明其所訂計畫之執行情況。

第22條

業者宜參酌執行業務現況、社會輿情、技術發展、法令變化等因素，檢視所訂計畫是否合宜，必要時予以修正。

第23條

Ⅰ.本辦法自中華民國一百零四年一月一日施行。

Ⅱ.本辦法修正條文自發布日施行。

3.停車場經營業個人資料檔案安全維護計畫及處理辦法

民國104年9月24日交通部令訂定發布全文21條；並定自105年1月1日施行。

第1條

本辦法依個人資料保護法（以下簡稱本法）第二十七條第三項規定訂定之。

第2條

Ⅰ.停車場經營業保有個人資料檔案者，應採行適當之安全措施，防止個人資料被竊取、竄改、毀損、滅失或洩漏；其發售月票等其他記名停車票之停車場經營業者，並應訂定個人資料檔案安全維護計畫（以下簡稱維護計畫）。

Ⅱ.前項應訂維護計畫之停車場經營業者，其為新設立者，於申請停車場登記證時，應將維護計畫一併送地方主管機關備查；已領得停車場登記證者，於本辦法施行之日起六個月內送地方主管機關備查。維護計畫之內容應包括第三條至第二十條規定之相關組織及程序，並應定期檢視及配合相關法令修正計畫。

第3條

Ⅰ.停車場經營業就個人資料檔案安全維護管理，應指定專人或建立專責組織負責。

Ⅱ.前項專人或專責組織之任務如下：

一、規劃、訂定、修正與執行維護計畫及業務終止後個人資料處理方法等相關事項，並定期向停車場經營業負責人報告。

二、訂定個人資料保護管理政策，將其所蒐集、處理及利用個人資料之依據、特定目的及其他相關保護事項，公告使其所屬人員均明確瞭解。

三、定期對所屬人員施以基礎認知宣導或專業教育訓練，使其明瞭個人資料保護相關法令之規定、所屬人員之責任範圍及各種個人資料保護事項之方法或管理措施。

第4條

I. 停車場經營業應確認蒐集個人資料之特定目的，依特定目的之必要性，界定所蒐集、處理及利用個人資料之類別或範圍，並定期清查所保有之個人資料現況。

II. 前項清查發現有下列情形者，停車場經營業應主動或依當事人之請求，刪除、停止蒐集、處理或利用該個人資料：

一、非屬特定目的必要範圍內之個人資料。

二、特定目的消失或期限屆滿而無本法第十一條第三項但書之情形。

第5條

停車場經營業應依已界定之個人資料範圍及個人資料蒐集、處理、利用之流程，訂定適當之管控措施。

第6條

停車場經營業為因應所保有之個人資料被竊取、竄改、損毀、滅失或洩漏等事故，應採取下列機制：

一、採取適當之應變措施，以控制事故對當事人之損害，並通報地方主管機關。

二、查明事故之狀況並依本法第十二條規定以適當方式通知當事人，並告知已採取之因應措施。

三、檢討缺失並研擬預防機制，避免類似事故再次發生。

第7條

停車場經營業應檢視及確認所蒐集、處理及利用之個人資料是否包含本法第六條所定個人資料與其特定目的，及其是否符合相關法令之要件。

第8條

停車場經營業為遵守本法第八條及第九條關於告知義務之規定，應採取下列方式：

一、檢視蒐集、處理個人資料之特定目的。

二、檢視蒐集、處理之個人資料，是否符合免告知之事由；其不符者，依據資料蒐集之情形，採取適當之告知方式。

第9條

Ⅰ.停車場經營業應檢視蒐集、處理個人資料是否符合本法第十九條規定，具有特定目的及法定要件。

Ⅱ.停車場經營業應檢視利用個人資料是否符合本法第二十條第一項特定目的之必要範圍內利用之規定；於特定目的外利用個人資料時，應檢視是否具備法定特定目的外利用要件。

第10條

停車場經營業於首次利用個人資料為行銷時，應提供當事人免費表示拒絕接受行銷之方式；當事人表示拒絕行銷後，應立即停止利用其個人資料行銷，並週知所屬人員。

第11條

停車場經營業委託他人蒐集、處理或利用個人資料之全部或一部時，應對受託人依本法施行細則第八條規定為適當之監督，並明確約定相關監督事項與方式。

第12條

停車場經營業為提供資料當事人行使本法第三條所定權利，得採取下列方式為之：

一、確認是否為個人資料之本人，或經其委託授權。

二、提供當事人行使權利之方式，並遵守本法第十三條有關處理期限之規定。

三、告知是否酌收必要成本費用。

四、有本法第十條及第十一條得拒絕當事人行使權利之事由者，應附理由通知當事人。

第13條

Ⅰ.停車場經營業為維護其所保有個人資料之正確性，應採取下列方式為之：

一、檢視個人資料於蒐集、處理或利用過程，是否正確。

二、當發現個人資料不正確時，適時更正或補充。

三、個人資料正確性有爭議者，應依本法第十一條第二項規定處理。

Ⅱ.因可歸責於停車場經營業之事由，未為更正或補充之個人資

料，應於更正或補充後，通知曾提供利用之對象。

第14條

　停車場經營業應採取下列資料安全管理措施：

一、運用電腦或自動化機器相關設備蒐集、處理或利用個人資料時，應訂定使用可攜式設備或儲存媒體之規範。

二、針對所保有之個人資料內容，如有加密之需要，於蒐集、處理或利用時，應採取適當之加密機制。

三、作業過程有備份個人資料之需要時，應比照原件，依本法規定予以保護。

四、存有個人資料之紙本、磁碟、磁帶、光碟片、微縮片、積體電路晶片等媒介物，於報廢或轉作其他用途時，應採適當防範措施，以避免洩漏個人資料；其委託他人執行者，準用第十一條規定辦理。

第15條

　停車場經營業應採取下列人員管理措施：

一、依據作業之需要，適度設定所屬人員不同之權限並控管其接觸個人資料。

二、檢視各相關業務流程涉及蒐集、處理及利用個人資料之負責人員。

三、與所屬人員約定保密義務。

四、所屬人員離職或完成受指派工作後，應將其執行業務所持有之個人資料辦理交接，亦不得私自持有複製物而繼續使用該個人資料。

第16條

　停車場經營業針對保有個人資料之紙本、磁碟、磁帶、光碟片、微縮片、積體電路晶片、電腦或自動化機器設備等媒介物之環境，應採取下列環境管理措施：

一、依據作業內容之不同，實施適宜之進出管制方式。

二、所屬人員妥善保管個人資料之儲存媒介物。

三、針對不同媒介物存在之環境，適度建置空調、消防、防鼠除蟲等保護設備或技術。

第17條

停車場經營業業務終止後，其保有之個人資料應依下列方式處理及記錄；其紀錄並應至少保存五年：

一、銷毀者，記錄其方法、時間、地點及證明銷毀之方式。

二、移轉者，記錄其原因、對象、方法、時間、地點及受移轉對象得保有該項個人資料之合法依據。

三、其他刪除、停止處理或利用個人資料者，記錄其方法、時間或地點。

第18條

停車場經營業應訂定個人資料安全稽核機制，定期或不定期查察所屬人員是否落實執行其所訂定之維護計畫或業務終止後個人資料處理方法等相關事項。

第19條

停車場經營業應採取個人資料使用紀錄、留存自動化機器設備之軌跡資料或其他相關證據保存機制，以供必要時說明其所訂維護計畫之執行情況；其相關紀錄之保存期限至少為五年。

第20條

Ⅰ.停車場經營業宜參酌執行業務現況、社會輿情、技術發展、法令變化等因素，檢視所訂維護計畫是否合宜，必要時予以修正。

Ⅱ.前項維護計畫應於修正後六個月內送地方主管機關備查。

第21條

本辦法施行日期，由交通部定之。

4.旅行業個人資料檔案安全維護計畫及處理辦法

民國104年5月5日交通部令訂定發布全文 21條；並自發布日施行。

第1條

本辦法依個人資料保護法（以下簡稱本法）第二十七條第三項規定訂定之。

第2條

Ⅰ.旅行業保有個人資料檔案者，應採行適當之安全措施，防止個人資料被竊取、竄改、毀損、滅失或洩漏；其為綜合旅行業及甲種旅行業者，並應訂定個人資料檔案安全維護計畫（以下簡稱維護計畫）。

Ⅱ.前項維護計畫之訂定，綜合旅行業及甲種旅行業應於取得旅行業執照前完成；其於本辦法施行前已取得旅行業執照者，應於本辦法施行之日起六個月內完成。

第3條

Ⅰ.旅行業保有個人資料檔案者，得參酌第四條至第二十條規定，訂定適當之安全維護管理措施。

Ⅱ.綜合旅行業及甲種旅行業訂定之維護計畫內容，應包括下列項目，下列項目必要時得予整併：

一、配置管理人員及相當資源。

二、界定個人資料之範圍並定期清查。

三、個人資料之風險評估及管理機制。

四、事故之預防、通報及應變機制。

五、個人資料蒐集、處理、利用之內部管理程序。

六、設備安全管理、資料安全管理及人員管理措施。

七、資料安全稽核機制。

八、使用紀錄、軌跡資料及證據保存。

九、辦理個人資料認知宣導及教育訓練。

十、個人資料安全維護之整體持續改善。

十一、業務終止後之個人資料處理方法。

第4條

Ⅰ.旅行業應確認蒐集個人資料之特定目的，依特定目的之必要性，界定所蒐集、處理及利用個人資料之類別或範圍，並定期清查所保有之個人資料現況。

Ⅱ.前項清查發現有下列情形者，旅行業應主動或依當事人之請求，刪除、停止蒐集、處理或利用該個人資料：

一、非屬特定目的必要範圍內之個人資料。

二、特定目的消失或期限屆滿而無本法第十一條第三項但書之情形。

第5條

旅行業為遵守本法第八條及第九條關於告知義務之規定，應採取下列方式：

一、檢視蒐集、處理個人資料之特定目的。

二、檢視蒐集、處理之個人資料，是否符合免告知之事由；其不符者，依據資料蒐集之情形，採取適當之告知方式。

第6條

旅行業應檢視蒐集、處理個人資料是否符合本法第十九條規定，具有特定目的及法定要件，並檢視利用個人資料是否符合本法第二十條第一項特定目的必要範圍內利用之規定；於特定目的外利用個人資料時，應檢視是否具備法定特定目的外利用要件。

第7條

旅行業於首次利用個人資料為行銷時，應提供當事人免費表示拒絕接受行銷之方式；當事人表示拒絕行銷後，應立即停止利用其個人資料行銷，並週知所屬人員。

第8條

Ⅰ.旅行業為維護其所保有個人資料之正確性，應採取下列方式為之：

一、檢視個人資料於蒐集、處理或利用過程，是否正確。

二、當發現個人資料不正確時，適時更正或補充。

三、個人資料正確性有爭議者，應依本法第十一條第二項規定處理。

Ⅱ.因可歸責於旅行業之事由，未為更正或補充之個人資料，應於更正或補充後，通知曾提供利用之對象。

第9條

旅行業委託他人蒐集、處理或利用個人資料之全部或一部時，應對受託人依本法施行細則第八條規定為適當之監督，並明確約定相關監督事項與方式。

第10條

旅行業進行個人資料國際傳輸前，應檢視有無交通部依本法第二十一條規定為限制國際傳輸之命令或處分，並應遵循之。

第11條

旅行業為提供資料當事人行使本法第三條所定權利，應採取下列方式為之：

一、確認是否為個人資料之本人，或經其委託授權者。

二、提供當事人行使權利之方式，並遵守本法第十三條有關處理期限之規定。

三、告知是否酌收必要成本費用。

四、有本法第十條但書、第十一條第二項但書或第三項但書得拒絕當事人行使權利之事由者，應附理由通知當事人。

第12條

Ⅰ.旅行業就個人資料檔案安全維護管理，應指定專人或建立專責組織，並配置相當資源。

Ⅱ.前項專人或專責組織之任務如下：

一、規劃、訂定、修正與執行維護計畫及業務終止後個人資料處理方法等相關事項，並定期向旅行業負責人報告。

二、訂定個人資料保護管理政策，將其所蒐集、處理及利用個人資料之依據、特定目的及其他相關保護事項，公告使其所屬人員均明確瞭解。

三、定期對所屬人員施以基礎認知宣導或專業教育訓練，使其明瞭個人資料保護相關法令之規定、所屬人員之責任範圍及各

種個人資料保護事項之方法或管理措施。

第13條

旅行業應採取下列人員管理措施：

一、依據蒐集、處理及利用個人資料個別作業之需要，適度設定所屬人員不同之權限並控管其接觸個人資料。

二、檢視各相關業務流程涉及蒐集、處理及利用個人資料之負責人員。

三、要求所屬人員負有保密義務。

四、所屬人員離職或完成受指派工作後，應將其執行業務所持有之個人資料辦理交接，亦不得私自持有複製物而繼續使用該個人資料。

第14條

旅行業應採取下列資料安全管理措施：

一、運用電腦或自動化機器相關設備蒐集、處理或利用個人資料時，應訂定使用可攜式設備或儲存媒體之規範。

二、針對所保有之個人資料內容，如有加密之需要，於蒐集、處理或利用時，應採取適當之加密機制。

三、作業過程有備份個人資料之需要時，應比照原件，依本法規定予以保護。

四、存有個人資料之紙本、磁碟、磁帶、光碟片、微縮片、積體電路晶片等媒介物於報廢或轉作其他用途時，應採適當防範措施以避免洩漏個人資料；其委託他人執行者，準用第九條規定辦理。

第15條

旅行業針對保存個人資料之紙本、磁碟、磁帶、光碟片、微縮片、積體電路晶片、電腦或自動化機器設備等媒介物之環境，應採取下列環境管理措施：

一、依據作業內容之不同，實施適宜之進出管制方式。

二、所屬人員應妥善保管個人資料之媒介物。

三、針對不同媒介物存在之環境，適度建置空調、消防、防鼠除蟲等保護設備或技術。

第16條

旅行業為因應所保有之個人資料發生被竊取、竄改、損毀、滅失或洩漏等事故，應採取下列機制：

一、採取適當之應變措施，以控制並降低事故對當事人之損害，並通報交通部觀光局。

二、查明事故之狀況並依本法第十二條規定以適當方式通知當事人，並告知已採取之因應措施。

三、檢討缺失並研擬預防機制，避免類似事故再次發生。

第17條

旅行業應訂定個人資料安全稽核機制，定期或不定期查察第十二條所定專人或專責組織是否落實執行所定計畫等相關事項，並列入專人或專責組織成員之考績。

第18條

旅行業應採行適當措施，採取個人資料使用紀錄、留存自動化機器設備之軌跡資料或其他相關證據保存機制，以供必要時說明其所定維護計畫之執行情況；其相關紀錄之保存期限，至少為五年。

第19條

旅行業宜參酌執行業務現況、社會輿情、技術發展、法令變化等因素，檢視所定維護計畫是否合宜，必要時予以修正。

第20條

旅行業業務終止後，其保有之個人資料應依下列方式處理及記錄；其紀錄並應至少保存五年：

一、銷毀者，記錄其方法、時間、地點及證明銷毀之方式。

二、移轉者，記錄其原因、對象、方法、時間、地點及受移轉對象得保有該項個人資料之合法依據。

三、其他刪除、停止處理或利用個人資料者，記錄其方法、時間或地點。

第21條

本辦法施行日期，由交通部定之。

5.船舶運送業個人資料檔案安全維護計畫及處理辦法

1.民國104年4月17日交通部令訂定發布全文22條，本辦法施行日期，由交通部定之。
2.民國104年5月19日交通部令自104年7月1日施行。

第1條

本辦法依個人資料保護法（以下簡稱本法）第二十七條第三項規定訂定之。

第2條

Ⅰ.本辦法適用對象為經營固定航線之本國籍及外國籍船舶運送業（以下簡稱業者）。

Ⅱ.業者應訂定個人資料檔案安全維護計畫（以下簡稱維護計畫），並採行適當之安全措施，防止個人資料被竊取、竄改、毀損、滅失或洩漏。

Ⅲ.維護計畫之內容應包括第三條至第二十一條規定之相關組織及程序，並應定期檢視及配合相關法令修正。

Ⅳ.第二項維護計畫之訂定，業者應於取得船舶運送業許可證前完成；其於本辦法施行前已取得船舶運送業許可證者，應於本辦法施行之日起六個月內完成。

第3條

Ⅰ.業者就個人資料檔案安全維護管理得指定專人或建立專責組織，並配置相當資源。

Ⅱ.前項專人或專責組織之任務如下：

一、規劃、訂定、修正與執行維護計畫及業務終止後個人資料處理方法等相關事項。

二、訂定個人資料保護管理政策，將其所蒐集、處理及利用個人資料之依據、特定目的及其他相關保護事項，公告使其所屬人員均明確瞭解。

三、定期對所屬人員施以基礎認知宣導或專業教育訓練，使其明瞭個人資料保護相關法令之規定、所屬人員之責任範圍及各種個人資料保護事項之方法或管理措施。

第4條

Ⅰ.業者應確認蒐集個人資料之特定目的，依特定目的之必要性，界定所蒐集、處理及利用個人資料之類別或範圍，並定期清查所保有之個人資料現況。

Ⅱ.前項清查發現有下列情形者，業者應主動或依當事人之請求，刪除、停止蒐集、處理或利用該個人資料：

一、非屬特定目的必要範圍內之個人資料。

二、特定目的消失或期限屆滿而無本法第十一條第三項但書之情形。

第5條

業者應依據前條所界定之個人資料範圍及其相關業務流程，分析可能產生之風險，並依據風險分析之結果，訂定適當之管控措施。

第6條

業者為因應所保有之個人資料發生被竊取、竄改、損毀、滅失或洩漏等事故，應採取下列機制：

一、採取適當之應變措施，以控制並降低事故對當事人之損害，並通報交通部航港局。

二、查明事故之狀況並依本法第十二條規定以適當方式通知當事人，並告知已採取之因應措施。

三、檢討缺失並研擬預防機制，避免類似事故再次發生。

第7條

業者應檢視及確認所蒐集、處理及利用之個人資料是否包含本法第六條所定個人資料與其特定目的，及其是否符合相關法令之要件。

第8條

業者為遵守本法第八條及第九條關於告知義務之規定，應採取下列方式：

一、檢視蒐集、處理個人資料之特定目的。
二、檢視蒐集、處理之個人資料，是否符合免告知之事由；其不
　　符者，依據資料蒐集之情形，採取適當之告知方式。

第9條

業者應檢視蒐集、處理個人資料是否符合本法第十九條規定，
具有特定目的及法定要件，並檢視利用個人資料是否符合本法
第二十條第一項特定目的之必要範圍內利用之規定；於特定目的
外利用個人資料時，應檢視是否具備法定特定目的外利用要
件。

第10條

業者於首次利用個人資料行銷時，應提供當事人免費表示拒絕
行銷之方式，且倘當事人表示拒絕行銷後，應立即停止利用其
個人資料行銷，並週知所屬人員。

第11條

業者委託他人蒐集、處理或利用個人資料之全部或一部時，應
對受託者依本法施行細則第八條規定為適當之監督，並明確約
定相關監督事項與方式。

第12條

業者進行個人資料國際傳輸前，應檢視有無交通部依本法第
二十一條規定為限制國際傳輸之命令或處分，並應遵循之。

第13條

業者為提供資料當事人行使本法第三條所規定之權利，應採取
下列方式為之：

一、確認是否為個人資料之本人，或經其委託授權。
二、提供當事人行使權利之方式，並遵守本法第十三條有關處理
　　期限之規定。
三、告知是否酌收必要成本費用。
四、有本法第十條但書、第十一條第二項但書或第三項但書得拒
　　絕當事人行使權利之事由，應附理由通知當事人。

第14條

Ⅰ.業者為維護其所保有個人資料之正確性，應採取下列方式為

之：

一、檢視個人資料於蒐集、處理或利用過程，是否正確。

二、當發現個人資料不正確時，適時更正或補充。

三、個人資料正確性有爭議者，應依本法第十一條第二項規定處理。

Ⅱ.因可歸責於業者之事由，未為更正或補充之個人資料，應於更正或補充後，通知曾提供利用之對象。

第15條

業者得採取下列人員管理措施：

一、依據蒐集、處理及利用個人資料個別作業之需要，適度設定所屬人員不同之權限並控管其接觸個人資料。

二、檢視各相關業務流程涉及蒐集、處理及利用個人資料之負責人員。

三、要求所屬人員負有保密義務。

四、所屬人員離職或完成受指派工作後，應將其執行業務所持有之個人資料辦理交接，亦不得私自持有複製物而繼續使用該個人資料。

第16條

業者應採取下列資料安全管理措施：

一、運用電腦或自動化機器相關設備蒐集、處理或利用個人資料時，應訂定使用可攜式設備或儲存媒體之規範。

二、針對所保有之個人資料內容，如有加密之需要，於蒐集、處理或利用時，應採取適當之加密機制。

三、作業過程有備份個人資料之需要時，應比照原件，依本法規定予以保護。

四、存有個人資料之紙本、磁碟、磁帶、光碟片、微縮片、積體電路晶片等媒介物於報廢或轉作其他用途時，應採適當防範措施以避免洩漏個人資料；其委託他人執行者，準用第十一條規定辦理。

第17條

業者針對保有個人資料存在於紙本、磁碟、磁帶、光碟片、微

縮片、積體電路晶片、電腦或自動化機器設備等媒介物之環境，應採取下列環境管理措施：

一、依據作業內容之不同，實施適宜之進出管制方式。

二、所屬人員妥善保管個人資料之儲存媒介物。

三、針對不同媒介物存在之環境，審酌建置適度之保護設備或技術。

第18條

業者業務終止後，其保有之個人資料應依下列方式處理及記錄；其紀錄並應至少保存五年：

一、銷毀者，記錄其方法、時間、地點及證明銷毀之方式。

二、移轉者，記錄其原因、對象、方法、時間、地點及受移轉對象得保有該項個人資料之合法依據。

三、其他刪除、停止處理或利用個人資料者，記錄其方法、時間或地點。

第19條

業者應訂定個人資料安全稽核機制，定期或不定期查察是否落實執行所訂之維護計畫或業務終止後個人資料處理方法等相關事項。

第20條

業者應採行適當措施，採取個人資料使用紀錄、留存自動化機器設備之軌跡資料或其他相關證據保存機制，以供必要時說明其所訂之維護計畫之執行情況。

第21條

業者宜參酌執行業務現況、社會輿情、技術發展、法令變化等因素，檢視所訂之維護計畫是否合宜，必要時予以修正。

第22條

本辦法施行日期，由交通部定之。

6.觀光旅館業個人資料檔案安全維護計畫辦法

民國103年1月3日交通部令訂定發布全文22條；並自103年4月1日施行。

第1條

本辦法依個人資料保護法（以下簡稱本法）第二十七條第三項規定訂定之。

第2條

Ⅰ.觀光旅館業應訂定個人資料檔案安全維護計畫（以下簡稱本計畫），以落實個人資料檔案之安全維護與管理，防止個人資料被竊取、竄改、毀損、滅失或洩漏。

Ⅱ.前項所稱觀光旅館業，指依發展觀光條例領取營業執照，經營國際觀光旅館或一般觀光旅館之公司。

Ⅲ.本計畫之內容應包括第三條至第二十一條規定之相關組織及程序，並應定期檢視及配合相關法令訂定或修正計畫。

第3條

Ⅰ.觀光旅館業就個人資料檔案安全維護管理得指定專人或建立專責組織，配置相當資源，並定期向觀光旅館營業負責人報告。

Ⅱ.前項專人或專責組織之任務如下：

一、規劃、訂定、修正與執行個人資料檔案安全維護計畫及業務終止後個人資料處理方法等相關事項。

二、訂定個人資料保護管理政策，將其所蒐集、處理及利用個人資料之依據、特定目的及其他相關保護事項，公告使其所屬人員均明確瞭解。

三、定期對所屬人員施以基礎認知宣導或專業教育訓練，使其明瞭個人資料保護相關法令之規定、所屬人員之責任範圍及各種個人資料保護事項之方法或管理措施。

第4條

Ⅰ.觀光旅館業應確認蒐集個人資料之特定目的，依特定目的之必

要性，界定所蒐集、處理及利用個人資料之類別或範圍，並定期清查所保有之個人資料現況。

II.前項清查發現有非屬特定目的必要範圍內之個人資料或特定目的消失、期限屆滿而無保存必要者，應依本法第十一條第三項規定予以刪除、銷毀或其他停止蒐集、處理或利用等適當之處置。

III.觀光旅館業應確認保有之個人資料所應遵循適用之個人資料保護相關法令現況。

第5條

觀光旅館業得依已界定之個人資料範圍及個人資料蒐集、處理、利用之流程，分析可能產生之風險，並根據風險分析之結果，訂定適當之管控措施。

第6條

觀光旅館業為因應所保有之個人資料被竊取、竄改、損毀、滅失或洩漏等事故，應採取下列事項：

一、採取適當之應變措施，以控制事故對當事人之損害，並通報有關單位。

二、查明事故之狀況並以適當方式通知當事人。

三、研議預防機制，避免類似事故再次發生。

第7條

觀光旅館業應依一般個人資料及本法第六條所定之個人資料之屬性，分別訂定下列管理程序：

一、檢視及確認所蒐集、處理及利用之個人資料是否包含本法第六條所定之個人資料及其特定目的。

二、檢視蒐集、處理及利用本法第六條所定之個人資料，是否符合相關法令之要件。

三、雖非本法第六條所定之個人資料，惟如認為具有特別管理之需要，仍得比照或訂定特別管理程序。

第8條

觀光旅館業為遵守本法第八條及第九條關於告知義務之規定，應採取下列方式：

一、檢視蒐集、處理個人資料之特定目的，是否符合免告知之事由。

二、依據資料蒐集之情形，採取適當之告知方式。

第9條

Ⅰ.觀光旅館業應檢視蒐集、處理個人資料是否符合本法第十九條規定，具有特定目的及法定要件。

Ⅱ.檢視利用個人資料是否符合本法第二十條第一項規定，符合特定目的之內利用；於特定目的外利用個人資料時，應檢視是否具備法定特定目的外利用要件。

第10條

觀光旅館業委託他人蒐集、處理或利用個人資料之全部或一部時，應對受託人依本法施行細則第八條規定為適當之監督，並明確約定相關監督事項與方式。

第11條

觀光旅館業於首次利用個人資料為行銷時，應提供當事人免費表示拒絕接受行銷之方式，且倘當事人表示拒絕行銷後，應立即停止利用其個人資料行銷，並週知所屬人員。

第12條

觀光旅館業進行個人資料國際傳輸前，應檢視有無交通部依本法第二十一條規定為限制國際傳輸之命令或處分，並應遵循之。

第13條

觀光旅館業為提供資料當事人行使本法第三條所規定之權利，得採取下列方式為之：

一、確認是否為個人資料之本人，或經其委託授權。

二、提供當事人行使權利之方式，並遵守本法第十三條有關處理期限之規定。

三、告知是否酌收必要成本費用。

四、如認有本法第十條及第十一條得拒絕當事人行使權利之事由，應附理由通知當事人。

第14條

觀光旅館業為維護其所保有個人資料之正確性，應採取下列方式為之：

一、檢視個人資料於蒐集、處理或利用過程，是否正確。

二、當發現個人資料不正確時，適時更正或補充，並通知曾提供利用之對象。

三、個人資料正確性有爭議者，應依本法第十一條第二項規定處理。

第15條

觀光旅館業得採取下列資料安全管理措施：

一、運用電腦或自動化機器相關設備蒐集、處理或利用個人資料時，宜訂定使用可攜式設備或儲存媒體之規範。

二、針對所保有之個人資料內容，如有加密之需要，於蒐集、處理或利用時，宜採取適當之加密機制。

三、作業過程有備份個人資料之需要時，應比照原件，依本法規定予以保護之。

四、個人資料存在於紙本、磁碟、磁帶、光碟片、微縮片、積體電路晶片等媒介物，嗣該媒介物於報廢或轉作其他用途時，宜採適當防範措施，以免由該媒介物洩漏個人資料。

第16條

觀光旅館業得採取下列人員管理措施：

一、依據作業之需要，適度設定所屬人員不同之權限並控管其接觸個人資料之情形。

二、檢視各相關業務流程涉及蒐集、處理及利用個人資料之負責人員。

三、與所屬人員約定保密義務。

第17條

I.觀光旅館業針對保有個人資料存在於紙本、磁碟、磁帶、光碟片、微縮片、積體電路晶片、電腦或自動化機器設備等媒介物之環境，宜採取下列環境管理措施：

一、依據作業內容之不同，實施適宜之進出管制方式。

二、所屬人員妥善保管個人資料之儲存媒介物。

三、針對不同媒介物存在之環境，審酌建置適度之保護設備或技術。

Ⅱ.於委託他人執行上開行為時，準用第十條規定。

第18條

觀光旅館業於業務終止後，針對個人資料得參酌下列措施為之，並留存相關紀錄：

一、銷毀：銷毀之方法、時間、地點及證明銷毀之方式。

二、移轉：移轉之原因、對象、方法、時間、地點及受移轉對象得保有該項個人資料之合法依據。

三、其他刪除、停止處理或利用個人資料：刪除、停止處理或利用之方法、時間或地點。

第19條

觀光旅館業應訂定個人資料安全稽核機制，定期或不定期查察是否落實執行所定之個人資料檔案安全維護計畫或業務終止後個人資料處理方法等相關事項。

第20條

觀光旅館業得採行適當措施，採取個人資料使用紀錄、留存自動化機器設備之軌跡資料或其他相關證據保存機制，以供必要時說明其所定計畫之執行情況。

第21條

觀光旅館業宜參酌執行業務現況、社會輿情、技術發展、法令變化等因素，檢視所定計畫是否合宜，必要時予以修正。

第22條

本辦法施行日期，由交通部定之。

五、行政院公共工程委員會

1.工程技術顧問業個人資料檔案安全維護計畫及處理辦法

民國105年7月14日行政院令訂定發布全文22條；並自發布後六個月施行。

第1條

本辦法依個人資料保護法（以下簡稱本法）第二十七條第三項規定訂定之。

第2條

Ⅰ.本辦法適用對象為工程技術顧問公司管理條例所稱工程技術顧問公司（以下簡稱顧問公司）。

Ⅱ.顧問公司應訂定個人資料檔案安全維護計畫（以下簡稱維護計畫），並採行適當之安全措施，防止個人資料被竊取、竄改、毀損、滅失或洩漏。

Ⅲ.維護計畫之內容應包括第三條至第二十一條規定之相關組織及程序，並應定期檢視及配合相關法令修正。

Ⅲ.經營顧問公司，應於取得顧問公司登記證前完成第二項維護計畫之訂定；其於本辦法施行前已取得顧問公司登記證者，應於本辦法施行之日起六個月內完成。

第3條

Ⅰ.顧問公司就個人資料檔案安全維護管理得指定專人或建立專責組織，並配置相當資源。

Ⅱ.前項專人或專責組織之任務如下：

一、規劃、訂定、修正與執行維護計畫及業務終止後個人資料處理方法等相關事項。

二、訂定個人資料保護管理政策，將其所蒐集、處理及利用個人資料之依據、特定目的及其他相關保護事項，公告使其所屬

人員均明確瞭解。

三、定期對所屬人員施以基礎認知宣導或專業教育訓練，使其明
　　瞭個人資料保護相關法令之規定、所屬人員之責任範圍及各
　　種個人資料保護事項之方法或管理措施。

第4條

Ⅰ.顧問公司應確認蒐集個人資料之特定目的，依特定目的之必要
　　性，界定所蒐集、處理及利用個人資料之類別或範圍，並定期
　　清查所保有之個人資料現況。

Ⅱ.前項清查發現有下列情形者，顧問公司應主動或依當事人之請
　　求，刪除、停止蒐集、處理或利用該個人資料：

一、非屬特定目的之必要範圍內之個人資料。

二、特定目的消失或期限屆滿而無本法第十一條第三項但書之情
　　形。

第5條

　　顧問公司應依據前條所界定之個人資料範圍及其相關業務流
　　程，分析可能產生之風險，並依據風險分析之結果，訂定適當
　　之管控措施。

第6條

　　顧問公司為因應所保有之個人資料發生被竊取、竄改、損毀、
　　滅失或洩漏等事故，應採取下列機制：

一、採取適當之應變措施，以控制並降低事故對當事人之損害，
　　並通報行政院公共工程委員會。

二、查明事故之狀況並以適當方式通知當事人；其通知內容包含
　　個人資料發生事故之事實、業者採取之因應措施及所提供之
　　諮詢服務專線。

三、檢討缺失並研擬預防機制，避免類似事故再次發生。

第7條

　　顧問公司應檢視及確認所蒐集、處理及利用之個人資料是否包
　　含本法第六條所定個人資料與其特定目的，及其是否符合相關
　　法令之要件。

第8條

顧問公司為遵守本法第八條及第九條關於告知義務之規定，應採取下列方式：

一、檢視蒐集、處理個人資料之特定目的。

二、檢視蒐集、處理之個人資料，是否符合免告知之事由；其不符者，依據資料蒐集之情形，採取適當之告知方式。

第9條

顧問公司應檢視蒐集、處理個人資料是否符合本法第十九條規定，具有特定目的及法定要件，並檢視利用個人資料是否符合本法第二十條第一項特定目的之必要範圍內利用之規定；於特定目的外利用個人資料時，應檢視是否具備法定特定目的外利用要件。

第10條

顧問公司於首次利用個人資料行銷時，應提供當事人免費表示拒絕接受行銷之方式。當事人表示拒絕接受行銷時，應立即停止利用其個人資料行銷，並週知所屬人員。

第11條

顧問公司委託他人蒐集、處理或利用個人資料之全部或一部時，應對受託者依本法施行細則第八條規定為適當之監督，並明確約定相關監督事項與方式。

第12條

顧問公司進行個人資料國際傳輸前，應檢視有無行政院公共工程委員會依本法第二十一條規定為限制國際傳輸之命令或處分，並應遵循之。

第13條

顧問公司為提供資料當事人行使本法第三條所規定之權利，應採取下列方式為之：

一、確認是否為個人資料之本人，或經其委託授權。

二、提供當事人行使權利之方式，並遵守本法第十三條有關處理期限之規定。

三、告知是否酌收必要成本費用。

四、有本法第十條但書、第十一條第二項但書或第三項但書得拒
　　絕當事人行使權利之事由，應附理由通知當事人。

第14條

I.顧問公司為維護其所保有個人資料之正確性，應採取下列方式
　為之：

一、檢視個人資料於蒐集、處理或利用過程，是否正確。

二、發現個人資料不正確時，適時更正或補充。

三、個人資料正確性有爭議者，應依本法第十一條第二項規定處
　　理。

II.因可歸責於顧問公司之事由，未為更正或補充之個人資料，應
　於更正或補充後，通知曾提供利用之對象。

第15條

　顧問公司得採取下列人員管理措施：

一、依據蒐集、處理及利用個人資料個別作業之需要，適度設定
　　所屬人員不同之權限並控管其接觸個人資料。

二、檢視各相關業務流程涉及蒐集、處理及利用個人資料之負責
　　人員。

三、要求所屬人員負有保密義務。

四、所屬人員離職或完成受指派工作後，應將其執行業務所持有
　　之個人資料辦理交接，亦不得私自持有複製物而繼續使用該
　　個人資料。

第16條

　顧問公司應採取下列資料安全管理措施：

一、運用電腦或自動化機器相關設備蒐集、處理或利用個人資料
　　時，應訂定使用可攜式設備或儲存媒體之規範。

二、針對所保有之個人資料內容，如有加密之需要，於蒐集、處
　　理或利用時，應採取適當之加密機制。

三、作業過程有備份個人資料之需要時，應比照原件，依本法規
　　定予以保護。

四、存有個人資料之紙本、磁碟、磁帶、光碟片、微縮片、積體
　　電路晶片等媒介物於報廢或轉作其他用途時，應採適當防範

措施以避免洩漏個人資料；其委託他人執行者，準用第十一條規定辦理。

第17條

顧問公司針對保有個人資料存在於紙本、磁碟、磁帶、光碟片、微縮片、積體電路晶片、電腦或自動化機器設備等媒介物之環境，應採取下列環境管理措施：

一、依據作業內容之不同，實施適宜之進出管制方式。

二、所屬人員妥善保管個人資料之儲存媒介物。

三、針對不同媒介物存在之環境，審酌建置適度之保護設備或技術。

第18條

顧問公司業務終止後，其保有之個人資料應依下列方式處理及記錄；其紀錄並應至少保存五年：

一、銷毀者，記錄其方法、時間、地點及證明銷毀之方式。

二、移轉者，記錄其原因、對象、方法、時間、地點及受移轉對象得保有該項個人資料之合法依據。

三、其他刪除、停止處理或利用個人資料者，記錄其方法、時間或地點。

第19條

顧問公司應訂定個人資料安全稽核機制，定期或不定期查察是否落實執行所訂之維護計畫或業務終止後個人資料處理方法等相關事項。

第20條

顧問公司應採行適當措施，採取個人資料使用紀錄、留存自動化機器設備之軌跡資料或其他相關證據保存機制，以供必要時說明其所訂之維護計畫之執行情況。

第21條

顧問公司宜參酌執行業務現況、社會輿情、技術發展、法令變化等因素，檢視所訂之維護計畫是否合宜，必要時予以修正。

第22條

本辦法自發布後六個月施行。

六、行政院原子能委員會

1.游離輻射設備製造業個人資料檔案安全維護計畫管理辦法

民國105年2月22日行政院令訂定發布全文12條；並自發布日施行。

第1條

本辦法依個人資料保護法（以下簡稱本法）第二十七條第三項規定訂定之。

第2條

本辦法所稱主管機關為行政院原子能委員會。

第3條

本辦法適用對象，指依游離輻射防護法第三十條規定，經營可發生游離輻射設備製造者（以下簡稱業者）。

第4條

業者應依其業務規模及特性，衡酌經營資源之合理分配，規劃、訂定、檢討、修正及執行個人資料檔案安全維護計畫（以下簡稱本計畫）。計畫項目包括：

一、個人資料保護政策。

二、個人資料之範圍及項目。

三、個人資料之蒐集、處理及利用方式。

四、個人資料之安全管控、監督及稽核措施。

五、個人資料被竊取、竄改、毀損、滅失或洩漏時之通報及應變機制。

六、業務終止後其保有個人資料之處置措施。

七、對所屬人員之個人資料保護教育訓練。

八、專責人員及聯絡窗口。

第5條

Ⅰ.業者申請可發生游離輻射設備之製造許可時，應訂定並檢附本計畫，報請主管機關備查；計畫修正時，亦同。

Ⅱ.業者應於本辦法發布施行之次日起六個月內，完成計畫之訂定，並報請主管機關備查。

第6條

Ⅰ.業者應確認蒐集個人資料之特定目的，依特定目的之必要性，界定所蒐集、處理及利用個人資料之類別或範圍，並定期清查所保有之個人資料現況。

Ⅱ.業者經清查發現有非屬特定目的必要範圍內之個人資料或特定目的消失、期限屆滿而無保存必要者，應予刪除、銷毀或其他停止蒐集、處理或利用等適當之處置。

第7條

業者所屬人員為執行業務所蒐集之個人資料應視為該業者所蒐集持有，於蒐集時應檢視是否符合蒐集要件及特定目的之必要範圍，並接受監督。

第8條

Ⅰ.業者與當事人簽訂之委託書，應於委託期限屆至時主動刪除或銷毀。但因執行業務之必要或經當事人書面同意者，不在此限。

Ⅱ.業者對當事人刪除或銷毀委託書之請求，認有執行業務之必要，得不予刪除或銷毀，並應將其理由以書面通知當事人。

第9條

業者委託他人蒐集、處理或利用個人資料之全部或一部時，應依本法施行細則第八條規定為適當之監督。

第10條

業者業務終止後，其保有之個人資料不得繼續使用，得依下列方式處理，並留存相關紀錄：

一、銷毀：銷毀之方法、時間、地點及證明銷毀之方式。

二、移轉：移轉之原因、對象、方法、時間、地點及受移轉對象得保有該項個人資料之合法依據。

三、其他刪除、停止處理或利用個人資料：刪除、停止處理或利用之方法、時間或地點。

第11條

Ⅰ.業者應訂定應變機制，於發生個人資料被竊取、洩漏、竄改或其他侵害事件時，迅速處理。

Ⅱ.前項應變機制，應包括下列事項：

一、採取適當之措施，控制事件對當事人造成之損害。

二、查明事件發生原因及損害狀況，並以適當方式通知當事人。

三、研議改進措施，避免事件再度發生。

Ⅲ.業者應自事件發生之日起三日內，通報主管機關；並自處理結束之日起一個月內，將處理方式及結果，報主管機關備查。

第12條

本辦法自發布日施行。

七、行政院農業委員會

1.農業金融業個人資料檔案安全維護管理辦法

民國104年10月5日行政院令訂定發布全文16條；並自發布日施行。

第一章　總　則

第1條

本辦法依個人資料保護法（以下簡稱本法）第二十七條第三項規定訂定之。

第2條

本辦法所稱農業金融業，包括下列各款：

一、全國農業金庫股份有限公司。

二、農會信用部。

三、漁會信用部。

四、財團法人農業信用保證基金。

五、財團法人全國農漁業及金融資訊中心。

六、其他經行政院農業委員會（以下簡稱本會）公告之農業金融相關機構。

第二章　個人資料保護之規劃

第3條

Ⅰ.農業金融業應依其業務規模及特性，衡酌經營資源之合理分配，配置管理之人員及相當資源，以規劃、訂定、修正與執行其個人資料檔案安全維護計畫及業務終止後個人資料處理方法（以下簡稱本計畫及處理方法）。

Ⅱ.本計畫及處理方法之內容應包括第四條至第十五條規定之相關
　機制、程序及措施。

Ⅲ.本計畫及處理方法之訂定或修正，應經農業金融業董（理）事
　會、常務董（理）事會決議或經其授權之經理部門（信用部）
　核定。

第4條

　農業金融業應依個人資料保護相關法令，定期查核確認所保有
　之個人資料現況，界定其納入本計畫及處理方法之範圍。

第5條

　農業金融業應依前條界定之個人資料範圍及其業務涉及個人資
　料蒐集、處理、利用之流程，評估可能產生之個人資料風險，
　並根據風險評估之結果，訂定適當之管理機制。

第6條

Ⅰ.農業金融業為因應個人資料之竊取、竄改、毀損、滅失或洩漏
　等安全事故，應訂定下列應變、通報及預防機制：

一、事故發生後應採取之應變措施，包括控制當事人損害之方
　　式、查明事故後通知當事人之適當方式及應通知當事人事故
　　事實、所為因應措施及諮詢服務專線等內容。

二、事故發生後應受通報之對象及其通報方式。

三、事故發生後，其矯正預防措施之研議機制。

Ⅱ.農業金融業遇有重大個人資料安全事故者，應即通報本會；其
　所研議之矯正預防措施，並應經公正、獨立且取得相關資格之
　專家，進行整體診斷及檢視。

Ⅲ.前項所稱重大個人資料安全事故，指個人資料遭竊取、竄改、
　毀損、滅失或洩漏，將危及農業金融業正常營運或大量當事人
　權益之情形。

第7條

　農業金融業應定期對所屬人員，施以個人資料保護認知宣導與
　教育訓練，使其明瞭相關法令之要求、所屬人員之責任範圍及
　各種個人資料保護事項之機制、程序及措施。

第三章　個人資料之管理程序及措施

第8條

農業金融業應就下列事項，訂定個人資料之管理程序：

一、蒐集、處理或利用之個人資料包含本法第六條所定特種個人資料者，檢視其特定目的及是否符合相關法令之要件。

二、檢視個人資料之蒐集、處理，是否符合免為告知之事由，及告知之內容、方式是否合法妥適。

三、檢視個人資料之蒐集、處理，是否符合本法第十九條規定，具有特定目的及法定情形；其經當事人書面同意者，並應確保符合本法第七條第一項規定。

四、檢視個人資料之利用，是否符合蒐集之特定目的必要範圍；其為特定目的外之利用者，檢視是否符合法定情形，經當事人書面同意者，並應確保符合本法第七條第二項規定。

五、利用個人資料為行銷，當事人表示拒絕行銷者，立即停止利用其個人資料行銷，並至少於首次行銷時，提供當事人免費表示拒絕接受行銷之方式。

六、委託他人蒐集、處理或利用個人資料之全部或一部時，對受託人依本法施行細則第八條規定為適當之監督，並於委託契約或相關文件中，明確約定其內容。

七、進行個人資料國際傳輸前，檢視是否受本會限制並遵循之。

八、當事人行使本法第三條所定權利之相關事項：

　　㈠當事人身分之確認。

　　㈡提供當事人行使權利之方式，並告知所需支付之費用，及應釋明之事項。

　　㈢對當事人請求之審查方式，並遵守本法有關處理期限之規定。

　　㈣有本法所定得拒絕當事人行使權利之事由者，其理由記載及通知當事人之方式。

九、檢視個人資料於蒐集、處理或利用過程中是否正確；其有不正確或正確性有爭議者，應依本法第十一條第一項、第二項

及第五項規定辦理。

十、檢視所保有個人資料之特定目的是否消失，或期限是否屆滿；其特定目的消失或期限屆滿者，應依本法第十一條第三項規定刪除、停止處理或利用。

第9條

農業金融業為維護所保有個人資料之安全，應採取下列資料安全管理措施：

一、訂定各類設備或儲存媒體之使用規範，及報廢或轉作他用時，應採取防範資料洩漏之適當措施。

二、針對所保有之個人資料內容，有加密之需要者，於蒐集、處理或利用時，採取適當之加密措施。

三、作業過程有備份個人資料之需要時，對備份資料予以適當保護。

第10條

I.農業金融業提供電子商務服務系統，應採取下列資訊安全措施：

一、使用者身分確認及保護機制。

二、個人資料顯示之隱碼機制。

三、網際網路傳輸之安全加密機制。

四、應用系統於開發、上線、維護等各階段軟體驗證及確認程序。

五、個人資料檔案與資料庫之存取控制及保護監控措施。

六、防止外部網路入侵對策。

七、非法或異常使用行為之監控及因應機制。

II.前項所稱電子商務，指透過網際網路進行有關商品或服務之廣告、行銷、供應、訂購或遞送等商業交易活動。

III.第一項第六款、第七款所定措施，應定期演練及檢討改善。

第11條

農業金融業保有之個人資料存在於紙本、磁碟、磁帶、光碟片、微縮片、積體電路晶片、電腦、自動化機器設備或其他媒介物者，應採取下列設備安全管理措施：

一、實施適宜之存取管制。

二、訂定妥善保管媒介物之方式。

三、依媒介物之特性及其環境，建置適當之保護設備或技術。

第12條

農業金融業為維護所保有個人資料之安全，應依執行業務之必要，設定相關人員接觸個人資料之權限及控管其接觸情形，並與所屬人員約定保密義務。

第四章　個人資料之安全稽核、紀錄保存及持續改善機制

第13條

農業金融業為確保本計畫及處理方法之落實，應依其業務規模及特性，衡酌經營資源之合理分配，訂定適當之個人資料安全稽核機制；其依法令規定應建立內部控制及稽核制度者，並應將相關機制列入內部控制及稽核項目。

第14條

Ⅰ.農業金融業執行本計畫及處理方法所定各種個人資料保護機制、程序及措施，應記錄其個人資料使用情況，留存軌跡資料或相關證據。

Ⅱ.農業金融業依本法第十一條第三項規定刪除、停止處理或利用所保有之個人資料後，應留存下列紀錄：

一、刪除、停止處理或利用之方法、時間。

二、將刪除、停止處理或利用之個人資料移轉其他對象者，其移轉之原因、對象、方法、時間，及該對象蒐集、處理或利用之合法依據。

Ⅲ.前二項之軌跡資料、相關證據及紀錄，應至少留存五年。但法令另有規定或契約另有約定者，不在此限。

第15條

Ⅰ.農業金融業為持續改善個人資料安全維護，其所屬個人資料管理單位或人員，應定期提出相關自我評估報告，並訂定下列機

制：

一、檢視、修訂本計畫及處理方法等相關個人資料保護事項。

二、針對評估報告中有違反法令之虞者，規劃、執行改善及預防
　　措施。

II.前項自我評估報告，應經農業金融業董（理）事會、常務董
　　（理）事會決議或經其授權之經理部門（信用部）核定。

第五章　附　則

第16條

本辦法自發布日施行。

八、金融監督管理委員會

1.金融監督管理委員會指定非公務機關個人資料檔案安全維護辦法

1.民國102年11月8日金融監督管理委員會令訂定發布全文16條；並自發布日施行。
2.民國104年7月3日金融監督管理委員會令修正發布第2、6條條文。
3.民國105年5月5日金管令修正發布第8條條文。

第一章　總　則

第1條

　本辦法依個人資料保護法（以下簡稱本法）第二十七條第三項規定訂定之。

第2條

Ⅰ.本辦法所稱非公務機關，包括下列各款：

一、金融控股公司。

二、銀行業。

三、證券業。

四、期貨業。

五、保險業。

六、電子票證業。

七、電子支付機構。

八、其他經金融監督管理委員會（以下簡稱本會）公告之金融服務業。

九、本會主管之財團法人。

Ⅱ.前項第一款所稱金融控股公司，依金融控股公司法第四條第一項第二款之規定。

Ⅲ.第一項第二款至第五款所稱銀行業、證券業、期貨業及保險業之範圍，依金融監督管理委員會組織法第二條第三項規定。但

不包括依信用合作社法第十條規定組織之全國性信用合作社聯合社。

Ⅳ.第一項第六款所稱電子票證業，指電子票證發行管理條例第三條第二款之發行機構。

Ⅴ.第一項第七款所稱電子支付機構，依電子支付機構管理條例第三第一項規定。

Ⅵ.第一項第九款所稱本會主管之財團法人，依金融監督管理委員會主管財團法人監督管理要點第二點規定。

第二章　個人資料保護之規劃

第3條

Ⅰ.非公務機關應依其業務規模及特性，衡酌經營資源之合理分配，配置管理之人員及相當資源，以規劃、訂定、修正與執行其個人資料檔案安全維護計畫及業務終止後個人資料處理方法（以下簡稱本計畫及處理方法）。

Ⅱ.本計畫及處理方法之訂定或修正，應經非公務機關董（理）事會、常務董（理）事會決議或經其授權之經理部門核定。但非公務機關為外國在臺分行、分公司，或未設董（理）事會者，應經其負責人簽署。

第4條

非公務機關應依個人資料保護相關法令，定期查核確認所保有之個人資料現況，界定其納入本計畫及處理方法之範圍。

第5條

非公務機關應依前條界定之個人資料範圍及其業務涉及個人資料蒐集、處理、利用之流程，評估可能產生之個人資料風險，並根據風險評估之結果，訂定適當之管理機制。

第6條

Ⅰ.非公務機關為因應個人資料之竊取、竄改、毀損、滅失或洩漏等安全事故（以下簡稱事故），應訂定下列應變、通報及預防機制：

一、事故發生後應採取之各類措施，包括；

㈠控制當事人損害之方式。

㈡查明事故後通知當事人之適當方式。

㈢應通知當事人事故事實、所為因應措施及諮詢服務專線等內容。

二、事故發生後應受通報之對象及其通報方式。

三、事故發生後，其矯正預防措施之研議機制。

Ⅱ.非公務機關遇有重大個人資料安全事故者，應即通報本會；其所研議之矯正預防措施，並應經公正、獨立且取得相關公認認證資格之專家，進行整體診斷及檢視。

Ⅲ.前項所稱重大個人資料安全事故，係指個人資料遭竊取、竄改、毀損、滅失或洩漏，將危及非公務機關正常營運或大量當事人權益之情形。

第7條

非公務機關應定期對所屬人員，施以個人資料保護認知宣導及教育訓練，使其明瞭相關法令之要求、所屬人員之責任範圍與各種個人資料保護事項之機制、程序及措施。

第三章　個人資料之管理程序及措施

第8條

非公務機關應就下列事項，訂定個人資料之管理程序：

一、蒐集、處理或利用之個人資料包含本法第六條所定特種個人資料者，檢視其特定目的及是否符合相關法令之要件；其經當事人書面同意者，並應確保符合本法第六條第二項準用第七條第一項、第二項及第四項之規定。

二、檢視個人資料之蒐集、處理，是否符合免為告知之事由，及告知之內容、方式是否合法安適。

三、檢視一般個人資料之蒐集、處理，是否符合本法第十九條規定，具有特定目的及法定情形；其經當事人同意者，並應確保符合本法第七條之規定。

四、檢視一般個人資料之利用，是否符合本法第二十條規定蒐集之特定目的必要範圍；其為特定目的外之利用者，檢視是否

　　符合法定情形，經當事人同意者，並應確保符合本法第七條
之規定。

五、利用個人資料為行銷，當事人表示拒絕行銷者，立即停止利
用其個人資料行銷，並至少於首次行銷時，提供當事人免費
表示拒絕接受行銷之方式。

六、委託他人蒐集、處理或利用個人資料之全部或一部時，對受
託人依本法施行細則第八條規定為適當之監督，並於委託契
約或相關文件中，明確約定其內容。

七、進行個人資料國際傳輸前，檢視是否受本會限制並遵循之。

八、當事人行使本法第三條所定權利之相關事項：

　　㈠當事人身分之確認。

　　㈡提供當事人行使權利之方式，並告知所需支付之費用，及
　　　應釋明之事項。

　　㈢對當事人請求之審查方式，並遵守本法有關處理期限之規
　　　定。

　　㈣有本法所定得拒絕當事人行使權利之事由者，其理由記載
　　　及通知當事人之方式。

九、檢視個人資料於蒐集、處理或利用過程中是否正確；其有不
正確或正確性有爭議者，應依本法第十一條第一項、第二項
及第五項規定辦理。

十、檢視所保有個人資料之特定目的是否消失，或期限是否屆
滿；其特定目的消失或期限屆滿者，應依本法第十一條第三
項規定刪除、停止處理或利用。

第9條

　　非公務機關為維護所保有個人資料之安全，應採取下列資料安
全管理措施：

一、訂定各類設備或儲存媒體之使用規範，及報廢或轉作他用
時，應採取防範資料洩漏之適當措施。

二、針對所保有之個人資料內容，有加密之需要者，於蒐集、處
理或利用時，採取適當之加密措施。

三、作業過程有備份個人資料之需要時，對備份資料予以適當保

護。

第10條

Ⅰ.非公務機關提供電子商務服務系統，應採取下列資訊安全措施：

一、使用者身分確認及保護機制。

二、個人資料顯示之隱碼機制。

三、網際網路傳輸之安全加密機制。

四、應用系統於開發、上線、維護等各階段軟體驗證與確認程序。

五、個人資料檔案及資料庫之存取控制與保護監控措施。

六、防止外部網路入侵對策。

七、非法或異常使用行為之監控與因應機制。

Ⅱ.前項所稱電子商務，係指透過網際網路進行有關商品或服務之廣告、行銷、供應、訂購或遞送等各項商業交易活動。

Ⅲ.第一項第六款、第七款所定措施，應定期演練及檢討改善。

第11條

非公務機關保有之個人資料存在於紙本、磁碟、磁帶、光碟片、微縮片、積體電路晶片、電腦、自動化機器設備或其他媒介物者，應採取下列設備安全管理措施：

一、實施適宜之存取管制。

二、訂定妥善保管媒介物之方式。

三、依媒介物之特性及其環境，建置適當之保護設備或技術。

第12條

非公務機關為維護所保有個人資料之安全，應依執行業務之必要，設定相關人員接觸個人資料之權限及控管其接觸情形，並與所屬人員約定保密義務。

第四章　個人資料之安全稽核、紀錄保存及持續改善機制

第13條

非公務機關為確保本計畫及處理方法之落實，應依其業務規模

及特性，衡酌經營資源之合理分配，訂定適當之個人資料安全稽核機制；其依法令規定應建立內部控制及稽核制度者，並應將相關機制列入內部控制及稽核項目。

第14條

Ⅰ.非公務機關執行本計畫及處理方法所定各種個人資料保護機制、程序及措施，應記錄其個人資料使用情況，留存軌跡資料或相關證據。

Ⅱ.非公務機關依本法第十一條第三項規定刪除、停止處理或利用所保有之個人資料後，應留存下列紀錄：

一、刪除、停止處理或利用之方法、時間。

二、將刪除、停止處理或利用之個人資料移轉其他對象者，其移轉之原因、對象、方法、時間，及該對象蒐集、處理或利用之合法依據。

Ⅲ.前二項之軌跡資料、相關證據及紀錄，應至少留存五年。但法令另有規定或契約另有約定者，不在此限。

第15條

Ⅰ.非公務機關為持續改善個人資料安全維護，其所屬個人資料管理單位或人員，應定期提出相關自我評估報告，並訂定下列機制：

一、檢視、修訂本計畫及處理方法等相關個人資料保護事項。

二、針對評估報告中有違反法令之虞者，規劃、執行改善及預防措施。

Ⅱ.前項自我評估報告，應經非公務機關董（理）事會、常務董（理）事會決議或經其授權之經理部門核定。但非公務機關為外國在臺分行、分公司，或未設董（理）事會者，應經其負責人簽署。

第五章　附　則

第16條

本辦法自發布日施行。

九、財政部

1.菸酒事業個人資料檔案安全維護管理辦法

民國104年8月28日財政部令訂定發布全文23條；並自發布後六個月施行。

第1條

本辦法依個人資料保護法（以下簡稱本法）第二十七條第三項規定訂定之。

第2條

本辦法所稱主管機關，在中央爲財政部；在直轄市爲直轄市政府；在縣（市）爲縣（市）政府。

第3條

I.本辦法適用對象爲菸酒管理法第五條第一款及第二款所定之菸酒製造業者及菸酒進口業者（以下簡稱菸酒事業）。

II.菸酒事業應訂定個人資料檔案安全維護計畫（以下簡稱本計畫），以落實個人資料檔案之安全維護與管理，防止個人資料被竊取、竄改、毀損、滅失或洩漏。

III.本計畫之內容應包括第四條至第二十二條規定之相關組織及程序，並應定期檢視及配合相關法令修正。

第4條

I.菸酒事業就個人資料檔案安全維護管理應指定專人或建立專責組織，並配置相當資源。

II.前項專人或專責組織之任務如下：

一、規劃、訂定、修正與執行本計畫及業務終止後個人資料處理方法等相關事項。

二、訂定個人資料保護管理政策，將其所蒐集、處理及利用個人資料之依據、特定目的及其他相關保護事項，公告使其所屬

人員均明確瞭解。

三、定期對所屬人員施以基礎認知宣導或專業教育訓練，使其明瞭個人資料保護相關法令之規定、所屬人員之責任範圍及各種個人資料保護事項之方法或管理措施。

四、定期就執行任務情形向菸酒事業代表人或經其授權之人員提出書面報告。

Ⅲ.本計畫之訂定或修正，應經菸酒事業代表人或經其授權之人員核定。

第5條

菸酒事業應清查所保有之個人資料，界定其納入本計畫之範圍並建立檔案，且定期確認其有否變動。

第6條

菸酒事業應依據前條所界定之個人資料範圍及其相關業務流程，分析可能產生之風險，並依據風險分析之結果，訂定適當之管控措施。

第7條

菸酒事業為因應所保有之個人資料被竊取、竄改、毀損、滅失或洩漏等事故，應採取下列措施：

一、適當之應變措施，以控制事故對當事人之損害，並通報總機構及營業所在地直轄市或縣（市）主管機關。

二、查明事故之狀況，並以適當方式通知當事人有關事實、因應措施及諮詢服務專線等。

三、研訂預防機制，避免類似事故再次發生。

第8條

菸酒事業應依個人資料之屬性，分別訂定下列管理程序：

一、檢視及確認所蒐集、處理及利用之個人資料是否包含本法第六條所定個人資料及其特定目的。

二、確保蒐集、處理及利用本法第六條所定個人資料，是否符合相關法令之要件。

三、雖非本法第六條所定個人資料，惟如認為具有特別管理之需要，仍得比照或訂定特別管理程序。

第9條

菸酒事業為遵守本法第八條及第九條關於告知義務之規定，應採取下列方式：

一、檢視蒐集、處理個人資料之特定目的，是否符合免告知當事人之事由。

二、依據資料蒐集之情況，採取適當之告知方式。

第10條

Ⅰ.菸酒事業應檢視蒐集、處理個人資料是否符合本法第十九條規定，具有特定目的及法定要件。

Ⅱ.菸酒事業應檢視利用個人資料是否符合本法第二十條第一項規定，符合特定目的內利用；於特定目的外利用個人資料時，應檢視是否具備法定特定目的外利用要件。

第11條

菸酒事業委託他人蒐集、處理或利用個人資料之全部或一部時，應對受託者依本法施行細則第八條規定為適當之監督，並明確約定相關監督事項與方式。

第12條

菸酒事業於首次利用個人資料行銷時，應提供當事人免費表示拒絕行銷之方式，且倘當事人表示拒絕行銷後，應立即停止利用其個人資料行銷，並週知所屬人員。

第13條

菸酒事業進行個人資料國際傳輸前，應檢視有無財政部依本法第二十一條規定所為限制國際傳輸之命令或處分，並應遵循之。

第14條

菸酒事業為提供資料當事人行使本法第三條所規定之權利，應採取下列方式為之：

一、確認是否為個人資料之本人，或經其委託授權。

二、提供當事人行使權利之方式，並遵守本法第十三條有關處理期限之規定。

三、告知是否酌收必要成本費用。

四、如認有本法第十條及第十一條得拒絕當事人行使權利之事由，應附理由通知當事人。

第15條

菸酒事業為維護其所保有個人資料之正確性，應採取下列方式為之：

一、檢視個人資料於蒐集、處理或利用過程是否正確。

二、當發現個人資料不正確時，適時更正或補充，並通知曾提供利用之對象。

三、個人資料正確性有爭議者，應依本法第十一條第二項規定處理。

第16條

菸酒事業應定期確認其所保有個人資料之特定目的是否消失及期限是否屆滿，如特定目的消失或期限屆滿時，應依本法第十一條第三項規定處理。

第17條

菸酒事業應採取下列人員管理措施：

一、依據作業之需要，建立管理機制，設定所屬人員不同權限，並定期確認權限內容之適當及必要性。

二、檢視各相關業務流程涉及蒐集、處理及利用個人資料之負責人員。

三、與所屬人員約定保密義務。

四、所屬人員離職時，應將所持有之個人資料辦理交接，不得在外繼續使用，並應簽訂保密切結書。

第18條

菸酒事業應採取下列資料安全管理措施：

一、運用電腦或自動化機器相關設備蒐集、處理或利用個人資料時，訂定使用可攜式設備或儲存媒體之規範。

二、針對所保有之個人資料內容，如有加密之需要，於蒐集、處理或利用時，採取適當之加密機制。

三、作業過程有備份個人資料之需要時，比照原件，依本法規定予以保護之。

四、個人資料存在於紙本、磁碟、磁帶、光碟片、微縮片、積體電路晶片等媒介物，嗣該媒介物於報廢或轉作其他用途時，採適當防範措施，以免由該媒介物洩漏個人資料。

第19條

菸酒事業針對保有個人資料存在於紙本、磁碟、磁帶、光碟片、微縮片、積體電路晶片、電腦或自動化機器設備等媒介物之環境，應採取下列環境安全管理措施：

一、依據作業內容之不同，實施適宜之進出管制方式。

二、所屬人員妥善保管個人資料之儲存媒介物。

三、針對不同媒介物存在之環境，審酌建置適度之保護設備或技術。

第20條

Ⅰ.菸酒事業應採行適當措施，採取個人資料使用紀錄、留存自動化機器設備之軌跡資料或其他相關證據保存機制，以供必要時說明其所訂本計畫之執行情況。

Ⅱ.菸酒事業於業務終止後，針對個人資料參酌下列措施為之，並留存相關紀錄：

一、銷毀：銷毀之方法、時間、地點及證明銷毀之方式。

二、移轉：移轉之原因、對象、方法、時間、地點及受移轉對象得保有該項個人資料之合法依據。

三、其他刪除、停止處理或利用個人資料：刪除、停止處理或利用之方法、時間或地點。

Ⅲ.前二項之紀錄、軌跡資料及相關證據，應至少留存五年。

第21條

菸酒事業應訂定個人資料安全稽核機制，定期或不定期查察是否落實執行所訂之本計畫等相關事項。

第22條

菸酒事業應參酌執行業務現況、社會輿情、技術發展、法令變化等因素，檢視所訂本計畫是否合宜，必要時予以修正。

第23條

本辦法自發布後六個月施行。

2.公益彩券發行機構個人資料檔案安全維護管理辦法

民國104年8月7日財政部令訂定發布全文22條；並自發布後三個月施行。

第1條

本辦法依個人資料保護法（以下簡稱本法）第二十七條第三項規定訂定之。

第2條

Ⅰ.本辦法適用對象為財政部指定擔任公益彩券之發行機構（以下簡稱發行機構）。

Ⅱ.發行機構應訂定個人資料檔案安全維護計畫（以下簡稱本計畫），以落實個人資料檔案之安全維護與管理，防止個人資料被竊取、竄改、毀損、滅失或洩漏。

Ⅲ.本計畫之內容應包括第三條至第二十一條規定之相關組織及程序，並應定期檢視及配合相關法令修正。

第3條

Ⅰ.發行機構就個人資料檔案安全維護管理應指定專人或建立專責組織，並配置相當資源。

Ⅱ.前項專人或專責組織之任務如下：

一、規劃、訂定、修正與執行本計畫及業務終止後個人資料處理方法等相關事項。

二、訂定個人資料保護管理政策，將其所蒐集、處理及利用個人資料之依據、特定目的及其他相關保護事項，公告使其所屬人員均明確瞭解。

三、定期對所屬人員施以基礎認知宣導或專業教育訓練，使其明瞭個人資料保護相關法令之規定、所屬人員之責任範圍及各種個人資料保護事項之方法或管理措施。

四、定期就執行任務情形向發行機構代表人或經其授權之人員提出書面報告。

Ⅲ.本計畫之訂定或修正，應經發行機構代表人或經其授權之人員核定。

第4條

發行機構應清查所保有之個人資料，界定其納入本計畫之範圍並建立檔案，且定期確認其有否變動。

第5條

發行機構應依據前條所界定之個人資料範圍及其相關業務流程，分析可能產生之風險，並依據風險分析之結果，訂定適當之管控措施。

第6條

Ⅰ.發行機構為因應所保有之個人資料被竊取、竄改、毀損、滅失或洩漏等事故，應採取下列措施：

一、適當之應變措施，以控制事故對當事人之損害，並通報有關單位。

二、查明事故之狀況並以適當方式通知當事人有關事實、因應措施及諮詢服務專線等。

三、研議預防機制，避免類似事故再次發生。

Ⅱ.發行機構遇有個人資料安全事故者，應即以電子郵件通報財政部，並應視案情發展適時通報處理情形，以及將整體查處過程、結果與檢討等函報財政部。

Ⅲ.發行機構遇有危及正常營運或大量當事人權益之重大個人資料安全事故，第一項預防機制應經公正、獨立且取得相關公認認證資格之專家，進行整體診斷及檢視。

第7條

發行機構應依個人資料之屬性，分別訂定下列管理程序：

一、檢視及確認所蒐集、處理及利用之個人資料是否包含本法第六條所定個人資料及其特定目的。

二、確保蒐集、處理及利用本法第六條所定個人資料，是否符合相關法令之要件。

三、雖非本法第六條所定個人資料，惟如認為具有特別管理之需要，仍得比照或訂定特別管理程序。

第8條

發行機構爲遵守本法第八條及第九條關於告知義務之規定，應採取下列方式：

一、檢視蒐集、處理個人資料之特定目的，是否符合免告知當事人之事由。

二、依據資料蒐集之情況，採取適當之告知方式。

第9條

Ⅰ.發行機構應檢視蒐集、處理個人資料是否符合本法第十九條規定，具有特定目的及法定要件。

Ⅱ.發行機構應檢視利用個人資料是否符合本法第二十條第一項規定，符合特定目的內利用；於特定目的外利用個人資料時，應檢視是否具備法定特定目的外利用要件。

第10條

發行機構委託他人蒐集、處理或利用個人資料之全部或一部時，應對受託者依本法施行細則第八條規定爲適當之監督，並明確約定相關監督事項與方式。

第11條

發行機構於首次利用個人資料行銷時，應提供當事人免費表示拒絕行銷之方式，且倘當事人表示拒絕行銷後，應立即停止利用其個人資料行銷，並週知所屬人員。

第12條

發行機構進行個人資料國際傳輸前，應檢視有無財政部依本法第二十一條規定所爲限制國際傳輸之命令或處分，並應遵循之。

第13條

發行機構爲提供資料當事人行使本法第三條所規定之權利，應採取下列方式爲之：

一、確認是否爲個人資料之本人，或經其委託授權。

二、提供當事人行使權利之方式，並遵守本法第十三條有關處理期限之規定。

三、告知是否酌收必要成本費用。

四、如認有本法第十條及第十一條得拒絕當事人行使權利之事由，應附理由通知當事人。

第14條

發行機構為維護其所保有個人資料之正確性，應採取下列方式為之：

一、檢視個人資料於蒐集、處理或利用過程是否正確。

二、當發現個人資料不正確時，適時更正或補充，並通知曾提供利用之對象。

三、個人資料正確性有爭議者，應依本法第十一條第二項規定處理。

第15條

發行機構應定期確認其所保有個人資料之特定目的是否消失及期限是否屆滿，如特定目的消失或期限屆滿時，應依本法第十一條第三項規定處理。

第16條

發行機構應採取下列人員管理措施：

一、依據作業之需要，建立管理機制，設定所屬人員不同權限，並定期確認權限內容之適當及必要性。

二、檢視各相關業務流程涉及蒐集、處理及利用個人資料之負責人員。

三、與所屬人員約定保密義務。

第17條

發行機構應採取下列資料安全管理措施：

一、運用電腦或自動化機器相關設備蒐集、處理或利用個人資料時，訂定使用可攜式設備或儲存媒體之規範。

二、針對所保有之個人資料內容，如有加密之需要，於蒐集、處理或利用時，採取適當之加密機制。

三、作業過程有備份個人資料之需要時，比照原件，依本法規定予以保護之。

四、個人資料存在於紙本、磁碟、磁帶、光碟片、微縮片、積體電路晶片等媒介物，嗣該媒介物於報廢或轉作其他用途時，

採適當防範措施，以免由該媒介物洩漏個人資料。

第18條

發行機構針對保有個人資料存在於紙本、磁碟、磁帶、光碟片、微縮片、積體電路晶片、電腦或自動化機器設備等媒介物之環境，應採取下列環境安全管理措施：

一、依據作業內容之不同，實施適宜之進出管制方式。

二、所屬人員妥善保管個人資料之儲存媒介物。

三、針對不同媒介物存在之環境，審酌建置適度之保護設備或技術。

第19條

Ⅰ.發行機構應採行適當措施，採取個人資料使用紀錄、留存自動化機器設備之軌跡資料或其他相關證據保存機制，以供必要時說明其所訂本計畫之執行情況。

Ⅱ.發行機構於業務終止後，針對個人資料參酌下列措施為之，並留存相關紀錄：

一、銷毀：銷毀之方法、時間、地點及證明銷毀之方式。

二、移轉：移轉之原因、對象、方法、時間、地點及受移轉對象得保有該項個人資料之合法依據。

三、其他刪除、停止處理或利用個人資料：刪除、停止處理或利用之方法、時間或地點。

Ⅲ.前二項之紀錄、軌跡資料及相關證據，應至少留存五年。

第20條

發行機構應訂定個人資料安全稽核機制，定期或不定期查察是否落實執行所訂之本計畫等相關事項。

第21條

發行機構應參酌執行業務現況、社會輿情、技術發展、法令變化等因素，檢視所訂本計畫是否合宜，必要時予以修正。

第22條

本辦法自發布後三個月施行。

十、教育部

1.海外臺灣學校及大陸地區臺商學校個人資料檔案安全維護計畫實施辦法

民國105年9月1日教育部令訂定發布全文23條；並自發布日施行。

第1條

本辦法依個人資料保護法（以下簡稱本法）第二十七條第三項規定訂定之。

第2條

本辦法之主管機關為教育部。

第3條

Ⅰ.本辦法用詞，定義如下：

一、個人資料管理人：指由校長擔任或指定，負責督導個人資料檔案安全維護計畫（以下簡稱安全維護計畫）訂定及執行之人員（以下簡稱管理人）。

二、個人資料稽核人員：指由校長指定，負責評核安全維護計畫執行情形及成效之人員（以下簡稱稽核人員）。

三、所屬人員：指執行業務之過程必須接觸個人資料之人員，包括定期或不定期契約人員及派遣員工。

Ⅱ.前項第一款管理人與第二款稽核人員，不得為同一人。

第4條

Ⅰ.依海外臺灣學校設立及輔導辦法設立之海外臺灣學校及依大陸地區臺商學校設立及輔導辦法設立之大陸地區臺商學校（以下簡稱境外臺校）應訂定安全維護計畫，落實個人資料檔案之安全維護及管理，防止個人資料被竊取、竄改、毀損、滅失或洩漏。

Ⅱ.前項計畫，應包括業務終止後個人資料處理方法等相關個人資

料管理事項。

第5條

境外臺校訂定安全維護計畫時，應視其規模、保有個人資料之性質及數量等事項，訂定適當之安全維護措施。

第6條

境外臺校應於本辦法發布施行之次日起一年內，完成安全維護計畫之訂定，並報主管機關備查。

第7條

境外臺校得指定或設管理單位，或指定專人，負責個人資料檔案安全維護；其任務如下：

一、訂定及執行安全維護計畫，包括業務終止後個人資料處理方法。

二、定期就個人資料檔案安全維護管理情形，向管理人提出書面報告。

三、依據稽核人員就安全維護計畫執行之評核，於進行檢討改進後，向管理人及稽核人員提出書面報告。

第8條

Ⅰ. 境外臺校應確認蒐集個人資料之特定目的，依特定目的之必要性，界定所蒐集、處理及利用個人資料之類別或範圍，並定期清查所保有之個人資料現況。

Ⅱ. 境外臺校經定期檢視，發現有非屬特定目的必要範圍內之個人資料或特定目的消失、期限屆滿而無保存必要者，應予刪除、銷毀或為其他停止蒐集、處理或利用等適當之處置。

第9條

境外臺校於蒐集個人資料時，應檢視是否符合前條第一項所定之類別及範圍。

境外臺校於傳輸個人資料時，應採取必要保護措施，避免洩漏。

第10條

境外臺校應依已界定個人資料之範圍與蒐集、處理及利用流程，分析評估可能產生之風險，訂定適當之管控措施。

第11條

境外臺校於蒐集個人資料時，應遵守本法第八條及第九條有關告知義務之規定，並區分個人資料屬直接蒐集或間接蒐集，分別訂定告知方式、內容及注意事項，要求所屬人員確實辦理。

第12條

Ⅰ.境外臺校利用個人資料為宣傳、推廣或行銷時，應明確告知當事人境外臺校名稱及個人資料來源。

Ⅱ.境外臺校於首次利用個人資料為宣傳、推廣或行銷時，應提供當事人表示拒絕接受宣傳、推廣或行銷之方式，並支付所需費用；當事人表示拒絕宣傳、推廣或行銷後，應立即停止利用其個人資料宣傳、推廣或行銷，並周知所屬人員。

第13條

境外臺校委託他人蒐集、處理或利用個人資料之全部或一部時，應依本法施行細則第八條規定，對受託者為適當之監督，並明確約定相關監督事項及方式。

第14條

境外臺校於當事人行使本法第三條規定之權利時，得採取下列方式辦理：

一、提供聯絡窗口及聯絡方式。

二、確認是否為資料當事人之本人，或經其委託。

三、有本法第十條但書、第十一條第二項但書或第三項但書得拒絕當事人行使權利之事由，一併附理由通知當事人。

四、告知是否酌收必要成本費用及其收費標準，並遵守本法第十三條處理期限規定。

第15條

Ⅰ.境外臺校應訂定應變機制，在發生個人資料被竊取、洩露、竄改或其他侵害事故時，迅速處理以保護當事人之權益。

Ⅱ.前項應變機制，應包括下列事項：

一、採取適當之措施，控制事故對當事人造成之損害。

二、查明事故發生原因及損害狀況，並以適當方式通知當事人。

三、研議改進措施，避免事故再度發生。

Ⅲ.境外臺校應自第一項事故發現之日起三日內，通報主管機關，並自處理結束之日起一個月內，將處理方式及結果，報主管機關備查。

第16條

Ⅰ.境外臺校對所保有之個人資料檔案，應設置必要之安全設備及採取必要之防護措施。

Ⅱ.前項安全設備或防護措施應包括下列事項：

一、紙本資料檔案之安全保護設施及管理程序。

二、電子資料檔案存放之電腦或自動化機器相關設備，配置安全防護系統或加密機制。

三、訂定紙本資料之銷毀程序；電腦、自動化機器或其他儲存媒介物需報廢汰換或轉作其他用途時，應採取適當防範措施，避免洩漏個人資料。

第17條

境外臺校為確實保護個人資料之安全，應對其所屬人員採取下列措施：

一、依據業務作業需要，建立管理機制，設定所屬人員不同之權限，以控管其接觸個人資料之情形，並定期確認權限內容之適當性及必要性。

二、檢視各相關業務之性質，規範個人資料蒐集、處理及利用等流程之負責人員。

三、要求所屬人員妥善保管個人資料之儲存媒介物，並約定保管及保密義務。

四、所屬人員離職時取消其識別碼，並應要求將執行業務所持有之個人資料（包括紙本及儲存媒介物）辦理交接，不得攜離使用，並應簽訂保密切結書。

第18條

Ⅰ.境外臺校應訂定個人資料檔案安全維護稽核機制，定期或不定期檢查安全維護計畫之執行情形，並將檢查結果向管理人提出報告。

Ⅱ.執行前項稽核之人員與第七條指定之專責人員，不得為同一

人。

Ⅲ.境外臺校應將第一項稽核機制，納入其內部控制及稽核項目中。

第19條

境外臺校執行安全維護計畫各項程序及措施，至少應保存下列紀錄：

一、個人資料之交付及傳輸。

二、個人資料之維護、修正、刪除、銷毀及轉移。

三、提供當事人行使之權利。

四、存取個人資料系統之紀錄。

五、備份及還原之測試。

六、所屬人員權限之異動。

七、所屬人員違反權限之行為。

八、因應事故發生所採取之措施。

九、定期檢查處理個人資料之資訊系統。

十、教育訓練。

十一、安全維護計畫稽核及改善措施之執行。

十二、業務終止後處理紀錄。

第20條

境外臺校對於個人資料蒐集、處理及利用，應定期或不定期對其所屬人員，施以教育訓練或認知宣導，使其明瞭個人資料保護相關法令規定、責任範圍、作業程序及應遵守之相關措施。

第21條

境外臺校業務終止後，其保有個人資料之處理方式及留存紀錄如下：

一、銷毀：銷毀之方法、時間、地點及證明銷毀之方式。

二、移轉：移轉之原因、對象、方法、時間、地點及受移轉對象得保有該項個人資料之合法依據。

三、其他刪除、停止處理或利用個人資料：刪除、停止處理或利用之方法、時間及地點。

第22條

境外臺校應參酌安全維護計畫執行狀況、技術發展、法令依據修正等因素，檢視所定安全維護計畫是否合宜，必要時應予以修正。

第23條

本辦法自發布日施行。

2.運動彩券業個人資料檔案安全維護計畫實施辦法

民國104年9月3日教育部令訂定發布全文22條；並自發布日施行。

第1條

本辦法依個人資料保護法（以下簡稱本法）第二十七條第三項規定訂定之。

第2條

本辦法之主管機關為教育部。

第3條

I.運動彩券業應訂定個人資料檔案安全維護計畫（以下簡稱計畫），落實個人資料檔案之安全維護及管理，防止個人資料被竊取、竄改、毀損、滅失或洩漏。

II.前項所稱運動彩券業，指運動彩券發行條例第三條第二款、第三款所定發行機構及受委託機構。

III.第一項計畫，應包括運動彩券發行條例第三條第四款所定經銷商所保有個人資料檔案之安全維護事項；其訂定或修正，應經運動彩券業董事會決議或經其授權之經理部門核定。

第4條

運動彩券業訂定計畫時，應就其保有個人資料之性質及數量等事項，訂定適當之安全維護措施。

第5條

運動彩券業應於本辦法發布施行之日起六個月內，完成計畫之訂定，並報主管機關備查。

第6條

運動彩券業應指定專責人員，負責規劃、訂定、修正、執行計畫及業務終止後個人資料處理方法等相關事項，並定期向負責人提出報告。

第7條

I. 運動彩券業應確認蒐集個人資料之特定目的，依特定目的之必要性，界定所蒐集、處理及利用個人資料之類別或範圍，並定期清查所保有之個人資料現況。

II. 運動彩券業經定期檢視，發現有非屬特定目的必要範圍內之個人資料或特定目的消失、期限屆滿而無保存必要者，應予刪除、銷毀或為其他停止蒐集、處理或利用等適當之處置。

第8條

I. 運動彩券業於蒐集個人資料時，應檢視是否符合前條第一項所定之類別及範圍。

II. 運動彩券業於傳輸個人資料時，應採取必要保護措施，避免洩漏。

第9條

運動彩券業應依已界定個人資料之範圍與蒐集、處理及利用流程，分析評估可能發生之風險，訂定適當之管控措施。

第10條

運動彩券業於蒐集個人資料時，應遵守本法第八條及第九條有關告知義務之規定，並區分個人資料屬直接蒐集或間接蒐集，分別訂定告知方式、內容及注意事項，要求所屬人員確實辦理。

第11條

I. 運動彩券業利用個人資料行銷時，應明確告知當事人該運動彩券業之名稱及個人資料來源。

II. 運動彩券業於首次利用個人資料行銷時，應提供當事人表示拒絕接受行銷之方式，並支付所需費用；當事人表示拒絕接受行銷者，應立即停止利用個人資料，並周知所屬人員。

第12條

運動彩券業於當事人行使本法第三條規定之權利時，得採取下列方式辦理：

一、提供聯絡窗口及聯絡方式。

二、確認是否為資料當事人之本人，或經其委託。

三、有本法第十條但書、第十一條第二項但書或第三項但書得拒
　　絕當事人行使權利之事由，一併附理由通知當事人。

四、告知是否酌收必要成本費用及其收費基準，並遵守本法第
　　十三條處理期限規定。

第13條

I.運動彩券業應訂定應變機制，在發生個人資料被竊取、洩漏、
　竄改或其他侵害事件時，迅速處理，以保護當事人之權益。

II.前項應變機制，應包括下列事項：

一、採取適當之措施，控制事件對當事人造成之損害。

二、查明事件發生原因及損害狀況，並以適當方式通知當事人。

三、研議改進措施，避免事件再度發生。

III.運動彩券業應自第一項事件發生之日起三日內，通報主管機
　　關；並自處理結束之日起一個月內，將處理方式及結果，報主
　　管機關備查。

第14條

I.運動彩券業對所保有之個人資料檔案，應設置必要之安全設備
　及採取必要之防護措施。

II.前項安全設備或防護措施，應包括下列事項：

一、紙本資料檔案之安全保護設施及管理程序。

二、電子資料檔案存放之電腦或自動化機器相關設備，配置安全
　　防護系統或加密機制。

三、訂定紙本資料之銷毀程序；電腦、自動化機器或其他儲存媒
　　介物需報廢汰換或轉作其他用途時，應採取適當防範措施，
　　避免洩漏個人資料。

第15條

運動彩券業為確實保護個人資料之安全，應對其所屬人員採取
下列措施：

一、依據業務作業需要，建立管理機制，設定所屬人員不同之權
　　限，以控管其接觸個人資料之情形，並定期確認權限內容之
　　適當性及必要性。

二、檢視各相關業務之性質，規範個人資料蒐集、處理及利用等

流程之負責人員。

三、要求所屬人員妥善保管個人資料之儲存媒介物，並約定保管及保密義務。

四、所屬人員離職時取消其識別碼，並應要求將執行業務所持有之個人資料（包括紙本及儲存媒介物）辦理交接，不得攜離使用，並應簽訂保密切結書。

第16條

Ⅰ.運動彩券業提供電子商務服務系統時，應採取下列資訊安全措施：

一、使用者身分確認及保護機制。

二、個人資料顯示之隱碼機制。

三、網際網路傳輸之安全加密機制。

四、應用系統於開發、上線、維護等各階段軟體驗證及確認程序。

五、個人資料檔案與資料庫之存取控制及保護監控措施。

六、防止外部網路入侵對策。

七、非法或異常使用行為之監控及因應機制。

Ⅱ.前項所稱電子商務，指透過網際網路進行有關商品或服務之廣告、行銷、供應或訂購等各項商業交易活動。

Ⅲ.第一項第六款及第七款所定措施，應定期演練及檢討改善。

第17條

Ⅰ.運動彩券業應訂定個人資料檔案安全維護查核機制，定期或不定期檢查計畫之執行情形，並將檢查結果向負責人提出報告。

Ⅱ.執行前項查核之人員與第六條指定之專責人員，不得為同一人。

Ⅲ.運動彩券業應將第一項查核機制，納入其內部控制及稽核項目中。

第18條

運動彩券業應採行適當措施，留存個人資料使用紀錄、自動化機器設備之軌跡資料或其他相關之證據資料，以供必要時說明其所定計畫之執行情況。

第19條

Ⅰ.運動彩券業對於個人資料蒐集、處理及利用，應符合本法第十九條及第二十條規定。

Ⅱ.運動彩券業應定期或不定期對其所屬人員施以教育訓練或認知宣導，使其明瞭個人資料保護相關法令規定、責任範圍、作業程序及應遵守之相關措施。

第20條

Ⅰ.運動彩券業業務終止後，其保有之個人資料，應依下列方式處理並留存紀錄：

一、銷毀：銷毀之方法、時間、地點及證明銷毀之方式。

二、移轉：移轉之原因、對象、方法、時間、地點及受移轉對象得保有該項個人資料之合法依據。

三、刪除、停止處理或利用個人資料：刪除、停止處理或利用之方法、時間或地點。

Ⅱ.前項紀錄應至少留存十年。

第21條

運動彩券業應參酌計畫執行狀況、技術發展、法令依據修正等因素，檢視所定計畫是否合宜，必要時應予以修正。

第22條

本辦法自發布日施行。

3.短期補習班個人資料檔案安全維護計畫實施辦法

1.民國103年5月20日教育部令訂定發布全文21條；並自發布日施行。
2.民國104年7月28日教育部令修正發布第13條條文。

第1條

本辦法依個人資料保護法（以下簡稱本法）第二十七條第三項規定訂定之。

第2條

本辦法所稱主管機關，在中央為教育部；在直轄市為直轄市政府；在縣（市）為縣（市）政府。

第3條

Ⅰ.短期補習班（以下簡稱補習班）應訂定個人資料檔案安全維護計畫（以下簡稱計畫），落實個人資料檔案之安全維護及管理，防止個人資料被竊取、竄改、毀損、滅失或洩漏。

Ⅱ.前項所稱補習班，指辦理補習及進修教育法第三條所定短期補習教育之機構，並經直轄市、縣（市）主管機關核准立案者。

第4條

補習班訂定計畫時，應視其規模、特性、保有個人資料之性質及數量等事項，訂定適當之安全維護措施。

第5條

Ⅰ.補習班應於本辦法發布施行後六個月內，完成計畫之訂定。

Ⅱ.補習班應將訂定之計畫留班備查；直轄市、縣（市）主管機關得派員檢查。

第6條

補習班應指定專責人員，負責規劃、訂定、修正、執行計畫及業務終止後個人資料處理方法等相關事項，並定期向負責人提出報告。

第7條

Ⅰ.補習班應確認蒐集個人資料之特定目的，依特定目的之必要

性，界定所蒐集、處理及利用個人資料之類別或範圍，並定期
清查所保有之個人資料現況。

Ⅱ.補習班經定期檢視，發現有非屬特定目的必要範圍內之個人資
料或特定目的消失、期限屆滿而無保存必要者，應予刪除、銷
毀或其他停止蒐集、處理或利用等適當之處置。

第8條

Ⅰ.補習班於蒐集個人資料時，應檢視是否符合前條第一項所定之
類別及範圍。

Ⅱ.補習班於傳輸個人資料時，應採取必要保護措施，避免洩漏。

第9條

補習班應依已界定個人資料之範圍與蒐集、處理及利用流程，
分析評估可能發生之風險，訂定適當之管控措施。

第10條

補習班於蒐集個人資料時應遵守本法第八條及第九條有關告知
義務之規定，並區分個人資料屬直接蒐集或間接蒐集，分別訂
定告知方式、內容及注意事項，要求所屬人員確實辦理。

第11條

Ⅰ.補習班利用個人資料行銷時，應明確告知當事人其所屬補習班
立案名稱及個人資料來源。

Ⅱ.補習班於首次利用個人資料行銷時，應提供當事人表示拒絕接
受行銷之方式，並支付所需費用；當事人表示拒絕接受行銷
者，應立即停止利用其個人資料，並周知所屬人員。

第12條

補習班於當事人行使本法第三條規定之權利時，得採取下列方
式辦理：

一、提供聯絡窗口及聯絡方式。

二、確認是否為資料當事人之本人，或經其委託。

三、有本法第十條但書、第十一條第二項但書或第三項但書得拒
　　絕當事人行使權利之事由，一併附理由通知當事人。

四、告知是否酌收必要成本費用及其收費基準，並遵守本法第
　　十三條處理期限規定。

第13條

Ⅰ.補習班應訂定應變機制，在發生個人資料被竊取、洩漏、竄改或其他侵害事故時，迅速處理以保護當事人之權益。

Ⅱ.前項應變機制，應包括下列事項：

一、採取適當之措施，控制事故對當事人造成之損害。

二、查明事故發生原因及損害狀況，以適當方式通知當事人，並通報其直轄市、縣（市）主管機關。

三、研議改進措施，避免事故再度發生。

Ⅲ.前項第二款通報作業及文件書表格式，由直轄市、縣（市）主管機關定之。

第14條

Ⅰ.補習班對所保有之個人資料檔案，應設置必要之安全設備及採取必要之防護措施。

Ⅱ.前項安全設備或防護措施應包括下列事項：

一、紙本資料檔案之安全保護設施及管理程序。

二、電子資料檔案存放之電腦或自動化機器相關設備，配置安全防護系統或加密機制。

三、訂定紙本資料之銷毀程序；電腦、自動化機器或其他儲存媒介物需報廢汰換或轉作其他用途時，應採取適當防範措施，避免洩漏個人資料。

第15條

補習班為確實保護個人資料之安全，應對其所屬人員採取下列措施：

一、依據業務作業需要，建立管理機制，設定所屬人員不同之權限，以控管其接觸個人資料之情形，並定期確認權限內容之適當性及必要性。

二、檢視各相關業務之性質，規範個人資料蒐集、處理及利用等流程之負責人員。

三、要求所屬人員妥善保管個人資料之儲存媒介物，並約定保管及保密義務。

四、所屬人員離職時取消其識別碼，並應要求將執行業務所持有

之個人資料（包括紙本及儲存媒介物）辦理交接，不得攜離使用，並應簽訂保密切結書。

第16條

I. 補習班應訂定個人資料檔案安全維護查核機制，定期或不定期檢查計畫之執行情形，並將檢查結果向負責人提出報告。

II. 前項查核人員與第六條指定之專責人員不得為同一人。

第17條

補習班應採行適當措施，留存個人資料使用紀錄、自動化機器設備之軌跡資料或其他相關之證據資料，以供必要時說明其所定計畫之執行情況。

第18條

補習班對於個人資料蒐集、處理及利用應符合本法第十九條及第二十條規定，並應定期或不定期對其所屬人員施以教育訓練或認知宣導，使其明瞭個人資料保護相關法令規定、責任範圍、作業程序及應遵守之相關措施。

第19條

I. 補習班業務終止後，其保有之個人資料之處理方式及留存紀錄如下：

一、銷毀：銷毀之方法、時間、地點及證明銷毀之方式。

二、移轉：移轉之原因、對象、方法、時間、地點及受移轉對象得保有該項個人資料之合法依據。

三、刪除、停止處理或利用個人資料：刪除、停止處理或利用之方法、時間或地點。

II. 前項紀錄應至少留存五年。

第20條

補習班應參酌計畫執行狀況、技術發展、法令依據修正等因素，檢視所定計畫是否合宜，必要時應予以修正。

第21條

本辦法自發布日施行。

4.私立專科以上學校及私立學術研究機構個人資料檔案安全維護實施辦法

民國103年8月21日教育部令訂定發布全文18條；並自發布日施行。

第1條

本辦法依個人資料保護法（以下簡稱本法）第二十七條第三項規定訂定之。

第2條

本辦法之主管機關為教育部。

第3條

I.依私立學校法核准設立之私立專科以上學校（以下簡稱學校）及依學術研究機構設立辦法核准設立之私立學術研究機構（以下簡稱機構）應訂定個人資料檔案安全維護計畫（以下簡稱安全維護計畫），落實個人資料檔案之安全維護及管理，防止個人資料被竊取、竄改、毀損、滅失或洩漏。

II.前項計畫，應包括業務終止後個人資料處理方法等相關個人資料管理事項。

第4條

I.本辦法用詞，定義如下：

一、個人資料管理人：學校、機構應由校長、機構負責人擔任或指定，負責督導安全維護計畫訂定及執行之人員（以下簡稱管理人）。

二、個人資料稽核人員：學校、機構應由校長、機構負責人指定，負責評核安全維護計畫執行情形及成效之人員（以下簡稱稽核人員）。

三、所屬人員：執行業務之過程必須接觸個人資料之人員，包括學校、機構之定期或不定期契約人員及派遣員工。

II.前項第一款管理人員與第二款稽核人員不得為同一人。

第5條

學校、機構得指定或設管理單位，或指定專人，負責個人資料檔案安全維護；其任務如下：

一、訂定及執行安全維護計畫，包括業務終止後個人資料處理方法。

二、定期就個人資料檔案安全維護管理情形，向管理人提出書面報告。

三、依據稽核人員就計畫執行之評核，於進行檢討改進後，向管理人及稽核人員提出書面報告。

第6條

Ⅰ.學校、機構應確認蒐集個人資料之特定目的，依特定目的之必要性，界定所蒐集、處理及利用個人資料之類別或範圍，並定期清查所保有之個人資料現況。

Ⅱ.學校、機構經定期檢視，發現有非屬特定目的必要範圍內之個人資料或特定目的消失、期限屆滿而無保存必要者，應予刪除、銷毀或其他停止蒐集、處理或利用等適當之處置。

第7條

學校、機構應依已界定個人資料之範圍與蒐集、處理及利用流程，分析評估可能產生之風險，訂定適當之管控措施。

第8條

Ⅰ.學校、機構應訂定應變機制，在發生個人資料被竊取、洩露、竄改或其他侵害事故時，迅速處理以保護當事人之權益。

Ⅱ.前項應變機制，應包括下列事項：

一、採取適當之措施，控制事故對當事人造成之損害。

二、查明事故發生原因及損害狀況，並以適當方式通知當事人。

三、研議改進措施，避免事故再度發生。

第9條

學校、機構委託他人蒐集、處理或利用個人資料之全部或一部時，應依本法施行細則第八條規定對受託者為適當之監督，並明確約定相關監督事項及方式。

第10條

I.學校、機構利用個人資料為宣傳、推廣或行銷時，應明確告知當事人其所屬學校、機構立案名稱及個人資料來源。

II.學校、機構於首次利用個人資料為宣傳、推廣或行銷時，應提供當事人表示拒絕接受宣傳、推廣或行銷之方式，並支付所需費用；當事人表示拒絕宣傳、推廣或行銷後，應立即停止利用其個人資料宣傳、推廣或行銷，並周知所屬人員。

第11條

學校、機構於當事人行使本法第三條規定之權利時，得採取下列方式辦理：

一、提供聯絡窗口及聯絡方式。

二、確認是否為資料當事人之本人，或經其委託。

三、有本法第十條但書、第十一條第二項但書或第三項但書得拒絕當事人行使權利之事由，一併附理由通知當事人。

四、告知是否酌收必要成本費用及其收費基準，並遵守本法第十三條處理期限規定。

第12條

I.學校、機構對所保有之個人資料檔案，應設置必要之安全設備及採取必要之防護措施。

II.前項安全設備或防護措施應包括下列事項：

一、紙本資料檔案之安全保護設施及管理程序。

二、電子資料檔案存放之電腦或自動化機器相關設備，配置安全防護系統或加密機制。

三、訂定紙本資料之銷毀程序；電腦、自動化機器或其他儲存媒介物需報廢汰換或轉作其他用途時，應採取適當防範措施，避免洩漏個人資料。

第13條

學校、機構為確實保護個人資料之安全，應對其所屬人員採取下列措施：

一、依據業務作業需要，建立管理機制，設定所屬人員不同之權限，以控管其接觸個人資料之情形，並定期確認權限內容之

適當性及必要性。

二、檢視各相關業務之性質，規範個人資料蒐集、處理及利用等流程之負責人員。

三、要求所屬人員妥善保管個人資料之儲存媒介物，並約定保管及保密義務。

四、所屬人員離職時取消其識別碼，並應要求將執行業務所持有之個人資料（包括紙本及儲存媒介物）辦理交接，不得攜離使用，並應簽訂保密切結書。

第14條

學校、機構業務終止後，其保有之個人資料之處理方式及留存紀錄如下：

一、銷毀：銷毀之方法、時間、地點及證明銷毀之方式。

二、移轉：移轉之原因、對象、方法、時間、地點及受移轉對象得保有該項個人資料之合法依據。

三、刪除、停止處理或利用個人資料：刪除、停止處理或利用之方法、時間或地點。

第15條

學校、機構對於個人資料蒐集、處理及利用應符合本法第十九條及第二十條規定，並應定期或不定期對其所屬人員施以教育訓練或認知宣導，使其明瞭個人資料保護相關法令規定、責任範圍、作業程序及應遵守之相關措施。

第16條

學校、機構應訂定個人資料檔案安全稽核機制，定期或不定期檢查安全維護計畫所定相關事項是否落實執行。

第17條

學校、機構執行安全維護計畫各項程序及措施，應保存下列紀錄：

一、個人資料之交付及傳輸。

二、個人資料之維護、修正、刪除、銷毀及轉移。

三、提供當事人行使之權利。

四、存取個人資料系統之紀錄。

五、備份及還原之測試。

六、所屬人員權限之異動。

七、所屬人員違反權限之行為。

八、因應事故發生所採取之措施。

九、定期檢查處理個人資料之資訊系統。

十、教育訓練。

十一、安全維護計畫稽核及改善措施之執行。

十二、業務終止後處理紀錄。

第18條

本辦法自發布日施行。

5.私立高級中等以下學校及幼兒園個人資料檔案安全維護計畫實施辦法

民國106年11月22日教育部令訂定發布全文21條；並自發布日施行。

第1條

本辦法依個人資料保護法（以下簡稱本法）第二十七條第三項規定訂定之。

第2條

本辦法所稱主管機關：在中央為教育部；在直轄市為直轄市政府；在縣（市）為縣（市）政府。

第3條

Ⅰ.本辦法用詞，定義如下：

一、個人資料管理人（以下簡稱管理人）：指由校長、園長擔任或指定，負責督導個人資料檔案安全維護計畫（以下簡稱安全維護計畫）訂定及執行之人員。

二、個人資料稽核人員（以下簡稱稽核人員）：指由校長、園長指定，負責評核安全維護計畫執行情形及成效之人員。

三、所屬人員：指私立高級中等以下學校（以下簡稱學校）及幼兒園執行業務之過程，必須接觸個人資料之人員，包括定期或不定期契約人員及派遣員工。

前項第三款所定幼兒園，包括依幼兒教育及照顧法對幼兒提供教育及照顧服務之幼兒園、社區互助教保服務中心及部落互助教保服務中心。

Ⅱ.第一項第一款管理人與第二款稽核人員不得為同一人。

第4條

Ⅰ.學校及幼兒園應依本辦法規定訂定安全維護計畫，落實個人資料檔案之安全維護及管理，防止個人資料被竊取、竄改、毀損、滅失或洩漏。

Ⅱ.學校及幼兒園訂定安全維護計畫時，應視其經營型態、規模、

保有個人資料之性質及數量等事項，訂定適當之安全維護措施。

Ⅲ.前項計畫，應包括業務終止後，個人資料處理方法等相關個人資料管理事項。

第5條

學校及幼兒園得指定或設管理單位，或指定專人，負責個人資料檔案安全維護；其任務如下：

一、訂定及執行安全維護計畫。

二、定期就個人資料檔案安全維護管理情形，向管理人提出書面報告。

三、依據稽核人員就安全維護計畫執行之評核，於進行檢討改進後，向管理人及稽核人員提出書面報告。

第6條

Ⅰ.學校及幼兒園應確認蒐集個人資料之特定目的，依特定目的之必要性，界定所蒐集、處理及利用個人資料之類別或範圍，並定期清查所保有之個人資料現況。

Ⅱ.學校及幼兒園經定期檢視，發現有非屬特定目的必要範圍內之個人資料或特定目的消失、期限屆滿而無保存必要者，應予刪除、銷毀或其他停止蒐集、處理或利用等適當之處置。

第7條

Ⅰ.學校及幼兒園於蒐集個人資料時，應檢視是否符合前條第一項所定之類別及範圍。

Ⅱ.學校及幼兒園於傳輸個人資料時，應採取必要保護措施，避免洩漏。

第8條

學校及幼兒園應依已界定個人資料之範圍與蒐集、處理及利用流程，分析評估可能產生之風險，訂定適當之管控措施。

第9條

學校及幼兒園於蒐集個人資料時，應遵守本法第八條及第九條有關告知義務之規定，並區分個人資料屬直接蒐集或間接蒐集，分別訂定告知方式、內容及注意事項，要求所屬人員確實

辦理。

第10條

I.學校及幼兒園依本法第二十條第一項規定利用個人資料為宣傳、推廣或行銷時，應明確告知當事人學校及幼兒園立案名稱及個人資料來源。

II.學校及幼兒園於首次利用個人資料為宣傳、推廣或行銷時，應提供當事人或其法定代理人表示拒絕接受宣傳、推廣或行銷之方式，並支付所需費用；當事人或其法定代理人表示拒絕宣傳、推廣或行銷後，應立即停止利用其個人資料宣傳、推廣或行銷，並周知所屬人員。

第11條

學校及幼兒園委託他人蒐集、處理或利用個人資料之全部或一部時，應依本法施行細則第八條規定對受託者為適當之監督，並明確約定相關監督事項及方式。

第12條

學校及幼兒園於當事人或其法定代理人行使本法第三條規定之權利時，得採取下列方式辦理：

一、提供聯絡窗口及聯絡方式。

二、確認是否為資料當事人之本人或其法定代理人，或經其委託。

三、有本法第十條但書、第十一條第二項但書或第三項但書得拒絕當事人或其法定代理人行使權利之事由，一併附理由通知當事人或其法定代理人。

四、告知是否酌收必要成本費用及其收費基準，並遵守本法第十三條處理期限規定。

第13條

I.學校及幼兒園應訂定應變機制，在發生個人資料被竊取、洩漏、竄改或其他侵害事件時，迅速處理，以保護當事人之權益。

II.前項應變機制，應包括下列事項：

一、採取適當之措施，控制事件對當事人造成之損害。

二、查明事件發生原因及損害狀況，並以適當方式通知當事人或其法定代理人。

三、研議改進措施，避免事故再度發生。

Ⅲ.學校及幼兒園應自第一項事件發生之日起三日內，通報主管機關；並自處理結束之日起一個月內，將處理方式及結果，報主管機關備查。

第14條

Ⅰ.學校及幼兒園對所保有之個人資料檔案，應設置必要之安全設備及採取必要之防護措施。

Ⅱ.前項安全設備或防護措施，應包括下列事項：

一、紙本資料檔案之安全保護設施及管理程序。

二、電子資料檔案存放之電腦或自動化機器相關設備，配置安全防護系統或加密機制。

三、訂定紙本資料之銷毀程序；電腦、自動化機器或其他儲存媒介物需報廢汰換或轉作其他用途時，應採取適當防範措施，避免洩漏個人資料。

第15條

學校及幼兒園為確實保護個人資料之安全，應對其所屬人員採取下列措施：

一、依據業務作業需要，建立管理機制，設定所屬人員不同之權限，以控管其接觸個人資料之情形，並定期確認權限內容之適當性及必要性。

二、檢視各相關業務之性質，規範個人資料蒐集、處理及利用等流程之負責人員。

三、要求所屬人員妥善保管個人資料之儲存媒介物，並約定保管及保密義務。

四、所屬人員離職時取消其識別碼，並要求將執行業務所持有之個人資料（包括紙本及儲存媒介物）辦理交接，不得攜離使用，並應簽訂保密切結書。

第16條

Ⅰ.學校及幼兒園應訂定個人資料檔案安全稽核機制，定期或不定

期檢查安全維護計畫所定相關事項是否落實執行，並將檢查結果向管理人提出報告。

Ⅱ.執行前項稽核之人員與第五條指定之專責人員，不得爲同一人。

Ⅲ.學校應將第一項稽核機制，納入其內部控制制度訂定作業程序、內部控制點及稽核作業規範（內部管理及稽核作業規章）規定辦理。

第17條

學校及幼兒園執行安全維護計畫各項程序及措施，至少應保存下列紀錄：

一、個人資料之交付及傳輸。

二、個人資料之維護、修正、刪除、銷毀及轉移。

三、提供當事人或其法定代理人行使之權利。

四、存取個人資料系統之紀錄。

五、備份及還原之測試。

六、所屬人員權限之異動。

七、所屬人員違反權限之行爲。

八、因應事故發生所採取之措施。

九、定期檢查處理個人資料之資訊系統。

十、教育訓練。

十一、安全維護計畫稽核及改善措施之執行。

十二、業務終止後處理紀錄。

第18條

學校及幼兒園對於個人資料之蒐集、處理及利用，應符合本法第十九條及第二十條規定，並應定期或不定期對其所屬人員，施以教育訓練或認知宣導，使其明瞭個人資料保護相關法令規定、責任範圍、作業程序及應遵守之相關措施。

第19條

Ⅰ.學校及幼兒園業務終止後，其保有之個人資料之處理方式及留存紀錄如下：

一、銷毀：銷毀之方法、時間、地點及證明銷毀之方式。

二、移轉：移轉之原因、對象、方法、時間、地點及受移轉對象
　　得保有該項個人資料之合法依據。

三、其他刪除、停止處理或利用個人資料：刪除、停止處理或利
　　用之方法、時間或地點。

Ⅱ.前項紀錄應至少留存五年。

第20條

　學校及幼兒園應參酌安全維護計畫執行狀況、技術發展、法令
依據修正等因素，檢視所定安全維護計畫是否合宜，必要時應
予以修正。

第21條

　本辦法自發布日施行。

十一、國家通訊傳播委員會

1.國家通訊傳播委員會指定非公務機關個人資料檔案安全維護辦法

民國105年11月9日國家通訊傳播委員會令訂定發布全文7條；並自發布日施行。

第1條

本辦法依個人資料保護法（以下簡稱本法）第二十七條第三項規定訂定之。

第2條

本辦法所稱非公務機關包括下列各款：

一、第一類電信事業。

二、第二類電信事業。

三、有線廣播電視系統經營者及有線電視節目播送系統。

四、電視事業。

五、訂戶數達三千戶以上之直播衛星廣播電視服務事業。

六、經營國內新聞台頻道或購物頻道之衛星或他類頻道節目供應事業。

第3條

Ⅰ.非公務機關應依其業務規模及特性，衡酌經營資源之合理分配，配置管理之人員及相當資源，以規劃、訂定、修正與執行其個人資料檔案安全維護計畫及業務終止後個人資料處理方法（以下簡稱本計畫及處理方法）。

Ⅱ.本計畫及處理方法之訂定或修正，應經非公務機關負責人或法定代理人簽署。

Ⅲ.非公務機關蒐集、處理及利用達五千名用戶之個人資料者，其訂定之本計畫及處理方法內容應包含國內或國際個人資料安全稽核機制之規劃及執行計畫。

第4條

Ⅰ.非公務機關為因應個人資料之竊取、竄改、毀損、滅失或洩漏等安全事故（以下簡稱事故），應訂定下列應變、通報及改善機制：

一、事故發生後應採取之應變措施，包括控制當事人損害之方式、查明事故後通知當事人之適當方式及內容。

二、事故發生後應受通報之對象及其通報方式。

三、事故發生後，其改善措施之研議機制。

Ⅱ.非公務機關遇有重大個人資料事故者，應即通報國家通訊傳播委員會（以下簡稱本會）。

Ⅲ.前項所稱重大個人資料事故，係指個人資料遭竊取、竄改、毀損、滅失或洩漏，將危及非公務機關正常營運或大量當事人權益之情形。

第5條

非公務機關應就下列事項，訂定個人資料之管理程序：

一、蒐集、處理或利用之個人資料包含本法第六條所定特種個人資料者，檢視其特定目的及是否符合相關法令之要件。

二、檢視個人資料之蒐集、處理或利用，是否符合免為告知之事由，及告知之內容、方式是否合法妥適。

三、檢視個人資料之蒐集、處理，是否符合本法第十九條規定，具有特定目的及法定情形；其經當事人同意者，並應確保符合本法第七條第一項規定。

四、檢視個人資料之利用，是否符合蒐集之特定目的必要範圍；其為特定目的外之利用者，檢視是否符合法定情形，經當事人同意者，並應確保符合本法第七條第二項規定。

五、利用個人資料為行銷，當事人表示拒絕行銷者，立即停止利用其個人資料行銷，並至少於首次行銷時，提供當事人免費表示拒絕接受行銷之方式。

六、委託他人蒐集、處理或利用個人資料之全部或一部時，對受託人依本法施行細則第八條規定為適當之監督，並於委託契約或相關文件中，明確約定其內容。

七、進行個人資料國際傳輸前，檢視是否受本會相關法令限制並遵循之。

八、當事人行使本法第三條所定權利之相關事項：

　㈠當事人身分之確認。

　㈡提供當事人行使權利之方式，並告知所需支付之費用，及應釋明之事項。

　㈢對當事人請求之審查方式，並遵守本法有關處理期限之規定。

　㈣有本法所定得拒絕當事人行使權利之事由者，其理由記載及通知當事人之方式。

九、檢視個人資料於蒐集、處理或利用過程中是否正確；其有不正確或正確性有爭議者，應依本法第十一條第一項、第二項及第五項規定辦理。

十、檢視所保有個人資料之特定目的是否消失，或期限是否屆滿；其特定目的消失或期限屆滿者，應依本法第十一條第三項規定辦理。

十一、設置聯絡窗口供當事人申訴與諮詢。

第6條

　非公務機關應就下列事項，訂定相關紀錄、證據保存機制：

一、因執行本計畫及處理方法所定各種個人資料保護機制、程序及措施，所記錄之個人資料使用情況、軌跡資料及相關證據。

二、依本法第十一條第三項規定刪除、停止處理或利用所保有之個人資料後留存之下列紀錄：

　㈠刪除、停止處理或利用之方法、時間。

　㈡將刪除、停止處理或利用之個人資料移轉其他對象者，其移轉原因、對象、方法、時間，及該對象蒐集、處理或利用之合法依據。

第7條

　本辦法自發布日施行。

十二、勞動部

1.私立職業訓練機構個人資料檔案安全維護計畫及處理辦法

民國103年4月14日勞動部令訂定發布全文24條；並自發布日施行。

第1條
本辦法依個人資料保護法（以下簡稱本法）第二十七條第三項規定訂定之。

第2條
本辦法適用對象為職業訓練法第五條第二款及第三款所定之私立職業訓練機構。

第3條
Ⅰ.私立職業訓練機構為落實個人資料檔案之安全維護及管理，以防止個人資料被竊取、竄改、毀損、滅失或洩漏，應訂定個人資料檔案安全維護計畫（以下簡稱本計畫）。

Ⅱ.本計畫內容，應包含下列事項：

一、個人資料保護規劃。

二、個人資料管理程序。

三、其他個人資料檔案安全維護事項。

第4條
私立職業訓練機構對個人資料保護之規劃，應包括下列事項：

一、個人資料保護相關法令規定之遵守。

二、於特定目的範圍內，蒐集、處理及利用個人資料之合理安全方法。

三、於特定目的範圍外，利用個人資料之合理安全方法。

四、保護所蒐集、處理、利用之個人資料檔案之合理安全水準技術。

五、供當事人行使個人資料之相關權利、提出相關申訴及諮詢之聯絡窗口。

六、處理個人資料被竊取、竄改、毀損、滅失或洩漏等事故之緊急應變程序。

七、委託蒐集、處理及利用個人資料者，監督受託者之機制。

八、確保個人資料檔案之安全，維持本計畫運作之機制。

第5條

I.私立職業訓練機構就個人資料檔案之安全維護管理，應指定適當人員或專責組織負責，並配置相當資源。

II.前項人員或專責組織之任務如下：

一、規劃、訂定、修正及執行本計畫。

二、定期對所屬人員施以基礎認知宣導或專業教育訓練，使其瞭解個人資料保護相關法令規定、責任範圍、管理措施或方法。

第6條

私立職業訓練機構應依據個人資料保護相關法令，清查所保有之個人資料，納入本計畫之範圍及建立檔案，並隨時確認有否變動。

第7條

私立職業訓練機構應依據前條所界定之範圍，分析蒐集、處理及利用過程中可能產生之風險，並依據分析結果，於本計畫中訂定適當管控措施。

第8條

私立職業訓練機構為因應所保有之個人資料被竊取、竄改、毀損、滅失或洩漏等事故，於本計畫中應建立下列機制：

一、應變處理機制：控制事故對當事人之損害，並通報有關單位。

二、事故調查機制：以適當方式通知當事人，並告知採取之因應措施。

三、檢討預防機制：避免類似事故再次發生。

第9條

　　私立職業訓練機構就本法第六條第一項所定之個人資料，應於蒐集、處理或利用前，確認符合相關法令規定。

第10條

　　私立職業訓練機構為履行本法第八條及第九條所定之告知義務，於本計畫中應建立下列作業程序：

一、依據蒐集資料情況，採取適當之告知方式。

二、確認符合免告知當事人之事由。

第11條

　　私立職業訓練機構對個人資料之蒐集、處理或利用，除本法第六條第一項所定之資料外，於本計畫中應建立下列作業程序：

一、確認蒐集、處理個人資料符合特定目的及法定要件。

二、確認利用個人資料符合特定目的必要範圍；於特定目的外利用個人資料時，應檢視是否具備法定特定目的外之利用要件。

第12條

　　私立職業訓練機構利用個人資料行銷時，於本計畫中應建立下列作業程序：

一、利用個人資料行銷前，應讓當事人知悉並獲得同意。

二、首次行銷時，應提供當事人表示拒絕接受行銷之方式，並支付所需費用。

三、當事人表示拒絕接受行銷時，立即停止利用其個人資料行銷，並通知所屬人員。

第13條

　　私立職業訓練機構進行個人資料國際傳輸前，應檢視有無中央目的事業主管機關依本法第二十一條規定所為之限制。

第14條

　　當事人就其個人資料行使本法第三條所定之權利者，私立職業訓練機構於本計畫中應建立下列作業程序：

一、確認其為個人資料之本人或法定代理人。

二、提供當事人行使權利之方式，並依本法第十三條所定處理期

限辦理。

三、確認有無本法第十條及第十一條得拒絕當事人行使權利之事由，拒絕時並附理由通知當事人。

四、查詢或請求閱覽個人資料或製給複製本者，告知得收取之費用標準或酌收必要成本費用。

第15條

私立職業訓練機構為維護其保有個人資料之正確性，於本計畫中應建立下列作業程序：

一、檢視個人資料於蒐集、處理或利用過程，有無錯誤。

二、定期檢查資料，發現錯誤者，適時更正或補充。未為更正或補充者，於更正或補充後，通知曾提供利用之對象。

三、有爭議者，依本法第十一條第二項規定就爭議資料之處理或利用，建立相關作業程序。

第16條

Ⅰ.私立職業訓練機構應定期確認所保有個人資料之特定目的有無消失或期限屆滿。

Ⅱ.個人資料之特定目的消失或期限屆滿時，應依本法第十一條第三項規定辦理。

第17條

私立職業訓練機構就人員管理，應採取下列措施：

一、確認蒐集、處理及利用個人資料之各相關業務流程之負責人員。

二、依據作業之需要，建立管理機制，設定所屬人員不同權限，並定期確認權限內容之適當及必要性。

三、與所屬人員約定保密義務。

四、所屬人員離職時取消其識別碼，並收繳其通行證（卡）及相關證件。

五、所屬人員持有個人資料者，於其離職時，應要求其返還個人資料之載體，並銷毀或刪除因執行業務儲存而持有之個人資料。

第18條

私立職業訓練機構蒐集、處理或利用個人資料，就資料安全管理，應採取下列措施：

一、訂定作業注意事項。

二、運用電腦或自動化機器相關設備，訂定使用可攜式設備或儲存媒介物之規範。

三、保有之個人資料內容，有加密之必要時，採取適當之加密機制。

四、傳輸個人資料時，因應不同之傳輸方式，有加密必要時，採取適當加密機制，並確認資料收受者之正確性。

五、依據保有資料之重要性，評估有備份必要時，予以備份，並比照原件加密。儲存備份資料之媒介物，以適當方式保管，且定期進行備份資料之還原測試，以確保有效性。

六、儲存個人資料之媒介物於報廢或轉作其他用途時，以物理或其他方式確實破壞或刪除媒介物中所儲存之資料。

七、妥善保存管理機制及加密機制中所運用之密碼。

第19條

私立職業訓練機構就設備安全管理，應採取下列措施：

一、依據作業內容不同，實施必要之進出管制方式。

二、妥善保管個人資料之儲存媒介物。

三、針對不同作業環境，加強天然災害及其他意外災害之防護，並建置必要之防災設備。

第20條

私立職業訓練機構就技術管理，應採取下列措施：

一、於電腦、自動化處理設備或系統上設定認證機制，對有存取個人資料權限之人員進行識別及控管。

二、認證機制使用之帳號及密碼，具備一定之複雜度，並定期更換密碼。

三、於電腦、自動化處理設備或系統上設定警示與相關反應機制，以對不正常之存取進行適當之反應及處理。

四、個人資料存取權限之數量及範圍，依作業必要予以設定，且

不得共用存取權限。

五、採用防火牆或入侵偵測等設備，避免儲存個人資料之系統遭受無權限之存取。

六、使用能存取個人資料之應用程式時，確認使用者具備使用權限。

七、定期測試權限認證機制之有效性。

八、定期檢視個人資料之存取權限設定。

九、於處理個人資料之電腦系統中安裝防毒、防駭軟體，並定期更新病毒碼。

十、對於電腦作業系統及相關應用程式之漏洞，定期安裝修補程式。

十一、對於具備存取權限之電腦或自動化處理設備，不得安裝檔案分享軟體。

十二、測試處理個人資料之資訊系統時，不使用真實個人資料，有使用真實個人資料之情形時，明確規定使用程序。

十三、處理個人資料之資訊系統有變更時，確認其安全性並未降低。

十四、定期檢查處理個人資料資訊系統之使用狀況，及個人資料存取情形。

第21條

私立職業訓練機構執行本計畫各項程序及措施，應保存下列紀錄：

一、因應事故發生所採取之行為。

二、提供當事人行使之權利。

三、個人資料之維護及修正。

四、所屬人員權限之異動。

五、所屬人員違反權限之行為。

六、備份及還原之測試。

七、個人資料之交付及傳輸。

八、個人資料之刪除及銷毀。

九、存取個人資料者之資訊。

十、定期檢查處理個人資料之資訊。

十一、教育訓練。

十二、計畫稽核及改善措施之執行。

第22條

私立職業訓練機構業務終止後之個人資料處理，應刪除或銷毀儲存個人資料之媒介物中所儲存之資料，記錄並留存刪除或銷毀之方法、時間、地點及證明刪除或銷毀之方式。

第23條

私立職業訓練機構應定期檢查本計畫執行情形，並建立未落實執行之改善措施。

第24條

本辦法自發布日施行。

2.人力仲介業個人資料檔案安全維護計畫及處理辦法

民國102年5月1日行政院勞工委員會令訂定發布全文25條；並自發布日施行。

第一章　總　則

第1條

本辦法依個人資料保護法（以下簡稱本法）第二十七條第三項規定訂定之。

第2條

本辦法適用之人力仲介業，指下列機構：

一、依就業服務法第三十四條規定經許可設立之私立就業服務機構。

二、依身心障礙者權益保障法第三十五條第三項規定經許可設立從事身心障礙者就業服務之機構。

第3條

Ⅰ.人力仲介業為落實個人資料檔案之安全維護及管理，防止個人資料被竊取、竄改、毀損、滅失或洩漏，應訂定個人資料檔案安全維護計畫（以下簡稱本計畫）。

Ⅱ.本計畫內容，應包含業務終止後個人資料處理方法。

Ⅲ.人力仲介業應定期檢視及配合相關法令修正本計畫。

第二章　個人資料保護規劃

第4條

Ⅰ.人力仲介業就個人資料檔案安全維護管理，應指定專人或建立專責組織負責，並配置相當資源。

Ⅱ.前項專人或專責組織之任務如下：

一、訂定個人資料保護管理原則，將其所蒐集、處理及利用個人資料之依據、特定目的及其他相關保護事項公告，使其所屬

人員瞭解。

二、規劃、訂定、修正及執行本計畫。

三、定期對所屬人員施以基礎認知宣導或專業教育訓練，使其瞭解個人資料保護相關法令規定、責任範圍、管理措施或方法。

第5條

人力仲介業訂定之個人資料保護管理原則，應包括下列事項：

一、個人資料保護相關法令規定之遵守。

二、於特定目的範圍內，蒐集、處理及利用個人資料之合理安全方法。

三、保護所蒐集、處理、利用之個人資料檔案之合理安全水準技術。

四、供當事人行使個人資料之相關權利或提出相關申訴及諮詢之聯絡窗口。

五、處理個人資料被竊取、竄改、毀損、滅失或洩漏等事故之緊急應變程序。

六、委託蒐集、處理及利用個人資料，監督受託者之機制。

七、確保個人資料檔案之安全，維持運作本計畫之機制。

第6條

人力仲介業應依據個人資料保護相關法令，清查所保有之個人資料，界定納入本計畫之範圍及建立檔案，並定期確認有否變動。

第7條

人力仲介業應依據前條所界定之範圍，分析蒐集、處理及利用過程中可能產生之風險，依據分析之結果，訂定適當管控措施。

第8條

人力仲介業為因應所保有之個人資料被竊取、竄改、毀損、滅失或洩漏等事故，應建立下列機制：

一、採取適當應變措施，以控制事故對當事人之損害，並通報有關單位。

二、查明事故狀況，以適當方式通知當事人，並告知已採取之因應措施。

三、檢討預防機制，避免類似事故再次發生。

第三章　個人資料管理程序

第9條

人力仲介業就本法第六條第一項規定之個人資料，應於蒐集、處理或利用前，確認符合相關法令規定。

第10條

人力仲介業依本法第八條及第九條規定之告知義務，應建立下列作業程序：

一、依據蒐集資料情況，採取適當之告知方式。

二、確認符合免告知當事人之事由。

第11條

人力仲介業對個人資料之蒐集、處理或利用，除第六條第一項所規定資料外，應建立下列作業程序：

一、確認蒐集、處理個人資料具有特定目的及法定要件。

二、確認利用個人資料符合特定目的必要範圍內利用；於特定目的外利用個人資料時，應檢視是否具備法定特定目的外利用要件。

第12條

人力仲介業委託他人蒐集、處理或利用個人資料之全部或一部時，應對受託者建立下列監督作業程序：

一、確認所委託蒐集、處理或利用之個人資料之範圍、類別、特定目的及期間。

二、確認受託者採取必要安全措施。

三、有複委託者，確認複委託之對象。

四、受託者或其受僱人違反個人資料保護法令或委託契約條時，要求受託者向委託人通知相關事項，及採行補救措施。

五、委託人對受託者有保留指示者，其保留指示之事項。

六、委託關係終止或解除時，要求受託者返還個人資料之載體，

　　及銷毀或刪除因委託事項儲存而持有之個人資料。

七、確認受託者執行第一款至第六款要求事項之情況。

第13條

　　人力仲介業利用個人資料行銷時，應建立下列作業程序：

一、首次行銷時，應提供當事人表示拒絕接受行銷之方式，並支付所需費用。

二、當事人表示拒絕接受行銷時，立即停止利用其個人資料行銷，並通知所屬人員。

第14條

　　人力仲介業進行個人資料國際傳輸前，應檢視有無中央目的事業主管機關依本法第二十一條規定所爲之限制。

第15條

　　當事人就其個人資料行使本法第三條所定之權利，人力仲介業應建立下列作業程序：

一、確認當事人爲個人資料之本人。

二、提供當事人行使權利之方式，並依本法第十三條所定處理期限辦理。

三、確認有無本法第十條及第十一條得拒絕當事人行使權利之事由，並附理由通知當事人。

四、告知得收取之費用標準。

第16條

　　人力仲介業爲維護其保有個人資料之正確性，應建立下列作業程序：

一、檢視個人資料於蒐集、處理或利用過程，有無錯誤。

二、定期檢查資料，發現錯誤者，適時更正或補充。未爲更正或補充者，於更正或補充後，通知曾提供利用之對象。

三、有爭議者，依本法第十一條第二項規定就爭議資料之處理或利用，建立相關作業程序。

第17條

Ⅰ.人力仲介業應定期確認所保有個人資料之特定目的有無消失或期限屆滿。

Ⅱ.個人資料之特定目的消失或期限屆滿時，應依本法第十一條第三項規定辦理。

第四章　個人資料管理措施

第18條

人力仲介業就人員管理，應採取下列措施：

一、確認蒐集、處理及利用個人資料之各相關業務流程之負責人員。

二、依據作業之需要，建立管理機制，設定所屬人員不同權限，並定期確認權限內容之適當及必要性。

三、與所屬人員約定保密義務。

四、所屬人員離職時取消其識別碼，並收繳其通行證（卡）及相關證件。

五、所屬人員持有個人資料者，於其離職時，應要求其返還個人資料之載體，並銷毀或刪除因執行業務儲存而持有之個人資料。

第19條

人力仲介業蒐集、處理或利用個人資料，就資料安全管理，應採取下列措施：

一、訂定作業注意事項。

二、運用電腦或自動化機器相關設備，訂定使用可攜式設備或儲存媒體之規範。

三、保有之個人資料內容，有加密之必要時，採取適當之加密機制。

四、傳輸個人資料時，因應不同之傳輸方式，有加密必要時，採取適當加密機制，並確認資料收受者之正確性。

五、依據保有資料之重要性，評估有備份必要時，予以備份，並比照原件加密。儲存備份資料之媒介物，以適當方式保管，且定期進行備份資料之還原測試，以確保有效性。

六、儲存個人資料之媒介物於報廢或轉作其他用途時，以物理或其他方式確實破壞或刪除媒介物中所儲存之資料。

七、妥善保存管理機制及加密機制中所運用之密碼。

第20條

人力仲介業就設備安全管理，應採取下列措施：

一、依據作業內容不同，實施必要之進出管制方式。

二、妥善保管個人資料之儲存媒介物。

三、針對不同作業環境，加強天然災害及其他意外災害之防護，並建置必要之防災設備。

第21條

人力仲介業就技術管理，應採取下列措施：

一、於電腦、自動化處理設備或系統上設定認證機制，對有存取個人資料權限之人員進行識別及控管。

二、認證機制使用之帳號及密碼，具備一定之複雜度，並定期更換密碼。

三、於電腦、自動化處理設備或系統上設定警示與相關反應機制，以對不正常之存取進行適當之反應及處理。

四、個人資料存取權限之數量及範圍，依作業必要予以設定，且不得共用存取權限。

五、採用防火牆或入侵偵測等設備，避免儲存個人資料之系統遭受無權限之存取。

六、使用能存取個人資料之應用程式時，確認使用者具備使用權限。

七、定期測試權限認證機制之有效性。

八、定期檢視個人資料之存取權限設定。

九、於處理個人資料之電腦系統中安裝防毒、防駭軟體，並定期更新病毒碼。

十、對於電腦作業系統及相關應用程式之漏洞，定期安裝修補程式。

十一、對於具備存取權限之電腦或自動化處理設備，不得安裝檔案分享軟體。

十二、測試處理個人資料之資訊系統時，不使用真實個人資料，有使用真實個人資料之情形時，明確規定使用程序。

十三、處理個人資料之資訊系統有變更時，確認其安全性並未降低。

十四、定期檢查處理個人資料資訊系統之使用狀況，及個人資料存取情形。

第五章　業務終止後個人資料處理方法

第22條

人力仲介業業務終止後之個人資料處理，應採取下列措施：

一、刪除或銷毀儲存個人資料之媒介物中所儲存之資料，紀錄並留存刪除或銷毀之方法、時間、地點及證明刪除或銷毀之方式。

二、受移轉之對象得合法保有該項個人資料，紀錄並留存移轉原因、方法、時間及地點。

第六章　紀錄機制

第23條

人力仲介業執行本計畫各項程序及措施，應保存下列紀錄：

一、因應事故發生所採取之行為。

二、受託者執行委託人要求之事項。

三、提供當事人行使之權利。

四、個人資料之維護及修正。

五、所屬人員權限之異動。

六、所屬人員違反權限之行為。

七、備份及還原之測試。

八、個人資料之交付及傳輸。

九、個人資料之刪除、銷毀或移轉。

十、存取個人資料之系統。

十一、定期檢查處理個人資料之資訊系統。

十二、教育訓練。

十三、計畫稽核及改善措施之執行。

第七章　附　則

第24條

　　人力仲介業應定期檢查本計畫執行情形，並建立未落實執行之改善措施。

第25條

　　本辦法自發布日施行。

十三、經濟部

1.電業及公用天然氣事業個人資料檔案安全維護管理辦法

1.民國103年2月11日經濟部令訂定發布全文16條；並自發布日施行。
2.民國104年8月21日經濟部令修正發布第6條條文。
3.民國106年1月24日經濟部令修正發布第7條條文。

第1條
本辦法依個人資料保護法（以下簡稱本法）第二十七條第三項規定訂定之。

第2條
本辦法所稱非公務機關，指用戶數在三千戶以上之電業及公用天然氣事業。

第3條
Ⅰ.非公務機關應依其業務規模及特性，衡酌經營資源之合理分配，建立個人資料檔案安全維護管理組織，配置相當人員及資源，負責規劃、訂定、修正與執行其個人資料檔案安全維護計畫及業務終止後個人資料處理方法（以下簡稱本計畫及處理方法）。

Ⅱ.本計畫及處理方法之訂定或修正，應經非公務機關代表人或經其授權之人員核定。

Ⅲ.個人資料檔案安全維護管理組織，應定期就執行任務情形向非公務機關代表人或經其授權之人員提出書面報告。

第4條
非公務機關應依個人資料保護相關法令，定期查核確認所保有個人資料現況，界定其納入本計畫及處理方法之個人資料範圍。

第5條

非公務機關應依前條界定之個人資料範圍及其業務涉及個人資料蒐集、處理及利用之流程，評估可能產生之個人資料風險，並根據風險評估結果，訂定適當管理機制。

第6條

I.非公務機關為因應所保有之個人資料遭受竊取、竄改、毀損、滅失、洩漏或其他安全事故，應訂定下列應變、通報及預防機制：

一、採取之應變措施，包括下列事項：

　　㈠控制當事人損害方式。

　　㈡查明事故原因後通知當事人之方式。

　　㈢通知當事人事故之事實、所為之因應措施及諮詢服務專線等內容。

二、受通報之相關對象及通報方式。

三、事故發生後研議預防措施。

II.非公務機關因所保有之個人資料遭受竊取、竄改、毀損、滅失、洩漏或其他安全事故，致危及正常營運或大量當事人權益時，應立即以書面通知經濟部。

第7條

非公務機關應就下列事項，訂定管理程序：

一、蒐集、處理或利用之個人資料包含本法第六條所定特種個人資料者，檢視其特定目的及是否符合相關法令之要件；其經當事人書面同意者，並應符合本法第六條第二項準用第七條第一項、第二項及第四項規定。

二、檢視個人資料之蒐集、處理或利用，是否符合免為告知之事由，及所告知之內容、方式是否合法妥適。

三、檢視一般個人資料之蒐集或處理，是否符合本法第十九條規定，具有特定目的及法定情形；其經當事人同意者，並應符合本法第七條規定。

四、檢視一般個人資料之利用，是否符合本法第二十條規定蒐集之特定目的必要範圍；為特定目的外之利用者，檢視是否

符合法定情形；其經當事人同意者，並應符合本法第七條規定。

五、利用個人資料爲行銷，當事人表示拒絕行銷者，立即停止利用其個人資料行銷，並至少於首次行銷時，提供當事人免費表示拒絕接受行銷之方式。

六、委託他人蒐集、處理或利用個人資料之全部或一部時，對受託人依本法施行細則第八條規定爲適當之監督，並於委託契約或相關文件中，明確約定其內容。

七、進行個人資料國際傳輸前，檢視是否符合經濟部所定之規定。

八、當事人行使本法第三條所定權利之事項：
　　㈠當事人身分之確認方式。
　　㈡提供當事人行使權利之方式。
　　㈢告知當事人需支付之費用。
　　㈣對當事人請求之審查方式，並遵守本法有關處理期限之規定。
　　㈤有本法所定得拒絕當事人行使權利之事由者，記載理由及通知當事人之方式。

九、檢視個人資料於蒐集、處理或利用過程中是否正確；其有不正確或正確性有爭議者，應依本法第十一條第一項、第二項及第五項規定辦理。

十、檢視所保有個人資料之特定目的是否消失，或期限是否屆滿；其特定目的消失或期限屆滿者，應依本法第十一條第三項規定刪除、停止處理或利用。

第8條

非公務機關爲維護所保有個人資料之安全，應採取下列資料安全管理措施：

一、訂定各類設備或儲存媒體之使用規範，及報廢或轉作他用時，採取適當防範措施。

二、所保有之個人資料內容，如有加密之需要，於蒐集、處理或利用時，採取適當加密機制。

三、作業過程有備份個人資料之需要，對備份資料，應比照原件，採取適當保護措施。

四、妥善保存認證機制及加密機制中所運用之密碼，如有交付他人之需要，亦妥善為之。

第9條

非公務機關為維護所保有個人資料之安全，應對所屬人員採取下列管理措施：

一、依據業務特性、內容及需求，設定不同權限，以認證機制管理，定期檢視權限內容之適當性，並控管接觸個人資料之情形。

二、約定保密義務。

第10條

非公務機關保有之個人資料存在於紙本、磁碟、磁帶、光碟片、微縮片、積體電路晶片、電腦、自動化機器設備或其他媒介物者，應採取下列設備安全管理措施：

一、依據業務特性、內容及需求，實施適當進出管制。

二、訂定妥善保管個人資料儲存媒介物之方式。

三、依媒介物之特性、使用方式及其環境，建置適當保護設備或技術。

第11條

非公務機關於業務終止，依本法第十一條第三項規定刪除、停止處理或利用所保有之個人資料後，應保存下列紀錄：

一、刪除、停止處理或利用所保有之個人資料之方法、時間、地點及證明方式。

二、將刪除、停止處理或利用所保有之個人資料移轉其他對象者，其移轉之原因、對象、方法、時間、地點及受移轉對象得蒐集、處理或利用該個人資料之合法依據。

第12條

非公務機關應定期對所屬人員進行個人資料保護認知宣導及教育訓練，使其明瞭相關法令之規定、所屬人員之責任範圍與各種個人資料保護事項之機制、程序及管理措施。

第13條

非公務機關為落實本計畫及處理方法之執行,應依其業務規模及特性,衡酌經營資源之合理分配,訂定適當之個人資料安全稽核機制。

第14條

非公務機關執行本計畫及處理方法所定各種個人資料保護機制、程序及措施,應保存下列紀錄:

一、提供當事人行使權利之紀錄。

二、備份及還原測試之紀錄。

三、所屬人員權限新增、變動及刪除之紀錄。

四、因應事故發生所採取行為之紀錄。

五、其他必要之使用紀錄、軌跡資料及證據保存。

第15條

Ⅰ.非公務機關為持續改善個人資料安全維護,其個人資料檔案安全維護管理組織,應定期提出評估報告,並訂定下列機制:

一、檢視、修訂本計畫及處理方法與相關個人資料保護事項。

二、評估報告中有違反法令情形之虞者,規劃、改善及預防措施。

Ⅱ.前項評估報告,應向非公務機關代表人或經其授權之人員提出。

第16條

本辦法自發布日施行。

2.製造業及技術服務業個人資料檔案安全維護管理辦法

民國105年7月28日經濟部令訂定發布全文16條；並自發布日施行。

第1條

本辦法依個人資料保護法（以下簡稱本法）第二十七條第三項規定訂定之。

第2條

Ⅰ.保有消費者個人資料之製造業及技術服務業業者（以下簡稱業者），應依本辦法規定，規劃、訂定、修正與執行消費者個人資料檔案安全維護計畫（以下簡稱本計畫）。但保有消費者個人資料未達五千筆之業者，不在此限。

Ⅱ.保有消費者個人資料筆數達五千筆以上之業者，應於本辦法施行之日起六個月內完成前項計畫之訂定；保有消費者個人資料筆數雖未達五千筆之業者，於本辦法施行後，因直接或間接蒐集而達五千筆以上時，應於保有筆數達五千筆之日起六個月內完成之。

Ⅲ.依第一項規定完成本計畫之訂定者，若因刪除、銷毀或其他方式致所保有之消費者個人資料筆數減少，且連續二年期間所保有之筆數未達五千筆之業者，得停止本計畫全部或一部之執行。但嗣後因直接或間接蒐集而致所保有之消費者個人資料筆數達到五千筆以上時，應於保有筆數達到五千筆以上之日起三十日內恢復本計畫全部之執行。

Ⅳ.第一項所稱製造業及技術服務業，指附表所列之行業。

Ⅴ.第一項至第三項中消費者個人資料筆數之計算，以業者單日所保有之消費者個人資料為認定基準。

Ⅵ.本辦法所稱消費者，指以消費為目的而為交易、使用商品或接受服務者。

第3條

業者為符合本法、本辦法及其他相關法令規定，應依其業務規模及特性，衡酌經營資源之合理分配，配置管理人員及相當資源，負責規劃、訂定、修正與執行本計畫。

第4條

業者應定期清查所保有之消費者個人資料檔案與筆數，界定本計畫之適用範圍。

第5條

業者應依前條界定之消費者個人資料範圍，定期評估可能產生之風險，並依據風險評估結果，採取適當安全管理措施。

第6條

Ⅰ.業者為因應消費者個人資料被竊取、竄改、毀損、滅失或洩漏等安全事故，應訂定下列應變、通報及預防機制：

一、事故發生後應採取之應變措施，包括降低、控制當事人損害之方式、查明事故後通知當事人之適當方式及內容。

二、事故發生後應受通報之對象及其通報方式。

三、事故發生後研議其矯正預防措施之機制。

Ⅱ.業者遇有消費者個人資料安全事故，將危及其正常營運或大量當事人權益者，應立即通報經濟部（以下簡稱本部）或直轄市、縣（市）政府。

第7條

業者為確保消費者個人資料之蒐集、處理或利用，符合個人資料保護相關法令之規定，應訂定下列內部管理程序：

一、蒐集、處理或利用有關病歷、醫療、基因、性生活、健康檢查及犯罪前科之消費者個人資料者，檢視是否符合本法第六條第一項但書所定情形。

二、檢視消費者個人資料蒐集或處理，是否符合本法第十九條第一項所定之法定情形及特定目的；經當事人同意而為蒐集或處理者，並應確保符合本法第七條第一項之規定。

三、檢視消費者個人資料之利用，是否符合蒐集之特定目的必要範圍；其為特定目的外之利用者，檢視是否符合本法第二十

條第一項但書所定情形；經當事人同意而為特定目的外之利用者，並應確保符合本法第七條第二項之規定。

四、檢視消費者個人資料之蒐集是否符合本法第八條第二項或第九條第二項得免為告知之事由；無得免為告知之事由者，並應確保符合本法第八條第一項或第九條第一項之規定。

五、利用消費者個人資料行銷而當事人表示拒絕接受行銷者，確保符合本法第二十條第二項及第三項之規定。

六、委託他人蒐集、處理或利用消費者個人資料者，確保符合本法施行細則第八條之規定，並於委託契約或相關文件明確約定其內容。

七、當事人行使本法第三條所定權利之相關事項：

　㈠提供當事人行使權利之方式。

　㈡確認當事人或其代理人之身分。

　㈢檢視是否符合本法第十條但書、第土條第二項但書及第土條第三項但書所定得拒絕其請求之事由。

　㈣依據前目規定拒絕當事人行使權利者，應附理由通知當事人。

　㈤就當事人請求為准駁決定及延長決定期間之程序，並應確保符合本法第土條之規定。

　㈥當事人請求更正或補充其個人資料者，其應為釋明之事項。

　㈦就當事人查詢、請求閱覽或製給複製本之請求酌收必要成本費用者，應明定其收費標準。

八、維護消費者個人資料正確性之機制；個人資料正確性有爭議者，並應確保符合本法第十一條第一項、第二項及第五項之規定。

九、定期檢視消費者個人資料蒐集之特定目的是否已消失或期限是否已屆滿；其特定目的消失或期限屆滿者，並應確保符合本法第十一條第三項之規定。

第8條

Ⅰ.業者為維護所保有消費者個人資料之安全，應採取下列資料安

全管理措施：

一、消費者個人資料有加密之必要者，應於蒐集、處理或利用時，採取適當之加密措施。

二、消費者個人資料有備份之必要者，應對備份資料採取適當之保護措施。

三、傳輸消費者個人資料時，應依不同傳輸方式，採取適當之安全措施。

Ⅱ.業者使用資訊系統處理消費者個人資料者，為維護所保有消費者個人資料之安全，除前項要求外，應採取下列資料安全管理措施：

一、建置防火牆或其他入侵偵測設備。

二、與網際網路相聯之資訊系統存有消費者個人資料者，應安裝防毒軟體，定期更新病毒碼，並執行掃毒作業。

三、針對電腦作業系統及應用程式之漏洞，定期安裝修補程式。

四、資訊系統存有消費者個人資料者，應設定認證機制，其帳號及密碼須符合一定之複雜度。

五、資訊系統存有消費者個人資料者，應設定異常存取資料行為之監控機制。

六、處理消費者個人資料之資訊系統進行測試時，應避免使用消費者真實個人資料；使用消費者真實個人資料者，應訂定使用規範。

七、處理消費者個人資料之資訊系統有變更時，應確保其安全性未降低。

八、定期檢視處理消費者個人資料之資訊系統，檢查其使用狀況及存取個人資料之情形。

第9條

業者將消費者個人資料作國際傳輸者，應檢視是否受經濟部限制，並且告知消費者其個人資料所欲國際傳輸之區域，同時對資料接收方為下列事項之監督：

一、預定處理或利用個人資料之範圍、類別、特定目的、期間、地區、對象及方式。

二、當事人行使本法第三條所定權利之相關事項。

第10條

業者為維護所保有消費者個人資料之安全，應採取下列人員管理措施：

一、與所屬人員約定保密義務。

二、識別業務內容涉及個人資料蒐集、處理或利用之人員。

三、依其業務特性、內容及需求，設定所屬人員接觸消費者個人資料之權限，並定期檢視其適當性及必要性。

四、人員離職時，要求人員返還消費者個人資料之載體，並刪除因執行業務而持有之消費者個人資料。

第11條

I.業者應對所屬人員定期施以個人資料保護認知宣導及教育訓練。

II.前項認知宣導及教育訓練，至少應包括下列事項：

一、個人資料保護相關法令之規定。

二、所屬人員之責任範圍。

三、本計畫各項管理程序、機制及措施之要求。

第12條

業者為維護所保有消費者個人資料之安全，應對存有消費者個人資料之紙本、磁碟、磁帶、光碟片、微縮片、積體電路晶片、電腦、自動化機器設備及其他媒介物（以下簡稱儲存媒介物），採取下列設備安全管理措施：

一、依儲存媒介物之特性及使用方式，建置適當之保護設備或技術。

二、依所屬人員業務特性、內容及需求，訂定適當之管理規範。

三、針對存放儲存媒介物之環境，施以適當之進出管制措施。

第13條

業者為確保本計畫之落實，應訂定消費者個人資料安全稽核機制，定期或不定期檢查本計畫執行狀況，提出評估報告，並採取第十五條第一款之改善機制。

第14條

I.業者執行本計畫時，應評估其必要性，保存下列紀錄至少五年：

一、消費者個人資料之蒐集、處理及利用紀錄。

二、自動化機器設備之軌跡資料。

三、落實執行本計畫之證據。

II.業者於業務終止後，其保有之個人資料應依下列方式處理及記錄：

一、銷毀：銷毀之方法、時間、地點及證明銷毀之方式。

二、移轉：移轉之原因、對象、方法、時間、地點及受移轉對象得蒐集該個人資料之合法依據。

三、其他刪除、停止處理或利用個人資料：刪除、停止處理或利用之方法、時間或地點。

第15條

業者為持續改善本計畫，應訂定下列整體持續改善機制：

一、本計畫未落實執行時應採取矯正預防措施。

二、參酌本計畫執行狀況、技術發展及法令變化等因素，定期檢視或修正本計畫。

第16條

本辦法自發布日施行。

附表

行政院主計總處分類代碼(小類)	行　　業	說　　明
082	水產處理保藏及其製品製造業	
083	蔬果處理保藏及其製品製造業	
084	食用油脂製造業	
085	乳品製造業	
089	其他食品製造業	
092	非酒精飲料製造業	

112	織布業	
113	不織布業	
114	印染整理業	
115	紡織品製造業	
121	梭織成衣製造業	
122	針織成衣製造業	
123	服飾品製造業	
130	皮革、毛皮及其製品製造業	
140	木竹製品製造業	
151	紙漿、紙及紙板製造業	
152	紙容器製造業	
159	其他紙製品製造業	
161	印刷及其輔助業	
162	資料儲存媒體複製業	
170	石油及煤製品製造業	經濟部（涉及非能源用途品項之石油及煤製品製造業：經濟部工業局；前者以外之石油及煤製品製造業：經濟部能源局。）
181	基本化學材料製造業	
182	石油化工原料製造業	
184	合成樹脂、塑膠及橡膠製造業	
185	人造纖維製造業	
191	農藥及環境用藥製造業	
192	塗料、染料及顏料製造業	
193	清潔用品製造業	
194	化妝品製造業	
199	其他化學製品製造業	
200	藥品及醫用化學製品製造業	
210	橡膠製品製造業	

220	塑膠製品製造業	
231	玻璃及其製品製造業	
232	耐火、黏土建築材料及陶瓷製品製造業	
233	水泥及其製品製造業	
234	石材製品製造業	
239	其他非金屬礦物製品製造業	
241	鋼鐵製造業	
242	鋁製造業	
243	銅製造業	
249	其他基本金屬製造業	
251	金屬手工具及模具製造業	
252	金屬結構及建築組件製造業	
253	金屬容器製造業	
254	金屬加工處理業	
259	其他金屬製品製造業	
261	半導體製造業	
262	被動電子元件製造業	
263	印刷電路板製造業	
264	光電材料及元件製造業	
269	其他電子零組件製造業	
271	電腦及其週邊設備製造業	
272	通訊傳播設備製造業	
273	視聽電子產品製造業	
274	資料儲存媒體製造業	
275	量測、導航、控制設備及鐘錶製造業	
277	光學儀器及設備製造業	
281	發電、輸電、配電機械製造業	
282	電池製造業	

283	電線及配線器材製造業	
284	照明設備製造業	
285	家用電器製造業	
289	其他電力設備製造業	
291	金屬加工用機械設備製造業	
292	其他專用機械設備製造業	
293	通用機械設備製造業	
301	汽車製造業	
302	車體製造業	
303	汽車零件製造業	
311	船舶及其零件製造業	
312	機車及其零件製造業	
313	自行車及其零件製造業	
319	未分類其他運輸工具及其零件製造業	
321	非金屬家具製造業	
322	金屬家具製造業	
331	育樂用品製造業	
332	醫療器材及用品製造業	
339	未分類其他製造業	
340	產業用機械設備維修及安裝業	
582	軟體出版業	
620	電腦系統設計服務業	
631	入口網站經營、資料處理、網站代管及相關服務業	【已有明確之中央目的事業主管機關】：各該行業之目的事業主管機關 【無明確之中央目的事業主管機關】：經濟部(涉及電子商務部分：經濟部商業司。涉及網路產業發展及其相關部分：經濟部工業局)

639	其他資訊供應服務業	
712	技術檢測及分析服務業	
712	其他技術檢測及分析服務業	
721	自然及工程科學研究發展服務業(「提供研發規劃服務」、「提供研發、設計、實驗、模擬、檢測及技術量產化等專門技術服務」及「提供研發成果運用規劃服務」，限經濟部工業局職掌所指導之行業)	
722	社會及人文科學研究發展服務業	
723	綜合研究發展服務業	
740	專門設計服務業	
760	其他專業、科學及技術服務業	

3.自來水事業個人資料檔案安全維護計畫標準辦法

1.民國102年10月30日經濟部令訂定發布全文27條；並自發布日施行。
2.民國105年4月1日經濟部令修正發布第17條條文。

第1條

本辦法依個人資料保護法（以下簡稱本法）第二十七條第二項及第三項規定訂定之。

第2條

自來水事業，其用戶數在五千戶以上者，應依本辦法規定訂定個人資料檔案安全維護計畫（以下簡稱本計畫），以落實個人資料檔案之安全維護及管理，防止個人資料被竊取、竄改、毀損、滅失或洩漏。

第3條

本辦法用詞定義如下：

一、個人資料管理代表：由自來水事業代表人擔任，或由代表人直接授權，負責督導本計畫之規劃、訂定、執行、修訂及相關決策之人員。

二、所屬人員：執行業務之過程必須接觸個人資料之人員。

第4條

Ⅰ.自來水事業應建立個人資料檔案安全維護管理組織，並配置相當資源，負責本計畫相關程序之規劃、訂定、執行及修訂等任務。

Ⅱ.個人資料管理代表非由自來水事業代表人擔任時，應定期就個人資料檔案安全維護管理組織執行任務情形，向自來水事業代表人提出書面報告。

第5條

Ⅰ.自來水事業應依其組織與事業特性訂定個人資料保護管理政策，提報自來水事業代表人核定，並公開周知，使其所屬人員

均明確瞭解及遵循。

Ⅱ.前項管理政策至少應包括下列事項之說明：

一、遵守我國個人資料保護相關法令規定。

二、以合理安全之方式，於特定目的範圍內，蒐集、處理及利用個人資料。

三、以可期待之合理安全水準技術保護其所蒐集、處理、利用之個人資料檔案。

四、設置聯絡窗口，供個人資料當事人行使其個人資料相關權利或提出相關申訴與諮詢。

五、規劃緊急應變程序，以處理個人資料被竊取、竄改、毀損、滅失或洩漏等事故。

六、如委託蒐集、處理及利用個人資料者，應妥善監督受託人。

七、持續維運本計畫之義務，以確保個人資料檔案之安全。

第6條

自來水事業應定期檢視應遵循之個人資料保護法令，並據以訂定或修訂本計畫。

第7條

自來水事業為確保個人資料之蒐集符合個人資料保護相關法令要求，應就下列事項建立相關程序：

一、檢視蒐集個人資料之特定目的及法定要件。

二、檢視具備法令所要求之特定情形或其他要件。

第8條

自來水事業為遵守本法第八條及第九條有關蒐集個人資料之告知義務規定，應就下列事項建立相關程序：

一、檢視蒐集、處理個人資料之特定目的。

二、檢視是否符合免告知之事由。

三、除屬免告知者外，應依據資料蒐集之情況，採取適當之告知方式。

第9條

自來水事業為確認對個人資料之利用，符合個人資料保護相關法令，應就下列事項建立相關程序：

一、檢視個人資料之利用符合特定目的。

二、檢視是否得進行及如何進行特定目的外利用。

第10條

自來水事業新增或變更特定目的時，應依下列程序為之：

一、依第八條規定之告知程序辦理。

二、取得當事人書面同意。但法令另有規定者，不在此限。

第11條

自來水事業就本法第六條之特種個人資料，應就下列事項建立相關程序：

一、檢視其蒐集、處理及利用之個人資料是否包含特種個人資料及其特定目的。

二、檢視其蒐集、處理及利用特種個人資料，是否符合相關法令規定。

第12條

自來水事業為提供當事人行使本法第三條規定之權利時，應就下列事項建立相關程序：

一、提供當事人行使權利之方式。

二、確認當事人身分。

三、確認有無本法第十條及第十一條得拒絕當事人行使權利之情況。

四、遵守本法第十三條有關處理期限之規定。

五、訂定酌收必要成本費用之標準。

第13條

I.自來水事業為維護其保有個人資料之正確性，宜採取下列方法：

一、檢視個人資料於蒐集、處理及利用過程，是否正確。

二、當檢視資料有不正確時，應適時更正或補充。

三、定期檢查資料之正確性。

II.個人資料正確性有爭議者，自來水事業應主動或依當事人之請求停止處理或利用。但因執行職務或業務所需，經註明其爭議或經當事人書面同意者，不在此限。

Ⅲ.因可歸責於自來水事業之事由，未爲更正或補充之個人資料，應於更正或補充後，通知曾提供利用對象。

第14條

自來水事業於所保有個人資料之特定目的消失或期限屆滿時，應遵守本法第十一條第三項規定。

第15條

自來水事業應依個人資料保護法令，定期清查所保有之個人資料，界定其納入本計畫之範圍並建立清冊，且定期確認其變動情形。

第16條

自來水事業應依前條界定之個人資料範圍及其相關業務流程，分析可能產生之風險，並依據風險分析結果，訂定適當管控措施。

第17條

自來水事業爲因應其保有之個人資料被竊取、竄改、毀損、滅失或洩漏等事故，應就下列事項建立相關程序：

一、採取適當之應變措施，以降低或控制事故對當事人之損害，並通報有關單位。

二、查明事故之狀況並適時通知當事人事故之事實、所爲之因應措施及諮詢服務專線等內容。

三、研議預防機制，避免類似事故再次發生。

四、致危及正常營運或大量當事人權益時，應立即以電話、傳真、發函或其他書面方式通知中央自來水主管機關。

第18條

自來水事業應採取下列人員管理措施：

一、指定蒐集、處理及利用個人資料個別作業（以下簡稱作業）流程之負責人員。

二、就個別作業設定所屬人員不同之權限並控管之，以一定認證機制管理其權限，且定期確認權限內容設定之適當與必要性。

三、要求所屬人員相關之保密義務。

第19條

自來水事業應採取下列資料管理措施：

一、運用電腦及相關設備處理個人資料時，應訂定使用可攜式儲存媒體之規範。

二、保有之個人資料，如有加密之必要，應於蒐集、處理或利用時採取適當之加密機制。

三、傳輸個人資料時，應確認資料收受者之正確性。

四、有備份個人資料之必要時，應比照原本，依本法規定予以保護。

五、儲存個人資料之媒介物於廢棄或轉作其他用途時，應採取適當防範措施。

六、妥善保存認證機制及加密機制中所運用之密碼，如有交付他人之必要，亦應妥善為之。

第20條

自來水事業應採取下列設備安全管理措施：

一、依作業內容之不同，實施適宜之進出管制。

二、妥善保管個人資料之儲存媒介物。

三、針對不同作業環境，審酌建置必要之防護設備或技術。

第21條

自來水事業利用電腦或相關設備蒐集、處理或利用個人資料時，應採取下列技術管理措施：

一、於電腦、相關設備或系統上設定認證機制，對有存取個人資料權限之人員進行識別與控管。

二、認證機制使用帳號及密碼之方式時，應具備一定安全之複雜度並定期更換密碼。

三、於電腦、相關設備或系統上設定警示與相關反應機制，以對不正常之存取為適當之反應與處理。

四、對於存取個人資料之終端機進行身分認證，以識別並控管之。

五、個人資料存取權限之數量及範圍，於作業必要之限度內設定之，且原則上不得共用存取權限。

六、採用防火牆或路由器等設定，避免儲存個人資料之系統遭受無權限之存取。

七、使用可存取個人資料之應用程式時，應確認使用者具備使用權限。

八、定期測試權限認證機制之有效性。

九、定期檢視個人資料之存取權限設定正當與否。

十、於處理個人資料之電腦系統中安裝防毒軟體，並定期更新病毒碼。

十一、對於電腦作業系統及相關應用程式之漏洞，定期安裝修補之程式。

十二、定期瞭解惡意程式之威脅，並確認安裝防毒軟體及修補程式後之電腦系統之穩定性。

十三、具備存取權限之終端機不得安裝檔案分享軟體。

十四、測試處理個人資料之資訊系統時，不使用真實之個人資料，如使用真實之個人資料時，應明確規定其使用之程序。

十五、處理個人資料之資訊系統有變更時，應確認其安全性並未降低。

十六、定期檢查處理個人資料資訊系統之使用狀況及個人資料存取之情形。

第22條

自來水事業應定期對所屬人員施以認知宣導及教育訓練，使其明瞭個人資料保護相關法令之要求、所屬人員之責任範圍及各種個人資料保護事項之方法或管理措施。

第23條

自來水事業為確保本計畫之有效性，應定期稽核本計畫是否落實執行。

第24條

為持續改善本計畫，自來水事業應建立下列程序：

一、本計畫發生未落實執行時之改善程序。

二、本計畫有變更時之變更程序。

第25條

本計畫各項程序執行時，自來水事業至少應保存下列紀錄：

一、個人資料使用紀錄、留存自動化機器設備之軌跡資料之紀錄或相關證據保存紀錄。

二、檢視個人資料正確性及更正之紀錄。

三、提供當事人行使權利之紀錄。

四、個人資料刪除、廢棄之紀錄。

五、存取個人資料系統之紀錄。

六、備份及還原測試之紀錄。

七、所屬人員權限新增、變動及刪除之紀錄。

八、所屬人員違反權限行為之紀錄。

九、因應事故發生所採取行為之紀錄。

十、定期檢查處理個人資料之資訊系統之紀錄。

十一、教育訓練之紀錄。

十二、本計畫稽核及改善程序執行之紀錄。

第26條

業務終止後個人資料處理方法得採下列方式為之，並留存下列紀錄：

一、銷毀：銷毀之方法、時間、地點及證明銷毀之方式。

二、移轉：移轉之原因、對象、方法、時間、地點及受移轉對象得保有該項個人資料之合法依據。

三、其他刪除、停止處理或利用個人資料：刪除、停止處理或利用之方法、時間或地點。

第27條

本辦法自發布日施行。

4.網際網路零售業及網際網路零售服務平台業個人資料檔案安全維護計畫及業務終止後個人資料處理作業辦法

民國104年9月17日經濟部令訂定發布全文21條；並自發布日施行。

第1條

本辦法依個人資料保護法（以下簡稱本法）第二十七條第三項規定訂定之。

第2條

Ⅰ.本辦法所稱網際網路零售業，指以網際網路方式零售商品，且登記資本額為新臺幣一千萬元以上之股份有限公司，或受經濟部（以下簡稱本部）指定之公司或商號。但不包括應經特許、許可或受專門管理法令規範之行業。

Ⅱ.本辦法所稱網際網路零售服務平台業，指經營供他人零售商品之網際網路平台，且登記資本額為新臺幣一千萬元以上之股份有限公司，或受本部指定之公司或商號。但不包括應經特許、許可或受專門管理法令規範之行業。

第3條

Ⅰ.網際網路零售業為符合本法、本辦法及其他相關法令之規定，應依其業務規模及特性，衡酌經營資源之合理分配，設個人資料管理單位或適當組織，並配置適當資源，負責下列事項：

一、個人資料保護管理政策（以下簡稱個資保護政策）之訂定及修正。

二、個人資料檔案安全維護計畫及業務終止後個人資料處理方法（以下簡稱安全維護計畫）之訂定、修正及執行。

Ⅱ.個資保護政策及安全維護計畫之訂定或修正，應由網際網路零售業之代表人或其授權之其他負責人核定之。

第4條

網際網路零售業應對內公開周知個資保護政策，使所屬人員明

確瞭解及遵循，其內容應包括下列事項之說明：

一、遵守我國個人資料保護相關法令規定。

二、以合理安全之方式，於特定目的範圍內，蒐集、處理及利用個人資料。

三、以可期待之合理安全水準技術保護其所蒐集、處理、利用之個人資料檔案。

四、設置聯絡窗口，供個人資料當事人行使其個人資料相關權利或提出相關申訴與諮詢。

五、規劃緊急應變程序，以處理個人資料被竊取、竄改、毀損、滅失或洩漏等事故。

六、如委託蒐集、處理及利用個人資料者，應妥善監督受託人。

七、持續維運安全維護計畫之義務，以確保個人資料檔案之安全。

第5條

Ⅰ.第三條之安全維護計畫應納入符合第六條至第十九條規定之具體內容。

Ⅱ.網際網路零售業應隨時檢視其所適用之個人資料保護法令及該法令之變動，並適時檢討修正安全維護計畫；如有業務或環境之變動，亦同。

Ⅲ.本部於必要時，得要求網際網路零售業提出安全維護計畫及其相關文件。

第6條

網際網路零售業應適時並每年定期清查其所保有之個人資料檔案及其蒐集、處理或利用個人資料之作業流程，據以建立個人資料檔案清冊及個人資料作業流程說明文件。

第7條

網際網路零售業應適時並每年定期評估其因蒐集、處理或利用個人資料可能面臨的法律或其他風險，並訂定適當之管控及因應措施。

第8條

Ⅰ.前條因應措施，應包括個人資料被竊取、竄改、毀損、滅失或

洩漏等事故之應變機制，其內容應對下列事項為具體規定：

一、降低、控制事故對當事人造成損害之作法。

二、適時以電子郵件、簡訊、電話或其他便利當事人知悉之適當方式，通知當事人事故之發生與處理情形，及後續供當事人查詢之專線與其他查詢管道。

三、避免類似事故再次發生之矯正及預防機制。

四、發生重大事故時，即時依本部指定之機制進行通報，並依本部指示，公告或持續通報事故之處理情形與避免類似事故再次發生之矯正及預防機制。

Ⅱ.前項第四款所稱重大事故，指個人資料遭竊取、竄改、毀損、滅失或洩漏，將危及網際網路零售業正常營運或大量當事人權益之情形。

第9條

Ⅰ.除法律另有規定外，網際網路零售業應就下列事項訂定具體程序或機制，並提出有效方式維持其運作：

一、檢視個人資料之蒐集、處理，符合本法第十九條第一項所定之法定情形及特定目的，或有其他合法事由。

二、檢視個人資料之利用，符合蒐集時之特定目的，或符合本法所定得為特定目的外利用之情形，或有其他合法事由；依當事人書面同意而為特定目的外利用者，應確認已符合本法第七條第二項有關書面同意之規定。

三、檢視已依便利當事人之適當方式，踐行本法第八條及第九條所定之告知義務；如有免為告知之情形，應確認其合法依據。

四、檢視已於首次行銷時提供當事人表示拒絕行銷之管道，並由網際網路零售業支付所需費用。

五、檢視當事人已拒絕接受行銷時，即停止利用其個人資料為行銷，並周知所屬人員或採行防範所屬人員再次行銷之措施。

六、檢視個人資料之蒐集、處理、利用與本法第五條之規定相符。

七、對個人資料進行國際傳輸前，應針對該次傳輸進行可能之影

響及風險分析，並採取適當安全保護措施。

八、於特定目的消失、期限屆滿、有本法第十九條第二項所定情形，或有違反本法規定而為個人資料之蒐集、處理或利用時，應依法刪除或停止蒐集、處理、利用個人資料。

九、如於特定目的消失或期限屆滿，而未刪除、停止處理或利用個人資料時，須因執行業務所必須或經當事人書面同意。

十、檢視個人資料是否正確，有不正確或正確性有爭議者，應分別情形依本法第十一條第一項、第二項及第五項之規定辦理。

十一、關於本法第三條所列當事人權利之行使事宜：

　　㈠提供行使權利之方式應考量個人資料安全管理之必要性及當事人之便利性。

　　㈡應依適當之方式確認，或請求當事人或代為行使權利之人說明，其確為當事人本人或有權代為行使權利之人。

　　㈢於提供查詢或製給複製本時，得收取成本費用，但應先明確告知。

　　㈣應遵守本法第十三條有關處理期限之規定。

　　㈤於得合法拒絕權利行使或得延長處理期限之情形，應將拒絕之理由或延長之原因，以書面通知當事人。

十二、委託他人蒐集、處理或利用個人資料之全部或一部時，應有選任受託人之標準及評估機制，且應於委託契約或相關文件明確約定適當之監督方式，並確實執行。

十三、受他人委託處理個人資料之全部或一部時，如認委託機關之指示有違反本法或其他個人資料保護相關法令者，應立即通知委託機關。

Ⅱ.本部依本法第二十一條規定就國際傳輸個人資料定有相關限制者，其相關限制應納入前項之程序或機制。

第10條

網際網路零售業如有保護消費者個人資料之機制，應適時提醒消費者應用，並為適當之公告。

第11條

網際網路零售業應考量業務性質、個人資料存取環境、個人資料傳輸之工具與方法及個人資料之種類、數量等因素，採取適當之人員、作業、設備及技術之安全管理措施。

第12條

前條之人員安全管理措施，應包括下列事項：

一、確認蒐集、處理及利用個人資料之相關業務流程之負責人員。

二、依據執行業務之必要，設定所屬人員關於個人資料蒐集、處理或利用，及接觸個人資料儲存媒體之相關權限，定期檢視權限設定內容之必要性，並控管接觸個人資料之情形。

三、與所屬人員約定保密義務。

第13條

第十一條之作業安全管理措施，應包括下列事項：

一、訂定個人資料儲存媒體使用規範並確實執行之。

二、個人資料儲存媒體於廢棄或轉作其他用途前，應以適當方式銷毀或確實刪除該媒體中所儲存之個人資料。委託他人執行上開行為時，準用第九條第十二款之規定，應為適當之監督。

三、蒐集、處理或利用個人資料時，如有加密或遮蔽之必要，應採取適當之加密或遮蔽機制。

四、傳輸個人資料時，應有適當安全之防護機制。

五、依據所保有個人資料之重要性，採取適當之備份機制，並比照原件保護之。

第14條

第十一條之設備安全管理措施，應包括下列事項。

一、依據作業內容及環境之不同，實施必要之安全環境管制。

二、妥善維護並控管個人資料蒐集、處理或利用過程中所使用之實體設備。

三、針對不同作業環境，建置必要之保護設備或技術。

第15條

第十一條之技術安全管理措施，應包括下列事項：

一、採取適當之安全機制，避免用以蒐集、處理或利用個人資料之電腦、相關設備或系統遭受無權限之存取，包括但不限就個人資料之存取權限，設定必要之控管機制，並定期確認控管機制之有效性。

二、定期確認蒐集、處理或利用個人資料之電腦、相關設備或系統具備必要之安全性，包括但不限採取適當之安全機制，因應惡意程式及系統漏洞所造成之威脅。

三、進行軟硬體測試時，應避免使用實際個人資料。如確有使用實際個人資料之必要時，應明確規定其使用之程序及安全管理方式。

四、定期檢查使用於蒐集、處理或利用個人資料之電腦、相關設備或系統之使用狀況及個人資料存取之情形。

第16條

網際網路零售業應每年定期實施所屬人員之個人資料保護與管理認知宣導及教育訓練，使其明瞭個人資料保護相關法令之要求、人員之責任範圍及各項個人資料保護相關作業程序；對代表人、負責人或第三條所稱管理單位或適當組織之人員，另應依其於安全維護計畫所擔負之任務及角色，每年定期實施必要之教育訓練。

第17條

Ⅰ.網際網路零售業於業務之一部或全部終止時，應刪除、銷毀或停止處理、利用相關之個人資料。如將相關之個人資料移轉第三人，於移轉前，應確認該第三人依法有權蒐集該個人資料。

Ⅱ.前項之移轉，應採取合法且適當之方式為之。

第18條

網際網路零售業應每年定期由第三條所設之個人資料管理單位或適當組織執行安全維護計畫之內部稽核，提出評估報告，並採取下列改善措施：

一、修正個資保護政策及安全維護計畫。

二、評估報告中有不符合法令或有違法之虞者，應規劃並採取相

關改善及預防措施。

第19條

網際網路零售業執行安全維護計畫,除其他法令另有規定外,應留存下列紀錄或證據:

一、個人資料提供或移轉第三人之紀錄,該紀錄應包括提供或移轉之對象、依據、原因、方法、時間及地點等資訊。

二、確認個人資料正確性及補充、更正之紀錄。

三、當事人行使本法第三條之權利及處理過程之紀錄。

四、個人資料或儲存個人資料媒體之刪除、停止處理、利用或銷毀之原因、方法、時間及地點等紀錄。

五、存取個人資料系統之紀錄。

六、資料備份及確認其有效性之紀錄。

七、人員權限新增、變動及刪除之紀錄。

八、因應事故發生所採取行為之紀錄。

九、定期檢查處理個人資料之資訊系統之紀錄。

十、認知宣導及教育訓練之紀錄。

十一、稽核及改善安全維護計畫之紀錄。

十二、其他必要紀錄或證據。

第20條

網際網路零售服務平台業,準用第三條至第十九條之規定,其安全維護計畫,並應加入下列事項:

一、對其平台使用者,進行適當之個人資料保護及管理之認知宣導或教育訓練。

二、訂定個人資料保護守則,要求平台使用者遵守。

第21條

本辦法自發布日施行。

第三編

其他資料

1.電腦處理個人資料保護法之特定目的及個人資料之類別修正對照表

民國101年10月1日。

個人資料保護法之特定目的及個人資料之類別（修正名稱）		電腦處理個人資料保護法之特定目的及個人資料之類別（原名稱）	
修正代號	修正特定目的項目	原代號	原特定目的項目
○○一	人身保險	○○一	人身保險業務（依保險法令規定辦理之人身保險相關業務）
○○二	人事管理（包含甄選、離職及所屬員工基本資訊、現職、學經歷、考試分發、終身學習訓練進修、考績獎懲、銓審、薪資待遇、差勤、福利措施、褫奪公權、特殊查核或其他人事措施）	○○二	人事行政管理
○○三	入出國及移民		
○○四	土地行政	○○三	土地行政
○○五	工程技術服務業之管理		
○○六	工業行政		
○○七	不動產服務	○○九	不動產服務
○○八	中小企業及其他產業之輔導		
○○九	中央銀行監理業務		
○一○	公立與私立慈善機構管理	○○四	公立與私立慈善機構之目標
○一一	公共造產業務		

○一二	公共衛生<u>或傳染病防治</u>	○○五	公共衛生
○一三	公共關係	○○六	公共關係
○一四	公職人員財產申報<u>、利</u><u>益衝突迴避及政治獻金</u><u>業務</u>	○一○	公職人員財產申報業務
<u>○一五</u>	戶政	○○八	戶政<u>及戶口管理</u>
<u>○一六</u>	<u>文化行政</u>		
○一七	<u>文化資產管理</u>		
○一八	<u>水利、農田水利行政</u>		
○一九	火災預防與控制<u>、消防</u><u>行政</u>	○○七	火災預防與控制
<u>○二○</u>	<u>代理與仲介業務</u>	○一三	代理與仲介<u>之管理</u>
○二一	<u>外交及領事事務</u>		
○二二	外匯<u>業務</u>	○一五	外匯<u>管理</u>
<u>○二三</u>	民政	○一二	民政
○二四	<u>民意調查</u>		
○二五	犯罪預防、刑事偵查、執行、矯正、保護處<u>分、犯罪被害人保護或</u>更生保護事務	○一四	犯罪預防、刑事偵查、執行、矯正、保護處分或更生保護事務
○二六	生態保育	○一六	生態保育
○二七	立法或立法諮詢	○一一	立法或立法諮詢
○二八	<u>交通及公共建設行政</u>		
○二九	<u>公民營(辦)交通運輸、</u><u>公共運輸及公共建設</u>	○一八	交通運輸
○三○	<u>仲裁</u>		
○三一	<u>全民健康保險、勞工保</u><u>險、農民保險、國民年</u><u>金保險或其他社會保險</u>		
○三二	刑案資料管理	○一九	刑案資料管理
○三三	<u>多層次傳銷經營</u>		
○三四	<u>多層次傳銷監管</u>		

〇三五	存款保險		
〇三六	存款與匯款	〇二〇	存款與匯款業務管理
〇三七	有價證券與有價證券持有人登記	〇二四	有價證券與有價證券持有人登記
〇三八	行政執行		
〇三九	行政裁罰、行政調查		
〇四〇	行銷（包含金控共同行銷業務）	〇二一 〇二二	行銷（不包括直銷至個人） 行銷（包括直銷至個人）
〇四一	住宅行政	〇二五	住宅政策
〇四二	兵役、替代役行政	〇二六	兵役行政
〇四三	志工管理		
〇四四	投資管理	〇二九	投資管理
〇四五	災害防救行政		
〇四六	供水與排水服務	〇三〇	供水與排水服務
〇四七	兩岸暨港澳事務		
〇四八	券幣行政		
〇四九	宗教、非營利組織業務		
〇五〇	放射性物料管理	〇三五	放射性廢棄物收集與處理
〇五一	林業、農業、動植物防疫檢疫、農村再生及土石流防災管理		
〇五二	法人或團體對股東、會員（含股東、會員指派之代表）、董事、監察人、理事、監事或其他成員名冊之內部管理	〇六六	會員（籍）管理（含會員指派之代表）
〇五三	法制行政		
〇五四	法律服務	〇三二	法律服務
〇五五	法院執行業務	〇三三	法院執行業務
〇五六	法院審判業務	〇三四	法院審判業務

〇五七	社會行政	〇二七	社會行政
〇五八	社會服務或社會工作	〇二八	社會服務或社會工作
〇五九	金融服務業依法令規定及金融監理需要，所為之蒐集處理及利用		
〇六〇	金融爭議處理		
〇六一	金融監督、管理與檢查	〇三六	金融監理
〇六二	青年發展行政		
〇六三	非公務機關依法定義務所進行個人資料之蒐集處理及利用		
〇六四	保健醫療服務	〇八九	保健醫療服務
〇六五	保險經紀、代理、公證業務		
〇六六	保險監理	〇四四	保險監理
〇六七	信用卡、現金卡、轉帳卡或電子票證業務	〇三八	信用卡或轉帳卡之管理
〇六八	信託業務	〇四一	信託業務管理
〇六九	契約、類似契約或其他法律關係事務		
〇七〇	客家行政		
〇七一	建築管理、都市更新、國民住宅事務		
〇七二	政令宣導		
〇七三	政府資訊公開、檔案管理及應用		
〇七四	政府福利金或救濟金給付行政	〇四〇	政府福利金或救濟金給付行政
〇七五	科技行政	〇三一	科技管理
〇七六	科學工業園區、農業科技園區、文化創業園區、生物科技園區或其他園區管理行政		

〇七七	訂位、住宿登記與購票業務	〇三九	訂位、住宿登記與購票事項
〇七八	計畫、管制考核與其他研考管理	〇四二	計畫與管制考核
〇七九	飛航事故調查		
〇八〇	食品、藥政管理		
〇八一	個人資料之合法交易業務	〇四五	個人資料之交易
〇八二	借款戶與存款戶存借作業綜合管理	〇五〇	借款戶與存款戶存借作業綜合管理
〇八三	原住民行政		
〇八四	捐供血服務	〇四六	捐供血服務
〇八五	旅外國人急難救助		
〇八六	核子事故應變	〇八五	輻射公害
〇八七	核能安全管理		
〇八八	核貸與授信業務	〇五二	核貸與授信業務
〇八九	海洋行政		
〇九〇	消費者、客戶管理與服務	〇三七	客戶管理
〇九一	消費者保護	〇五一	消費者保護與交易準則
〇九二	畜牧行政	〇四七	畜牧行政、管理
〇九三	財產保險	〇四八	財產保險業務（依保險法令規定辦理之財產保險相關業務）
〇九四	財產管理	〇四九	財產管理
〇九五	財稅行政		
〇九六	退除役官兵輔導管理及其眷屬服務照顧		
〇九七	退撫基金或退休金管理	〇四三	退撫基金或退休金管理
〇九八	商業與技術資訊	〇五六	商業與技術資訊
〇九九	國內外交流業務		

一〇〇	國家安全行政、安全查核、反情報調查		
一〇一	國家經濟發展業務		
一〇二	國家賠償行政		
一〇三	專門職業及技術人員之管理、懲戒與救濟		
一〇四	帳務管理及債權交易業務		
一〇五	彩券業務		
一〇六	授信業務	〇五四	授信業務管理
一〇七	採購與供應管理	〇五八	採購與供應管理
一〇八	救護車服務	〇五九	救護車服務
一〇九	教育或訓練行政	〇五三	教育或訓練行政
一一〇	產學合作		
一一一	票券業務		
一一二	票據交換業務	〇五七	票據交換管理
一一三	陳情、請願、檢舉案件處理		
一一四	勞工行政		
一一五	博物館、美術館、紀念館或其他公、私營造物業務		
一一六	場所進出安全管理		
一一七	就業安置、規劃與管理	〇六一	就業安置、規劃與管理
一一八	智慧財產權、光碟管理及其他相關行政	〇六二	著作權行政
一一九	發照與登記	〇七〇	發照與登記
一二〇	稅務行政	〇五五	國稅與地方稅稽徵
一二一	華僑資料管理	〇七二	華僑資料管理
一二二	訴願及行政救濟		
一二三	貿易推廣及管理		

一二四	鄉鎮市調解		
一二五	傳播行政與管理	○七一	傳播行政與管理
一二六	債權整貼現及收買業務	○七五	債權整貼現及收買
一二七	募款（包含公益勸募）	○六九	募款
一二八	廉政行政		
一二九	會計與相關服務	○六三	會計與相關服務
一三○	會議管理		
一三一	經營郵政業務郵政儲匯保險業務	○七三	經營郵政業務郵政儲匯保險業務
一三二	經營傳播業務		
一三三	經營電信業務與電信加值網路業務	○七四	經營電信業務與電信加值網路業務
一三四	試務、銓敘、保訓行政		
一三五	資（通）訊服務		
一三六	資（通）訊與資料庫管理	○六五	資訊與資料庫管理
一三七	資通安全與管理		
一三八	農產品交易	○六七	農產品交易
一三九	農產品推廣資訊	○六八	農產品推廣資訊
一四○	農糧行政	○八八	糧食行政、管理
一四一	遊說業務行政		
一四二	運動、競技活動		
一四三	運動休閒業務		
一四四	電信及傳播監理	○六四	電信監理業務
一四五	僱用與服務管理	○七七	僱用服務管理
一四六	圖書館、出版品管理		
一四七	漁業行政	○七六	漁業行政、管理
一四八	網路購物及其他電子商務服務		
一四九	蒙藏行政		
一五○	輔助性與後勤支援管理	○七八	輔助性與後勤支援

一五一	審計、監察調查及其他監察業務	〇一七	合法性審計
一五二	廣告或商業行為管理		
一五三	影視、音樂與媒體管理		
一五四	徵信	〇八〇	徵信
一五五	標準、檢驗、度量衡行政		
一五六	衛生行政	〇八三	衛生行政
一五七	調查、統計與研究分析	〇六〇	統計調查與分析
一五八	學生（員）（含畢、結業生）資料管理	〇七九	學生資料管理
一五九	學術研究	〇八一	學術研究
一六〇	憑證業務管理		
一六一	輻射防護	〇八六	輻射防護
一六二	選民服務管理		
一六三	選舉、罷免及公民投票行政	〇八二	選舉、罷免事務
一六四	營建業之行政管理	〇八四	營建業之行政管理
一六五	環境保護	〇八七	環境保護
一六六	證券、期貨、證券投資信託及顧問相關業務	〇二三	有價證券之承銷、自營買賣或代客買賣業務管理
一六七	警政	〇九〇	警政
一六八	護照、簽證及文件證明處理	〇九一	護照、簽證及文件證明處理
一六九	體育行政		
一七〇	觀光行政、觀光旅館業、旅館業、旅行業、觀光遊樂業及民宿經營管理業務	〇九二	觀光旅館業及旅行業管理業務
一七一	其他中央政府機關暨所屬機構內部單位管理、公共事務監督、行政協助及相關業務	〇九三	其他中央政府

一七二	其他公共部門（包括行政法人、政府捐助財團法人及其他公法人）執行相關業務	〇九四	其他公共部門
一七三	其他公務機關對目的事業之監督管理		
一七四	其他司法行政	〇九五	其他司法行政業務
一七五	其他地方政府機關暨所屬機關構內部單位管理、公共事務監督、行政協助及相關業務	〇九六	其他地方政府事務
一七六	其他自然人基於正當性目的所進行個人資料之蒐集處理及利用		
一七七	其他金融管理業務	〇九八	其他金融業務管理
一七八	其他財政收入	〇九九	其他財政收入
一七九	其他財政服務	一〇〇	其他財政服務
一八〇	其他經營公共事業（例如：自來水、瓦斯等）業務		
一八一	其他經營合於營業登記項目或組織章程所定之業務	〇九七	其他合於營業登記項目或章程所定業務之需要
一八二	其他諮詢與顧問服務	一〇一	其他諮詢與顧問服務

代　　號　識別類：	代　　號　識別類：
ＣＯＯ一　辨識個人者。 例如：姓名、職稱、住址、工作地址、以前地址、住家電話號碼、行動電話、即時通帳號、網路平臺申請之帳號、通訊及戶籍地址、相片、指紋、電子郵遞地址、電子簽章、憑證卡序號、憑證序號、提供網路身分認證或申辦查詢服務之紀錄及其他任何可辨識資料本人者等。	ＣＯＯ一　辨識個人者。 例如：姓名、職稱、住址、工作地址、以前地址、住家電話號碼、相片、指紋、電子郵遞地址及其他任何可辨識資料本人者等。
ＣＯＯ二　辨識財務者。 例如：金融機構帳戶之號碼與姓名、信用卡或簽帳卡之號碼、保險單號碼、個人之其他號碼或帳戶等。	ＣＯＯ二　辨識財務者。 例如：銀行帳戶之號碼與姓名、信用卡或簽帳卡之號碼、個人之其他號碼或帳戶等。
ＣＯＯ三　政府資料中之辨識者。 例如：身分證統一編號、統一證號、稅籍編號、保險憑證號碼、殘障手冊號碼、退休證之號碼、證照號碼、護照號碼等。	ＣＯＯ三　政府資料中之辨識者。 例如：身分證統一編號、保險憑證號碼、殘障手冊號碼、退休證之號碼、證照號碼、護照號碼等。
代　　號　特徵類：	代　　號　特徵類：
ＣＯ一一　個人描述。 例如：年齡、性別、出生年月日、出生地、國籍、聲音等。	ＣＯ一一　個人描述。 例如：年齡、性別、出生年月日、出生地、國籍等。
ＣＯ一二　身體描述。 例如：身高、體重、血型等。	ＣＯ一二　身體描述。 例如：身高、體重、血型等。
ＣＯ一三　習慣。 例如：抽煙、喝酒等。	ＣＯ一三　習慣。 例如：抽煙、喝酒等。
ＣＯ一四　個性。 例如：個性等之評述意見。	ＣＯ一四　個性。 例如：個性等之評述意見。

代　號　家庭情形：	代　號　家庭情形：
ＣＯ二一　家庭情形。 例如：結婚有無、配偶或同居人之姓名、前配偶或同居人之姓名、結婚之日期、子女之人數等。	ＣＯ二一　家庭情形。 例如：結婚有無、配偶或同居人之姓名、前配偶或同居人之姓名、結婚之日期、子女之人數等。
ＣＯ二二　婚姻之歷史。	ＣＯ二二　婚姻之歷史。
例如：前次婚姻或同居、離婚或分居等細節及相關人之姓名等。	例如：前次婚姻或同居、離婚或分居等細節及相關人之姓名等。
ＣＯ二三　家庭其他成員之細節。 例如：子女、受扶養人、家庭其他成員或親屬、父母、同居人及旅居國外及大陸人民親屬等。	ＣＯ二三　家庭其他成員之細節。 例如：子女、受扶養人、家庭其他成員或親屬、父母等。
ＣＯ二四　其他社會關係。 例如：朋友、同事及其他除家庭以外之關係等。	ＣＯ二四　其他社會關係。 例如：朋友、同事及其他除家庭以外之關係等。
代　　號　社會情況：	代　　號　社會情況：
ＣＯ三一　住家及設施。 例如：住所地址、設備之種類、所有或承租、住用之期間、租金或稅率及其他花費在房屋上之支出、房屋之種類、價值及所有人之姓名等。	ＣＯ三一　住家及設施。 例如：住所地址、設備之種類、所有或承租、住用之期間、租金或稅率及其他花費在房屋上之支出、房屋之種類、價值及所有人之姓名等。
ＣＯ三二　財產。 例如：所有或具有其他權利之動產或不動產等。	ＣＯ三二　財產。 例如：所有或具有其他權利之動產或不動產等。
ＣＯ三三　移民情形。 例如：護照、工作許可文件、居留證明文件、住居或旅行限制、入境之條件及其他相關細節等。	ＣＯ三三　移民情形。 例如：護照、工作許可文件、住居或旅行限制、入境之條件及其他相關細節等。
ＣＯ三四　旅行及其他遷徙細節。 例如：過去之遷徙、旅行細節、	ＣＯ三四　旅行及其他遷徙細節。 例如：過去之遷徙、旅行細節、外國

外國護照、居留證明文件及工作證照及工作證等相關細節等。	護照及工作證照及工作證等相關細節等。
ＣＯ三五　休閒活動及興趣。 例如：嗜好、運動及其他興趣等。	ＣＯ三五　休閒活動及興趣。 例如：嗜好、運動及其他興趣等。
ＣＯ三六　生活格調。 例如：使用消費品之種類及服務之細節、個人或家庭之消費模式等。	ＣＯ三六　生活格調。 例如：使用消費品之種類及服務之細節、個人或家庭之消費模式等。
ＣＯ三七　慈善機構或其他團體之會員資格。 例如：俱樂部或其他志願團體或持有參與者紀錄之單位等。	ＣＯ三七　慈善機構或其他團體之會員資格。 例如：俱樂部或其他志願團體或持有參與者紀錄之單位等。
ＣＯ三八　職業。 例如：學校校長、民意代表或其他各種職業等。	ＣＯ三八　職業。 例如：學校校長、民意代表或其他各種職業等。
ＣＯ三九　執照或其他許可。 例如：駕駛執照、行車執照、自衛槍枝使用執照、釣魚執照等。	ＣＯ三九　執照或其他許可。 例如：駕駛執照、行車執照、自衛槍枝使用執照、釣魚執照等。
ＣＯ四〇　意外或其他事故及有關情形。 例如：意外事件之主體、損害或傷害之性質、當事人及證人等。	ＣＯ四〇　意外或其他事故及有關情形。 例如：意外事件之主體、損害或傷害之性質、當事人及證人等。
ＣＯ四一　法院、檢察署或其他審判機關或其他程序。 例如：關於資料主體之訴訟及民事或刑事等相關資料等。	ＣＯ四一　法院、檢察署或其他審判機關或其他程序。 例如：關於資料主體之訴訟及民事或刑事等相關資料等。
代　號　教育、考選、技術或其他專業：	代　號　教育、技術或其他專業：
ＣＯ五一　學校紀錄。 例如：大學、專科或其他學校等。	ＣＯ五一　學校紀錄。 例如：大學、專科或其他學校等。

ＣＯ五二 資格或技術。 例如：學歷資格、專業技術、特別執照 (如飛機駕駛執照等)、政府職訓機構學習過程、國家考試、考試成績或其他訓練紀錄等。	ＣＯ五二 資格或技術。 例如：學歷資格、專業技術、特別執照 (如飛機駕駛執照等) 等。
ＣＯ五三 職業團體會員資格。 例如：會員資格類別、會員資格紀錄、參加之紀錄等。	ＣＯ五三 職業團體會員資格。 例如：會員資格類別、會員資格紀錄、參加之紀錄等。
ＣＯ五四 職業專長。 例如：專家、學者、顧問等。	ＣＯ五四 職業專長。 例如：專家、學者、顧問等。
ＣＯ五五 委員會之會員資格。 例如：委員會之詳細情形、工作小組及會員資格因專業技術而產生之情形等。	ＣＯ五五 委員會之會員資格。 例如：委員會之詳細情形、工作小組及會員資格因專業技術而產生之情形等。
ＣＯ五六 著作。 例如：書籍、文章、報告、視聽出版品及其他著作等。	ＣＯ五六 著作。 例如：書籍、文章、報告、視聽出版品及其他著作等。
ＣＯ五七 學生（員）、應考人紀錄。 例如：學習過程、相關資格、考試訓練考核及成績、評分評語或其他學習或考試紀錄等。	ＣＯ五七 學生紀錄。 例如：學習過程、相關資格、考試成績或其他學習紀錄等。
ＣＯ五八 委員工作紀錄。 例如：委員參加命題、閱卷、審查、口試及其他試務工作情形記錄。	
代 號 受僱情形：	代 號 受僱情形：
ＣＯ六一 現行之受僱情形。 例如：僱主、工作職稱、工作描述、等級、受僱日期、工時、工作地點、產業特性、受僱之條件及期間、與現行僱主有關之以前責任與經驗等。	ＣＯ六一 現行之受僱情形。 例如：僱主、工作職稱、工作描述、等級、受僱日期、工作地點、產業特性、受僱之條件及期間、與現行僱主有關之以前責任與經驗等。

ＣＯ六二　僱用經過。 例如：日期、受僱方式、介紹、僱用期間等。	ＣＯ六二　僱用經過。 例如：日期、受僱方式、介紹、僱用期間等。
ＣＯ六三　離職經過。 例如：離職之日期、離職之原因、離職之通知及條件等。	ＣＯ六三　離職經過。 例如：離職之日期、離職之原因、離職之通知及條件等。
ＣＯ六四　工作經驗。 例如：以前之僱主、以前之工作、失業之期間及軍中服役情形等。	ＣＯ六四　工作經驗。 例如：以前之僱主、以前之工作、失業之期間及軍中服役情形等。
ＣＯ六五　工作、差勤紀錄。 例如：<u>上、下班時間及事假、病假、休假、娩假各項請假紀錄</u>在職紀錄或未上班之理由、<u>考績紀錄</u>、獎懲紀錄、<u>褫奪公權資料</u>等。	ＣＯ六五　工作紀錄。 例如：在職紀錄或未上班之理由、獎懲紀錄等。
ＣＯ六六　健康與安全紀錄。 例如：職業疾病、安全、意外紀錄、急救資格、<u>旅外急難救助資訊</u>等。	ＣＯ六六　健康與安全紀錄。 例如：職業疾病、安全、意外紀錄、急救資格等。
ＣＯ六七　工會及員工之會員資格。 例如：會員資格之詳情、在工會之職務等。	ＣＯ六七　工會及員工之會員資格。 例如：會員資格之詳情、在工會之職務等。
ＣＯ六八　薪資與預扣款。 例如：薪水、工資、佣金、紅利、費用、零用金、福利、借款、繳稅情形、年金之扣繳、工會之會費、工作之基本工資或工資付款之方式、加薪之日期等。	ＣＯ六八　薪資與預扣款。 例如：薪水、工資、佣金、紅利、費用、零用金、福利、借款、繳稅情形、年金之扣繳、工會之會費、工作之基本工資或工資付款之方式、加薪之日期等。
ＣＯ六九　受僱人所持有之財產。 例如：交付予受僱人之汽車、工具、書籍或其他設備等。	ＣＯ六九　受僱人所持有之財產。 例如：交付予受僱人之汽車、工具、書籍或其他設備等。

ＣＯ七〇　工作管理之細節。 例如：現行義務與責任、工作計畫、成本、用人費率、工作分配與期間、工作或特定工作所花費之時間等。	ＣＯ七〇　工作管理之細節。 例如：現行義務與責任、工作計畫、成本、用人費率、工作分配與期間、工作或特定工作所花費之時間等。
ＣＯ七一　工作之評估細節。 例如：工作表現與潛力之評估等。	ＣＯ七一　工作之評估細節。 例如：工作表現與潛力之評估等。
ＣＯ七二　受訓紀錄。 例如：工作必須之訓練與已接受之訓練，已具有之資格或技術等。	ＣＯ七二　受訓紀錄。 例如：工作必須之訓練與已接受之訓練，已具有之資格或技術等。
ＣＯ七三　安全細節。 例如：密碼、安全號碼與授權等級等。	ＣＯ七三　安全細節。 例如：密碼、安全號碼與授權等級等。
代　　號　財務細節：	代　　號　財務細節：
ＣＯ八一　收入、所得、資產與投資。 例如：總收入、總所得、賺得之收入、賺得之所得、資產、儲蓄、開始日期與到期日、投資收入、投資所得、資產費用等。	ＣＯ八一　收入、所得、資產與投資。 例如：總收入、總所得、賺得之收入、賺得之所得、資產、儲蓄、開始日期與到期日、投資收入、投資所得、資產費用等。
ＣＯ八二　負債與支出。 例如：支出總額、租金支出、貸款支出、本票等信用工具支出等。	ＣＯ八二　負債與支出。 例如：支出總額、租金支出、貸款支出、本票等信用工具支出等。
ＣＯ八三　信用評等。 例如：信用等級、財務狀況與等級、收入狀況與等級等。	ＣＯ八三　信用評等。 例如：信用等級、財務狀況與等級、收入狀況與等級等。
ＣＯ八四　貸款。 例如：貸款類別、貸款契約金額、貸款餘額、初貸日、到期日、應付利息、付款紀錄、擔保之細節等。	ＣＯ八四　貸款。 例如：貸款類別、貸款契約金額、貸款餘額、初貸日、到期日、應付利息、付款紀錄、擔保之細節等。

ＣＯ八五　外匯交易紀錄。	ＣＯ八五　結匯紀錄。
ＣＯ八六　票據信用。 例如：支票存款、基本資料、退票資料、拒絕往來資料等。	ＣＯ八六　票據信用。 例如：支票存款、基本資料、退票資料、拒絕往來資料等。
ＣＯ八七　津貼、福利、贈款。	ＣＯ八七　津貼、福利、贈款。
ＣＯ八八　保險細節。 例如：保險種類、保險範圍、保險金額、保險期間、到期日、保險費、保險給付等。	ＣＯ八八　保險細節。 例如：保險種類、保險範圍、保險金額、保險期間、到期日、保險費、保險給付等。
ＣＯ八九　社會保險給付、就養給付及其他退休給付。 例如：生效日期、付出與收入之金額、受益人等。	ＣＯ八九　養老給付及國民年金。 例如：生效日期、付出與收入之金額、受益人等。
ＣＯ九一　資料主體所取得之財貨或服務。 例如：貨物或服務之有關細節、資料主體之貸款或僱用等有關細節等。	ＣＯ九一　資料主體所取得之財貨或服務。 例如：貨物或服務之有關細節、資料主體之貸款或僱用等有關細節等。
ＣＯ九二　資料主體提供之財貨或服務。 例如：貨物或服務之有關細節等。	ＣＯ九二　資料主體提供之財貨或服務。 例如：貨物或服務之有關細節等。
ＣＯ九三　財務交易。 例如：收付金額、信用額度、保證人、支付方式、往來紀錄、保證金或其他擔保等。	ＣＯ九三　財務交易。 例如：收付金額、信用額度、保證人、支付方式、往來紀錄、保證金或其他擔保等。
ＣＯ九四　賠償。 例如：受請求賠償之細節、數額等。	ＣＯ九四　賠償。 例如：受請求賠償之細節、數額等。
代　　號　商業資訊：	**代　　號　商業資訊：**
Ｃ一Ｏ一　資料主體之商業活動。 例如：商業種類、提供或使用之財貨或服務、商業契約。	Ｃ一Ｏ一　資料主體之商業活動。 例如：商業種類、提供或使用之財貨或服務、商業契約等。

Ｃ一〇二　約定或契約。 例如：關於交易、商業、法律或其他契約、代理等。	Ｃ一〇二　約定或契約。 例如：關於交易、商業、法律或其他契約、代理等。
Ｃ一〇三　與營業有關之執照。 例如：執照之有無、市場交易者之執照、貨車駕駛之執照等。	Ｃ一〇三　與營業有關之執照。 例如：執照之有無、市場交易者之執照、貨車駕駛之執照等。
代　　號　健康與其他：	代　　號　健康與其他：
Ｃ一一一　健康紀錄。 例如：醫療報告、治療與診斷紀錄、檢驗結果、<u>身心障礙種類、等級、有效期間、身心障礙手冊證號及聯絡人</u>等。	Ｃ一一一　健康紀錄。 例如：醫療報告、治療與診斷紀錄、檢驗結果等。
Ｃ一一二　性生活。	Ｃ一一二　性生活。
Ｃ一一三　種族或血統來源。 <u>例如：去氧核糖核酸資料等。</u>	Ｃ一一三　種族或血統來源。
Ｃ一一四　<u>交通</u>違規之確定裁判及行政處分。 例如：裁判及行政處分之內容、其他與肇事有關之事項等。	Ｃ一一四　駕車違規之確定裁判及行政處分。 例如：裁判及行政處分之內容、其他與肇事有關之事項等。
Ｃ一一五　其他裁判及行政處分。 例如：裁判及行政處分之內容、其他相關事項等。	Ｃ一一五　其他裁判及行政處分。 例如：裁判及行政處分之內容、其他相關事項等。
Ｃ一一六　犯罪嫌疑資料。 例如：作案之情節、<u>通緝資料</u>、與已知之犯罪者交往、化名、足資證明之證據等。	Ｃ一一六　犯罪嫌疑資料。 例如：作案之情節、與已知之犯罪者交往、化名、足資證明之證據等。
Ｃ一一七　政治意見。 例如：政治上見解、選舉政見等。	Ｃ一一七　政治意見。 例如：政治上見解、選舉政見等。
Ｃ一一八　政治團體之成員。 例如：政黨黨員或擔任之工作等。	Ｃ一一八　政治團體之成員。 例如：政黨黨員或擔任之工作等。

C一一九　對利益團體之支持。 例如：係利益團體或其他組織之會員、支持者等。	C一一九　對利益團體之支持。 例如：係利益團體或其他組織之會員、支持者等。
C一二〇　宗教信仰。	C一二〇　宗教信仰。
C一二一　其他信仰。	C一二一　其他信仰。
代　　號　其他各類資訊：	代　　號　其他各類資訊：
C一三一　書面文件之檢索。 例如：未經自動化機器處理之書面文件之索引或代號等。	C一三一　書面文件之檢索。 例如：未經自動化機器處理之書面文件之索引或代號等。
C一三二　未分類之資料。 例如：無法歸類之信件、檔案、報告或電子郵件等。	C一三二　未分類之資料。 例如：無法歸類之信件、檔案、報告或電子郵件等。
C一三三　輻射劑量資料。 例如：人員或建築之輻射劑量資料等。	C一三三　輻射劑量資料。 例如：人員或建築之輻射劑量資料等。
<u>C一三四　國家情報工作資料。</u> <u>例如：國家情報工作法、國家情報人員安全查核辦法等有關資料。</u>	

2.APEC資訊隱私保護原則

Ⅰ.預防損害

14.基於個人合理的隱私期待，個人資訊隱私保護制度的設計應要著眼於防止個人資訊遭到濫用。基於個人資料有可能遭到他人之濫用因而對個人造成損害，故應有適當的保護措施以防止此種損害的發生。其次，對於個人資料之蒐集、利用和傳遞所生的損害，應有適切的損害填補機制。

Ⅱ.告知

15.個人資料管理者對於其所蒐集和持有的個人資料應要向當事人提供清楚且容易取得的隱私保護政策聲明，包括：a) 個人資料已遭蒐集的事實聲明；b) 蒐集個人資料的目的；c) 揭露個人資料的對象；d) 個人資料管理者的身份及位址，包括如何和個人資料管理者聯絡有關於其隱私保護政策以及如何處置個人資料的資料；e) 關於當事人得以請求查閱、近取、更正和限制其個人資料之利用及揭露範圍的選擇和方法。

16.個人資料管理者應採取合理的措施以確保當事人於其個人資料遭蒐集前或蒐集時已知悉其隱私保護政策。此外，一旦個人資料管理者之隱私保護政策開始實行，應立即告知當事人關於此一保護政策。

17.當個人資料管理者所蒐集及利用的個人資料為公開可獲得之個人資料時，本原則不適用之。

Ⅲ.蒐集限制

18.個人資料之蒐集應限於與蒐集目的相關的範圍，依合法或正當方法為之，並在適切的情況下告知當事人或取得其同意。

Ⅳ.個人資料之利用

19.個人資料之利用僅限於與蒐集目的一致或相關的範圍內，但有下列情況，不在此限：a) 取得當事人本人的同意；b)

為提供當事人所要求之產品或服務所必要者；或c) 法律明文規定者。

V.當事人自主

20.在情況允許的情況下，個人資料管理者應提供當事人可就其個人資料之蒐集、利用和揭露進行選擇的機制，該機制必須清楚明白、顯見易懂、可查閱和可負擔的。當個人資料管理者所蒐集者為公開可獲得之資料時，本規定不適用之。

VI.個人資料之完整性

21.個人資料應正確、完整並應依利用目的為必要之更新。

VII.安全管理

22.個人資料管理者應妥善地保護個人資料之安全，例如防止他人未經授權不當地截取、利用、修改、或揭露個人資料或其它濫用個人資料之行為。個人資料管理者所採的保護措施應與濫用行為的發生機率和可能造成的傷害、個人資料的敏感度和內容成比例，並應定期檢視和重新評估該些保護措施。

VIII.查閱和更正

23.當事人應：a) 可以自個人資料管理者取得有關於其是否持其個人資料的資訊；b) 提供可逐茲識別的個人資料後，可以和個人資料管理者聯絡：i 在合理期間內；ii 若收費的話，不能高；iii 以合理的方式；iv 以一般可理解之形式；和c) 在適合及可能的狀況下，指正與當事人相關之個人資訊的正確性以及更正、補充或請求刪除該筆資料。

24.應提供個人查閱及更正其個人資料，除非有下列情形：(i)提供個人查閱其個人資料之成本或負擔明顯不合理，或與個案中個人隱私受到侵害之風險不成比例。(ii) 基於法律或安全理由，或是為了保護商業秘密而不應揭露該資訊；或(iii) 他人之資訊隱私會受到侵害。

25.如果拒絕在(a)或(b)的情況下所為的請求或是在(c)所為的指正，應提供個人有關於該請求或指正遭到拒絕之理由。

IX.責任

26.個人資料管理者應要負責確保上列的原則之實踐。於傳遞個人資料於第三人時（不論是在國內或國外），個人資料管理者應要取得個人的同意或必須竭力確保該第三人會採取和此一隱私保護綱領一致的措施以保護個人資訊隱私之安全。

（特別感謝法務部同意本會永久、無償於台澎金馬地區，非專屬授權重製其於民國95年12月翻譯、編印之「APEC隱私保護綱領」之前言及部份綱領本文。）

3.APEC Information Privacy Principles

Ⅰ. Preventing Harm

    14.Recognizing the interests of the individual to legitimate expectations of privacy, personal information protection should be designed to prevent the misuse of such information. Further, acknowledging the risk that harm may result from such misuse of personal information, specific obligations should take account of such risk, and remedial measures should be proportionate to the likelihood and severity of the harm threatened by the collection, use and transfer of personal information.

Ⅱ. Notice

    15.Personal information controllers should provide clear and easily accessible statements about their practices and policies with respect to personal information that should include: a) the fact that personal information is being collected; b) the purposes for which personal information is collected; c) the types of persons or organizations to whom personal information might be disclosed; d) the identity and location of the personal information controller, including information on how to contact them about their practices and handling of personal information; e) the choices and means the personal information controller offers individuals for limiting the use and disclosure of, and for accessing and correcting, their personal information.

    16.All reasonably practicable steps shall be taken to ensure that such notice is provided either before or at the time of collection of personal information. Otherwise, such notice should be provided as soon after as is practicable.

    17.It may not be appropriate for personal information controllers to provide notice regarding the collection and use of publicly available information.

Ⅲ. Collection Limitation

    18.The collection of personal information should be limited to information that is relevant to the purposes of collection and any such information should be obtained by lawful and fair means, and where appropriate, with notice to, or consent of, the individual concerned.

Ⅳ. Uses of Personal Information

    19.Personal information collected should be used only to fulfill the purposes of collection and other compatible or related purposes except: a) with the consent of the individual whose personal information is collected; b) when necessary to provide a service or product requested by the individual; or, c) by the authority of law and other legal instruments, proclamations and pronouncements of legal effect.

Ⅴ. Choice

    20.Where appropriate, individuals should be provided with clear, prominent, easily understandable, accessible and affordable mechanisms to exercise choice in relation to the collection, use and disclosure of their personal information. It may not be appropriate for personal information controllers to provide these mechanisms when collecting publicly available information.

Ⅵ. Integrity of Personal Information

    21.Personal information should be accurate, complete and kept up-to-date to the extent necessary for the purposes of use.

Ⅶ. Security Safeguards

    22.Personal information controllers should protect personal information that they hold with appropriate safeguards against risks, such as loss or unauthorized access to personal information, or unauthorized destruction, use, modification or disclosure of information or other misuses. Such safeguards should be proportional to the likelihood and severity of the harm threatened, the sensitivity of the information and the context in which it is held, and should be subject to periodic review and reassessment.

Ⅷ. Access and orrection

23. Individuals should be able to: a) obtain from the personal information controller confirmation of whether or not the personal information controller holds personal information about them; b) have communicated to them, after having provided sufficient proof of their identity, personal information about them; i. within a reasonable time; ii. at a charge, if any, that is not excessive; iii. in a reasonable manner; iv. in a form that is generally derstandable; and, c) challenge the accuracy of information relating to them and, if possible and as appropriate, have the information rectified, completed, amended or deleted.

24. Such access and opportunity for correction should be provided except where: (i) the burden or expense of doing so would be unreasonable or disproportionate to the risks to the individual's privacy in the case in question; (ii) the information should not be disclosed due to legal or security reasons or to protect confidential commercial information; or (iii) the information privacy of persons other than the individual would be violated.

25. If a request under (a) or (b) or a challenge under (c) is denied, the individual should be provided with reasons why and be able to challenge such denial.

Ⅸ. Accountability

26. A personal information controller should be accountable for complying with measures that give effect to the Principles stated above. When personal information is to be transferred

to another person or organization, whether domestically or internationally, the personal information controller should obtain the consent of the individual or exercise due diligence and take reasonable steps to ensure that the recipient person or organization will protect the information consistently with these Principles.

國家圖書館出版品預行編目資料

個資解碼：一本個資保護工作者必備的工具書
／財團法人資訊工業策進會科技法律研究所作.
-- 二版. -- 臺北市：五南，2018.01
　　面；公分

　　ISBN　978-957-11-9476-9（平裝）

　　1.資訊法規

584.111　　　　　　　　　　　　　106020462

4T80

個資解碼：一本個資保護工作者必備
的工具書

作　　者　財團法人資訊工業策進會科技法律研究所
主　　編　孫文玲
執行編輯　郭戎晉、蘇柏毓、陳宏志、陳韻竹、蔣哲宇、
　　　　　蔡淑蘭、李哲明、楊長蓉、何念修、簡奕寬、
　　　　　耿黃瑄、孫苑玲
顧　　問　鼎昊管理顧問有限公司　蕭崴仁律師

五南圖書出版股份有限公司
發 行 人　楊榮川
總 經 理　楊士清
出 版 者　五南圖書出版股份有限公司
地　　址　台北市大安區（106）和平東路二段339號4樓
　　　　　電話：(02)27055066　傳真：(02)27066100
網　　址　http://www.wunan.com.tw
電子郵件　wunan@wunan.com.tw
劃撥帳號　01068953　戶名：五南圖書出版股份有限公司
法律顧問　林勝安律師事務所　林勝安律師

出版日期　2015年 11 月初版一刷
　　　　　2018年 1 月二版一刷

定　　價　450元